화장실과 인권

이철호 지음

Toilet and
Human Rights

인간과 동물의 공통점은 물을 마시면 오줌을 누고, 음식을 먹으면 똥을 싸야 한다는 것이다. 제아무리 성인군자(聖人君子)라도 똥·오줌을 누지 않을 순 없다. 화장실은 대소변을 배설하고 손을 씻거나 얼굴 화장이나 옷매무새를 고칠 수 있도록 만들어 놓은 곳을 일컫는다.

배뇨와 배변은 사람에게 있어 가장 기본적인 생리적 욕구에 해당하는 것으로, 이를 해결하기 위해 화장실을 가는 행위는 헌법상 일반적 행동자유권의 보호대상이 되고, 인간으로서의 존엄과 가치 및 인격권과도 밀접한 연관성이 있다.

'화장실'은 사회의 건강, 안녕, 교육 등 문화적 수준을 드러내는 척도일 수도 있다. UN이 발표한 '위생'보고서에 따르면 2011년 기준 용변 시설을 갖추지 못한 채 사는 인구가 25억 명에 달한다. 세계인구 15%인 11억 명이 야외에서 볼일을 보고 있는 것으로 조사됐다.

화장실과 관련한 인권문제는 우리가 생각하고 있는 그 이상으로 다양한 문제를 안고 있다. 폐쇄회로(CCTV)가 설치된 구치소 내 화장실에 신체노출을 막을 수 있는 가림막을 설치하지 않은 것은 인권침해라는 국가인권위원회의 결정이라든가, 3~4시간 이상 운전대를 잡아야 하는 지하철 기관사와 버스 기사, 대형마트 캐셔, 자동화된 대형 공장의 생산직 노동자, 경비원 등은 업무·직장 특성이나 근무 형태 등 때문에 어쩔 수 없이 장시간 소변을 참아야 하는 남모를 고통에 시달리고 있다. 또한 화장실은 어른들만의 문제가 아니다. 저학년 초등학생들의 경우, 집에서는 본 적이 없는 '동양식 변기'로 용변을 보는 재래식 변기가 학교 화장실 대다수를 차지하고 있어 용변을 참거나 그런 화장실을 안가려고 물을 잘 안 마시는 아이들도 있다고 한다. 화장실 문제는 각종 시험과 관련해서도 문제가 되고 있다. 시험 도중 화장실 사용문제와 여성의 경우 쉬는 시간에 여자화장실의 부족 등으로 급한 나머지 수치를 무릅쓰고 남자화장실로 뛰어들어가 일을 보는 경우도 있다. 이처럼 화장실은 다양한 인권 문제를 제기하고 있다.

화장실은 평소 멀리 있어야 좋을듯하면서도 우리가 매일 가까이 사용하는 늘 곁에 있어야만 하는 곳이다. 어차피 멀리할 수 없다면 '인권 친화적'으로 설치 운영해야한다.

본서에서는 일상생활에서 문제가 되고 있는 화장실 관련 사안들을 인권의 시각에서 법사회학 방법으로 정리해보고자 했다.

필자의 스승(故한상범 교수)은 살아생전 국내 헌법사회학(憲法社會學)의 개척자로서 인권의 계몽을 통한 시민법학의 실현과 우리 사회의 올바른 자리매김을 위해 지행합일(知行合一)의 실천적 지식인의 자세로 현실에서 친일독재세력의 망령과 싸우며 평생을 사셨다.

필자가 법사회학에 천착(穿鑿)하는 것도 스승의 학문적 업적을 계승하고 발전시키려는 제자의 학문적 연마지도(練磨之道)의 실천이라 하겠다. 천학비재(淺學菲才)임에도 불구하고 이미 출판한 《훈장의 법사회학》, 《전직대통령 예우와 법》등의 저서가 그러한 결과물이다. 이번 《화장실과 인권》 또한 그러한 학술작업의 일환이다.

항상 하는 얘기지만, 수익성 없는 출판요구에 흔쾌히 응해주시는 '도서출판 21세기사' 이범만 사장님께 감사드린다.

2022년 12월

문향재(文香齋)에서

이철호

/ 여는 글 /

PART 01 / 화장실 관련 법제 /

PART 02 / 화장실과 인권문제 /

SECTION 1 헌법과 화장실 인권 ··································30

SECTION 2 노동자의 인권과 화장실 ··································33

PART 03 / 화장실과 사회, 그리고 예술 /

/ 닫는글 /

| 부록 |

여는 글

'화장실'은 사회의 건강, 안녕, 교육, 번영 수준을 드러내는 척도일 수도 있다. 유엔(UN)은 지속적 발전을 위한 16대 과제를 설정하고 이를 위한 노력의 하나가 '위생적인 식수를 모두에게 공급하는 것'이다. 세계보건기구(WHO)와 유엔아동기금(UNICEF)이 공동으로 모니터링하고 있는데, 현재 대략 9억 명에 이르는 사람들이 야외에서 배변을 하고 있고, 18억 명이 대변에 오염된 물을 식수로 사용하여 있으며, 식수 오염으로 인해 매일 1,000명의 어린이들이 설사병으로 죽어가고 있다고 한다.[1]

2차 세계대전의 종장(終章)을 알린 얄타회담 이면에는 놀라운 이야기가 많다. 1945년 2월 휴양도시 얄타의 리바디아 궁전에서 열린 얄타 회담의 암호명은 '아르고너트(Argonaut)'였다. 그리스 신화 속 황금양털을 찾아 이아손과 함께 떠난 영웅의 이름이다. 미국에서 네 번째 부호였던 소련 주재 미국대사 애버럴 해리먼(W. Averell Harriman)의 27세 딸 캐슬린 해리먼이 폐허가 된 황궁을 재단장시켰다. 미모에 고집 센 성격이던 캐슬린은 회담 준비가 파티와 접객인 것에 실망하기도 했지만, 세기의 외교행사가 훨씬 복잡한 일임을 깨달았다. 불평이 없도록 자리 배치를 해야 했고 문화적 혼란이나 사소한 실수도 용납되지 않았다. 러시아 비밀경찰이 졸졸 따라다니는 가운데 궁전의 모든 방과 서재와 회담장을 꾸몄다. 제일 큰 문제는 부족한 화장실이었다. 손님은 수백 명인데 화장실은 9개, 욕조는 4개뿐이었다. 루스벨트 방에만 개인화장실이 있었다. 땅을 파서 옥외 변소를 만들고 35명의 장군들은 양동이 물로 면도해야 했다[2]고 전해진다. 이렇듯 세기의 회담장에서나 범부(凡夫)들의 일상생활에서나 화장실은 정말로 중요하다는 것이다.

서기 300년에 이미 로마 시내에만 대부분 화려하게 시설된 공중화장실이

1) "차트 읽어주는 남자(12) 야외배변", 「한겨레신문」 2018년 5월 12일, 20면.
2) "77년 전 크림반도서 '세기의 회담' … 숨은 조연은 처칠·루스벨트의 딸", 「매일경제」 2022년 2월 19일, A20면.

144곳이나 있었던 것으로 입증되었다. 그곳은 만남의 장소이자 사회적 중심지가 되었다.3)

화장실은 대소변을 배설하고 손을 씻거나 화장 따위를 고칠 수 있도록 만들어 놓은 곳을 일컫는다. 뒷간, 측간(厠間), 변소(便所)라고도 부른다. 이곳에서 세면을 하거나 간단히 얼굴 화장이나 옷매무새를 고치는 장소로 쓰이기도 한다.

인류 배변의 역사는 생명의 역사와 나란히 이어져왔고, 어떤 형태로든 배변의 공간은 존재해왔다. 야콥 블루메(Jacob Blume)의 저서 《화장실의 역사》등을 보면 고대 이래 지역별·신분별 다양한 배변시설들과 그 변천사를 살펴볼 수도 있다. 기능적으로든 정서적으로든 특별해야 할 화장실이 공간적으로 독립하고, 먹고 자고 일하고 씻는 일상 공간을 구성하는 하나의 필수 단위공간으로 포섭된 기간이 100년 남짓에 불과하다는 것은 뜻밖이다.4)

우리나 중국처럼 화장실(뒷간)을 대수롭지 않게 여기는 민족도 드물다. 사용 빈도를 기준 하면 화장실이야말로 방이나 부엌 못지않은 중요한 공간이다. 하루 서너 차례 이상 반드시 드나들어야하기 때문이다.5)

1970~80년대 노동현장의 화장실 실태를 보여주는 그 현장이 예술 창작의 무대로 재탄생했다고 뉴스기사는 다음과 같이 전하고 있다.

> "1971년부터 20년간 운영된 전주시 팔복동의 카세트테이프 공장은 여공들의 열악한 노동환경을 그대로 보여줍니다. 공원들이 밖을 보지 않고 일만 하도록 내부의 창은 모두 키 높이 위에 설치돼 있습니다. <u>여공의 수가 4백여 명이나 됐는데 화장실의 변기는 네 개뿐입니다(밑줄 필자)</u>. 이곳에서 1988년 407일간의 노동쟁의가 벌어졌습니다."(YTN뉴스, 눈물의 노동착취 현장에 세워진 '예술 공장', 2018년 03월 22일).

---

3) 야콥 불루메, 『화장실의 역사』, 이룸(2005), 178면.
4) "최윤필의 공간엿보기, (14)화장실-애착과 배척이 공존하는 공간", 「한국일보」 2012년 8월 25일, 19면.
5) 김광언, 『뒷간』, 기파랑(2010), 13면.

이는 당시 우리나라에서 화장실 문제를 '인권'으로 인식하지도 못한 시절이었음을 단적으로 보여주고 있다.

화장실은 다양한 인권문제와 직결되어 있다. 억압적이고 권위적인 독재권력의 지배시기에는 언론의 자유를 철저히 억압했던 바, 표현의 자유를 내밀한 화장실에서 억압된 비판을 표출하기도 했다.[6] 오늘날에는 성중립 화장실 문제라든가, 특정성(性)의 혐오문제로 까지 비화되고 있다.

일상생활에서 문제가 되고 있는 화장실 관련 사안 중에서 경비원·운전기사·건설현장 노동자·감정노동자·이주노동자 등의 화장실 사용 문제, 학교학생들의 화장실 문제, 장애인의 화장실, 성중립화장실 문제, 공무원시험에서 화장실 사용문제 등을 법사회학적 방법으로 조망해 보고자 했다.

우리사회 인권의 현주소를 '화장실'이라는 열쇠 말(key word)을 통하여 인권의 속살을 보자. 반려견, 반려묘 등 반려동물과 관련한 동물권(動物權)이 주창되고 만개하는 가운데, 동물권에 밀려 있는 것이 생존과 직결되어 있는 노동자들의 용변·배뇨의 인권문제라 하겠다.

여름철 산책이나 운동을 하다 보면 가로수에 물이 부족하면 '점적관수용(drip watering) 물포대(water pool)를 달아 주사바늘을 통하여 수분을 공급하고 있는 상황이다. 이러한 실정임에도 사람의 인권은 내 문제, 내 가족의 문제가 아니면 먼 나라 일로 여기는 것이 우리의 형편이다.

> "사람들은 사랑받기 위해 태어났고, 물건들은 사용되기 위해 만들어졌다. 세계가 혼란 속에 빠져있는 이유는, 물건들은 사랑받고 사람들은 사용되기 때문이다."

화장실에서 식사해야 하는 노동자, 화장실 갈 시간이 없어 빈 물병(생수병)에

---

6) 권위적인 독재시절 화장실에서의 표현의 자유를 표출한 것에 대한 자세한 내용은 채백, "박정희 정권의 긴급조치와 개인의 언론 자유", 「언론정보연구」 53권 1호(2016), 207-209면; 전병길, 『대한민국 활명수에 산다』, 생각비행(2015), 247-251면 참조.

배뇨를 해야 하고, 신문지를 펴고 용변을 해결해야 하는 기관사, 화장실을 마음대로 제때 못 가는 건설현장 노동자가 있는가 하면, 물류센터 노동자나 텔레마케터와 같은 감정노동자들은 화장실 시간까지 통제받고 있다. 이는 위의 표현이 바뀌어 세계가 혼란 속에 빠져 있는 것과 같이, 화장실을 통해 볼 때 사람이 사랑받는 것이 아니라 물건처럼 사용되고 있다는 것을 단적으로 보여주고 있는 것이라 하겠다.

용변, 배뇨문제는 사람에게 있어 가장 기본적인 생리적 욕구에 해당하는 것으로, 용변문제를 해결하기 위해 화장실을 가는 행위는 헌법상 일반적 행동자유권의 보호대상이 되고, 인간으로서의 존엄과 가치 및 인격권과도 밀접한 연관성이 있다.

KB금융 경영연구소의《2021 한국 반려동물보고서》에 따르면, 2021년 말 기준으로 반려가구는 604만 가구로 전체가구의 29.7%를 차지하며, 반려인은 1,448만 명이다.[7] 국민 4명중 1명이 반려동물과 함께 살아가고 있는 것이다. 이러한 사회변화에 따라 반려동물을 많이 데리고 나오는 유원지나 공원 등에 친환경 정화장치를 갖춘 '반려견 소변 전용 화장실'이 하나씩 들어서고 있다.[8]

심지어 동물 학대 대응을 위한 수의법의학[9]센터 설치가 논의 되고, 유기동물 공공진료소도 이미 설치 운영되고 있다.

---

7) 황원경·손광표, 『2021 한국반려동물보고서』, KB경영연구소(2021.3).

8) 반려견 소변 전용 화장실은 반려동물을 동반한 방문객이 늘면서 배설물 문제로 인한 갈등을 줄이고 쾌적한 공원문화를 만들려는 취지이다. 현재 부산광역시에 설치된 반려견 공중화장실은 해운대구 APEC 나루공원, 남구 유엔평화공원, 사하구 다대포해변공원과 통일아시아드공원 등이다. 반려견 소변기는 높이 1m가량의 스테인리스 원통형으로 반려견을 유인하는 유도제가 부착돼 있다. 상단부에는 태양전지 조명도 설치해 밤에도 찾기 쉽게 했다. 하단부 집진판에는 자갈과 모래를 깔아 소변이 아래쪽 정화통으로 내려가도록 유도하고 있다. 땅 아래에는 활성탄 모래 자갈 발효액이 섞여 있는 친환경 정화장치가 있다("정화장치 갖춘 '반려견 화장실' 이용하세요", 「국제신문」 2022년 7월 4일, 18면 참조).

9) 수의법의학(獸醫法醫學)은 동물과 관련된 범죄 수사나 사법재판상 필요한 각종 증거물에 대해 수의학적 감정을 하는 응용수의학의 한 분과이다.

오래전 인권을 얘기 할 때, '사람 위에 사람 없고, 사람 밑에 사람 없다.'는 말을 많이 했다. 이제 "사람 위에 반려동물 없고, 사람 아래 반려동물 없다"로 고쳐 말해야 하는 시대가 되었다. 반려동물 화장실까지 고려하는 시대에 사람에 대한 화장실을 잊어서는 안된다. 늦었다고 생각할 때가 가장 빠른 때이다.

이제 부터이라도 우리가 화장실 문제에 관심을 가지고, 주위 노동자들의 똥 쌀 권리, 오줌 눌 권리[10]에 관심과 눈길을 보내자.

경비원, 건설현장 노동자, 이주노동자, 대형할인점 계산원·자동화된 대형 공장의 생산직 노동자, 교통경찰관,[11] 버스기사, 백화점 노동자, 콜센터의 감정

---

10) 몇 해 전 화장실 관련 논문을 작성하여 모(某)학회지에 투고했더니, 심사과정에서 '똥 쌀 권리, 오줌 눌 권리'라고 표현했더니, 똥이나 오줌에 권리(權利)라는 용어를 사용할 수 있느냐는 것과 똥이라는 표현이 '저속한' 표현이라며 게제불가라는 심사평을 보내 왔다. 똥 쌀 권리를 그럼 '용변권'이라고 하면 고상하고, '똥 쌀 권리·오줌 눌 권리'라고 하면 저속한가. 웃기지도 않는 심사평이라고 생각하고, 동일 논문을 다른 학회지에 투고하여 게재되었다. 자신이 가지고 있는 알량한 지식과 사회변화도 읽지 못하는 답답하고 편협한 사고의 소유자들이 학자연(學者然)하며 학계에서 활동하고 있다.
   종교계에서는 이미 '똥'을 주제로 학술대회를 개최되기도 했다. "똥은 '생명과 순환'을 뜻해 숭고하다. 사람들은 제 몸속에서 나온 걸 불결하다 여기며 멀리 한다. 5중주는 불교, 개신교, 가톨릭, 이슬람교, 기철학을 가리킨다. 이들 종교 교리·문화가 '똥을 어떻게 인식하고, 대하는가'를 학술적으로 들여다 본 것이다. 주최자인 한국종교교육학회와 유니스트 사이언스월든은 똥은 근대 이전 많은 지역에서 비료나 연료로 순환되었지만, 근대 이후에는 쓰레기로 버려지면서 생태위기를 가속하는 원인이 되고 있다. 이번 학술대회는 종교의 '성/속(聖/俗) 이분법'과 똥의 순환적 가치 사이에 새로운 연결 고리를 탐구하려고"했다(종교는 '똥'을 어떻게 인식하는가 … '숭고함과 더러움의 5중주' 학술대회, 「경향신문」 2021년 10월 22일, 17면 참조). 우리 사회는 이미 책제목으로 《똥의 인문학》이라 표현한 것을 받아드리고 일간신문에서도 '똥'이라고 자연스럽게 표현하고 있다.

11) "몇 년 전 서울의 한 출근길 사거리에서 교통신호를 수동 조작으로 하던 교통경찰관이 볼 일이 급해 화장실에 다녀오느라 10여분 정도 자리를 비운 사이 교통 혼잡이 발생한 책임으로 징계를 받았다. 당시 비난도 있었지만, 문이 열린 화장실을 찾다가 지체했다는 사실이 알려지면서 징계가 지나치다는 여론도 있었다."(화장실 이용할 권리, 「전북도민일보」 2019년 4월 23일).

노동자, 철도·지하철 기관사들도 용변(用便)과 싸우고 있다.

화장실을 가고 싶을 때 가지 못하는 근로환경은 심각한 인권침해 상황이다. 노동자들의 화장실 문제에 우리사회와 기업의 적극적인 관심과 대책이 필요하다.

1

화장실 관련 법제

1 공중화장실 등에 관한 법률

2004년 1월 29일 「공중화장실 등에 관한 법률」을 제정하여 동년 7월 30일부터 시행하고 있다. 동법의 제정이유는 공중화장실 등의 설치·이용 및 위생적 관리에 관한 사항을 규정함으로써 국가문화의 척도이자 국민의 삶을 풍요롭게 하는 가장 기초적인 공간인 화장실을 국민들이 편리하게 이용할 수 있도록 하고 효과적으로 유지·관리가 이루어 질 수 있도록 하려는 것이었다.

동법의 주요내용을 살펴보면, ㉮ 중앙행정기관의 장 또는 지방자치단체의 장은 공원, 관광지, 여객터미널 등의 장소 또는 시설에 공중화장실을 설치하거나, 당해 장소 또는 시설을 소유 또는 관리하는 자에게 공중화장실의 설치를 명할 수 있도록 하고 있다(동법 제6조). ㉯ 공중화장실 등은 남녀화장실을 구분하여 설치하되, 여성화장실의 대변기 수는 남성화장실의 대·소변기 수의 합 이상이 되게 설치하여야 하도록 했다(동법 제7조). ㉰ 공공기관의 장은 시설물 또는 업무의 특성상 보안 또는 안전관리가 필요하여 일반공중의 출입이 적합하지 아니한 경우 등을 제외하고는 당해 시설물에 설치된 화장실을 공중의 이용에 제공하도록 하고, 시장·군수 또는 구청장은 일정한 규모 이상의 법인 또는 개인소유 시설물에 설치된 화장실에 대하여 당해 시설물을 소유 또는 관리하는 자와의 협의를 거쳐 공중이 이용 할 수 있도록 개방화장실로 지정할 수 있도록 규정했다(동법 제9조).

행정안전부는 화장실 이용자의 인권 존중과 사생활 보호를 위해 ① 여성이 남성화장실을, 남성이 여성화장실을 청소 또는 보수중일 때는 입구에 청소 또는 보수중임을 안내하여 이용자의 불편을 줄이고(공중화장실 등에 관한 법률 시행령 제7조 제4호), ② 남성화장실 내부는 소변기 가림막 설치를 의무화하여 사생활 침해 논란을 차단하고자 했다. 하지만, 시설 구조, 예산 부담 등을 고려하여 신축하거나 새로 단장하는 화장실에 적용된다(동법 시행령 제6조 제3항 〔별표〕공중화장실 등의 설치기준 3의2). ③ 앞으로 신축하거나 새로 단장(리모델링)하는 화장실은 외부에서 내부가 보이지 않도록 설치하여 인권이나 사생활

침해 예방을 도모한다. 다만, 기존 화장실은 입구 가림막 설치(동법 시행령 제6조 제3항[별표]공중화장실 등의 설치기준 7) 등으로 개선하도록 지자체 등에 권장하는 내용으로 시행령을 개정하여 2018년 1월 1일부터 시행하고 있다.

② 건설근로자의 고용개선 등에 관한 법률

「건설근로자의 고용개선 등에 관한 법률」(약칭: 건설근로자법)은 건설근로자의 고용안정과 직업능력의 개발·향상을 지원·촉진하고 건설근로자에게 퇴직공제금을 지급하는 등의 복지사업을 실시함으로써 건설근로자의 고용개선과 복지증진을 도모하고 건설산업의 발전에 이바지하는 것을 목적으로 한다(동법 제1조). 사업주는 대통령령으로 정하는 규모 이상의 건설공사가 시행되는 현장에 화장실·식당·탈의실 등의 시설을 설치하거나 이용할 수 있도록 조치하여야 한다.

고용 관련 편의시설 설치 등의 의무 건설공사의 규모는 '건설근로자법'에 따라 화장실·식당·탈의실 등의 시설을 설치하거나 이용할 수 있도록 조치하여야 하는 건설공사는 공사예정금액(공사현장이 둘 이상으로 분리된 경우에는 전체 공사예상금액 중 각 현장에 해당하는 공사예정금액을 말한다)이 1억원 이상인 공사로 한다(동법 시행령 제4조).

고용 관련 편의시설의 설치 또는 이용조치 기준 중 '화장실'에 관한 기준을 살펴보면, ① 건설공사가 시행되는 현장으로부터 300미터 이내에 화장실을 설치하거나 임차하는 등의 방법으로 화장실을 이용할 수 있도록 할 것, ② 화장실 관리자를 지정하여 관리할 것, ③ 건설공사가 시행되는 현장에 남성과 여성이 함께 근로하는 경우에는 남녀를 구분하여 화장실을 설치하거나 이용할 수 있도록 할 것을 정하고 있다(동법 시행규칙 제4조).

건설근로자법이 화장실 등의 설치 등의 조치를 이행하지 않는 경우 과태료를 부과하여 강제하고 있으나(동법 제26조), 건설현장에서는 이 규정이 제대로 지켜지지 않고 있다는 점이다. 과태료를 부과하는 것만으로는 실효성이 없다. 처벌기준을 강화하는 방향으로 동법의 개정하여 건설근로자법의 목적에 부합되도록 해야 한다. 또한, 감독관청의 현장점검을 철저히 하여 건설근로자의 복지증진을 도모하도록 해야 한다.

❸ 학교보건법

「학교보건법」은 "국가와 지방자치단체는 학생과 교직원의 건강을 보호·증진하기 위한 기본계획을 수립·시행하고, 이에 필요한 시책을 마련하여야 한다."(동법 제2조의2)규정하고 있으며, 학교의 장은 교육부령으로 정하는 바에 따라 화장실의 설치 및 관리 등의 예방 및 처리 등을 적절히 유지·관리하여야 한다(학교보건법 제4조 제1항).

「학교보건법」 제4조에 따라 학교의 장이 유지·관리하여야 하는 교사안에서의 환경위생 및 식품위생에 관한 기준 중 화장실의 설치기준에 관하여, (1) 화장실은 남자용과 여자용으로 구분하여 설치하되, 학생 및 교직원이 쉽고 편리하게 이용할 수 있도록 필요한 면적과 변기수를 확보할 것, (2) 대변기 및 소변기는 수세식으로 할 것(상·하수도시설의 미비 또는 수질 오염 등의 이유로 인하여 수세식화장실을 설치하기 어려운 경우에는 제외한다). (3) 출입구는 남자용과 여자용이 구분되도록 따로 설치할 것, (4) 대변기의 칸막이 안에는 소지품을 두거나 옷을 걸 수 있는 설비를 할 것을 규정하고 있다. 또한 화장실의 유지·관리기준을 보면 (1) 항상 청결이 유지되도록 청소하고 위생적으로 관리할 것, (2) 악취의 발산과 쥐 및 파리·모기 등 해로운 벌레의 발생·번식을 방지하도록 화장실의 내부 및 외부를 4월부터 9월까지는 주 3회 이상, 10월부터 다음해 3월까지는 주1회 이상 소독을 실시할 것을 규정하고 있다(학교보건법 시행규칙 제3조 제1항 제2호).

④ 근로기준법

(1) 근로기준법과 기숙사

「근로기준법」은 기숙사 생활의 보장,[1] 기숙사의 설치 운영기준을 규정하고 있다.[2] 부속 기숙사의 유지관리 의무를 규정하고 있다. 또한 사용자에 기숙사의 유지관리 의무를 부과하고 있다(근로기준법 제100조의2).[3]

(2) 기숙사와 화장실

근로기준법 시행령은 기숙사의 설치 장소, 기숙사의 구조와 설비, 기숙사의 주거 환경 조성, 기숙사의 면적, 근로자의 사생활 보호 등을 구체적으로 규정하고 있다.

사용자는 소음이나 진동이 심한 장소, 산사태나 눈사태 등 자연재해의 우려가 현저한 장소, 습기가 많거나 침수의 위험이 있는 장소, 오물이나 폐기물로 인한 오염의 우려가 현저한 장소 등 근로자의 안전하고 쾌적한 거주가 어려운 환경의

---

1) 사용자는 사업 또는 사업장의 부속 기숙사에 기숙하는 근로자의 사생활의 자유를 침해하지 못한다(근로기준법 제98조 제1항). 사용자는 기숙사 생활의 자치에 필요한 임원 선거에 간섭하지 못한다(근로기준법 제98조 제2항).
2) 근로기준법 제100조(부속 기숙사의 설치·운영 기준) 사용자는 부속 기숙사를 설치·운영할 때 다음 각 호의 사항에 관하여 대통령령으로 정하는 기준을 충족하도록 하여야 한다.
   1. 기숙사의 구조와 설비
   2. 기숙사의 설치 장소
   3. 기숙사의 주거 환경 조성
   4. 기숙사의 면적
   5. 그 밖에 근로자의 안전하고 쾌적한 주거를 위하여 필요한 사항
3) 근로기준법 제100조의2(부속 기숙사의 유지관리 의무) 사용자는 제100조에 따라 설치한 부속 기숙사에 대하여 근로자의 건강 유지, 사생활 보호 등을 위한 조치를 하여야 한다.

장소에 기숙사를 설치해서는 안 된다(근로기준법 시행령 제56조). 기숙사 침실의 넓이는 1인당 2.5제곱미터 이상으로 한다(근로기준법 시행령 제58조).

사용자는 기숙사를 설치하는 경우 근로기준법에 따라 기숙사의 구조와 설비에 관하여 다음 각 호의 기준을 모두 충족해야 한다(근로기준법 시행령 제55조).

1. 침실 하나에 8명 이하의 인원이 거주할 수 있는 구조일 것
2. 화장실과 세면·목욕시설을 적절하게 갖출 것
3. 채광과 환기를 위한 적절한 설비 등을 갖출 것
4. 적절한 냉·난방 설비 또는 기구를 갖출 것
5. 화재 예방 및 화재 발생 시 안전조치를 위한 설비 또는 장치를 갖출 것

사용자는 기숙사에 기숙하는 근로자의 사생활 보호 등을 위하여 다음 각 호의 사항을 준수해야 한다(근로기준법 시행령 제58조의2).

1. 기숙사의 침실, 화장실 및 목욕시설 등에 적절한 잠금장치를 설치할 것
2. 근로자의 개인용품을 정돈하여 두기 위한 적절한 수납공간을 갖출 것

❺ 외국인근로자의 고용 등에 관한 법률

「외국인근로자의 고용 등에 관한 법률」(약칭: 외국인고용법)은 "외국인근로자를 체계적으로 도입·관리함으로써 원활한 인력수급 및 국민경제의 균형 있는 발전을 도모함을 목적으로 한다"(외국인고용법 제1조). 사용자는 외국인근로자라는 이유로 부당하게 차별하여 처우하여서는 아니 된다(외국인고용법 제22조).

사용자가 외국인근로자에게 기숙사를 제공하는 경우에는 「근로기준법」 제100조에서 정하는 기준을 준수하고, 건강과 안전을 지킬 수 있도록 하여야 한다(외국인고용법 제22조의2 제1항).

사용자는 기숙사를 제공하는 경우 외국인근로자와 근로계약을 체결할 때에 외국인근로자에게 다음 각 호의 정보를 사전에 제공하여야 한다. 근로계약 체결 후 다음 각 호의 사항을 변경하는 경우에도 또한 같다(외국인고용법 제22조의2 제2항).

1. 기숙사의 구조와 설비
2. 기숙사의 설치 장소
3. 기숙사의 주거 환경
4. 기숙사의 면적
5. 그 밖에 기숙사 설치 및 운영에 필요한 사항

⑥ 장애인·노인·임산부 등의 편의증진 보장에 관한 법률

「장애인·노인·임산부 등의 편의증진 보장에 관한 법률」은 장애인·노인·임산부 등이 일상생활에서 안전하고 편리하게 시설과 설비를 이용하고 정보에 접근할 수 있도록 보장함으로써 이들의 사회활동 참여와 복지 증진에 이바지함을 목적으로 한다(동법 제1조). 편의시설 설치의 기본 원칙은 장애인등이 공공건물 및 공중이용시설을 이용할 때 가능하면 최대한 편리한 방법으로 최단거리로 이동할 수 있도록 편의시설을 설치하여야 한다(동법 제3조). 또한 장애인등은 인간으로서의 존엄과 가치 및 행복을 추구할 권리를 보장받기 위하여 장애인등이 아닌 사람들이 이용하는 시설과 설비를 동등하게 이용하고, 정보에 자유롭게 접근할 수 있는 권리를 가진다(동법 제4조).

「장애인·노인·임산부 등의 편의증진 보장에 관한 법률」상 대상시설별로 설치하여야 하는 편의시설의 종류는 대상시설의 규모, 용도 등을 고려하여 대통령령으로 정한다(장애인·노인·임산부 등의 편의증진 보장에 관한 법률 제8조 제1항). 편의시설의 구조와 재질 등에 관한 세부기준은 보건복지부령으로 정한다. 이 경우 편의시설의 종류별 안내 내용과 안내 표시 디자인 기준을 함께 정하여야 한다(장애인·노인·임산부 등의 편의증진 보장에 관한 법률 제8조 제2항).

「장애인·노인·임산부 등의 편의증진 보장에 관한 법률」에 의하여 대상시설별로 설치하여야 하는 편의시설의 종류 및 그 설치기준은 별표 2와 같다(장애인·노인·임산부 등의 편의증진 보장에 관한 법률 시행령 제4조).

대상시설별 편의시설의 종류 및 설치기준(제4조 관련)

편의시설의 종류	설 치 기 준
(공원) 다. 장애인 등의 이용이 가능한 화장실	장애인 등이 편리하게 이용할 수 있도록 구조, 바닥의 재질 및 마감과 부착물 등을 고려하여 설치하되, 장애인용 대변기는 남자용 및 여자용 각 1개 이상을 설치하여야 하며, 영유아용 거치 대 등 임산부 및 영유아가 안전하고 편리하게 이용할 수 있는 시설을 구비하여 설치하여야 한다.
(공공건물 및 공중이용시설) (7) 장애인 등의 이용이 가능한 화장실	장애인 등이 편리하게 이용할 수 있도록 구조, 바닥의 재질 및 마감과 부착물 등을 고려하여 설치하되, 장애인용 대변기는 남자용 및 여자용 각 1개 이상을 설치하여야 하며, 영유아용 거치 대 등 임산부 및 영유아가 안전하고 편리하게 이용할 수 있는 시설을 구비하여 설치하여야 한다.

「장애인·노인·임산부 등의 편의증진 보장에 관한 법률」제8조 제2항 전단 및 같은 법 시행령 제4조에 따른 편의시설의 구조·재질 등에 관한 세부기준은 별표 1과 같다(장애인·노인·임산부 등의 편의증진 보장에 관한 법률 시행규칙 제2조 제1항). 보건복지부장관은 편의시설에 관한 신제품의 개발·신기술의 도입 기타 장애인등의 편의증진을 위하여 일정기간 동안 시험적용을 할 필요가 있거나 이에 준하는 사유가 있다고 인정되는 경우에는 세부기준에 대한 특례 또는 세부기준의 시행에 관하여 필요한 사항을 따로 정하여 고시할 수 있다(장애인·노인·임산부 등의 편의증진 보장에 관한 법률 시행규칙 제2조 제2항).

편의시설의 구조・재질 등에 관한 세부기준에서 장애인등의 이용이 가능한
화장실관련을 보면 다음과 같다.

편의시설의 구조・재질등에 관한 세부기준(제2조 제1항 관련)

13. 장애인등의 이용이 가능한 화장실

가. 일반사항

(1) 설치장소

(가) 장애인등의 이용이 가능한 화장실은 장애인등의 접근이 가능한 통로에 연결하
   여 설치하여야 한다.

(나) 장애인용 변기와 세면대는 출입구(문)와 가까운 위치에 설치하여야 한다.

(2) 재질과 마감

(가) 화장실의 바닥면에는 높이차이를 두어서는 아니되며, 바닥표면은 물에 젖어도
   미끄러지지 아니하는 재질로 마감하여야 한다.

(나) 화장실(장애인용 변기・세면대가 설치된 화장실이 일반 화장실과 별도로 설치
   된 경우에는 일반 화장실을 말한다)의 0.3미터 전면에는 점형블록을 설치하거
   나 시각장애인이 감지할 수 있도록 바닥재의 질감 등을 달리하여야 한다.

(3) 기타 설비

(가) 화장실(장애인용 변기・세면대가 설치된 화장실이 일반 화장실과 별도로 설치
   된 경우에는 일반 화장실을 말한다)의 출입구(문)옆 벽면의 1.5미터 높이에는
   남자용과 여자용을 구별할 수 있는 점자표지판을 부착하고, 출입구(문)의 통과
   유효폭은 0.9미터 이상으로 하여야 한다.

(나) (가)에도 불구하고 「체육시설의 설치・이용에 관한 법률」 제5조 및 제6조에
   따른 전문체육시설 및 생활체육시설의 화장실(장애인용 변기・세면대가 설치
   된 화장실이 일반 화장실과 함께 설치된 경우에는 일반 화장실을 말한다) 출입
   구(문) 중 경기용 휠체어 사용자를 위한 화장실 출입구(문)의 통과유효폭은
   1.2미터 이상으로 해야 한다.

(다) 세정장치・수도꼭지 등은 광감지식・누름버튼식・레버식 등 사용하기 쉬운
   형태로 설치하여야 한다.

(라) 장애인복지시설은 시각장애인이 화장실(장애인용 변기·세면대가 설치된 화장실이 일반 화장실과 별도로 설치된 경우에는 일반 화장실을 말한다)의 위치를 쉽게 알 수 있도록 하기 위하여 안내표시와 함께 음성유도장치를 설치하여야 한다.

나. 대변기
(1) 활동공간

(가) 건물을 신축하는 경우에는 대변기의 유효바닥면적이 폭 1.6미터 이상, 깊이 2.0미터 이상이 되도록 설치하여야 하며, 대변기의 좌측 또는 우측에는 휠체어의 측면접근을 위하여 유효폭 0.75미터 이상의 활동공간을 확보하여야 한다. 이 경우 대변기의 전면에는 휠체어가 회전할 수 있도록 1.4미터×1.4미터 이상의 활동공간을 확보하여야 한다.

(나) 신축이 아닌 기존시설에 설치하는 경우로서 시설의 구조 등의 이유로 (가)의 기준에 따라 설치하기가 어려운 경우에 한하여 유효바닥면적이 폭 1.0미터 이상, 깊이 1.8미터 이상이 되도록 설치하여야 한다.

(다) 출입문의 통과유효폭은 0.9미터 이상으로 하여야 한다.

(라) (가)부터 (다)까지의 규정에도 불구하고 「체육시설의 설치·이용에 관한 법률」 제5조 및 제6조에 따른 전문체육시설 및 생활체육시설의 화장실 중 경기용 휠체어 사용자를 위한 화장실 대변기의 유효바닥면적은 폭 2.0미터 이상, 깊이 2.1미터 이상이 되도록 설치해야 하고, 대변기의 좌측 또는 우측에는 휠체어의 측면접근을 위하여 유효폭 1.2미터 이상의 활동공간을 확보해야 하며, 대변기의 전면에는 휠체어가 회전할 수 있도록 1.5미터 이상 × 1.5미터 이상의 활동공간을 확보해야 하고, 출입문의 통과유효폭은 1.2미터 이상으로 해야 한다.

(마) 출입문의 형태는 자동문, 미닫이문 또는 접이문 등으로 할 수 있으며, 여닫이문을 설치하는 경우에는 바깥쪽으로 개폐되도록 하여야 한다. 다만, 휠체어사용자를 위하여 충분한 활동공간을 확보한 경우에는 안쪽으로 개폐되도록 할 수 있다.

(2) 구 조
(가) 대변기는 등받이가 있는 양변기형태로 하되, 바닥부착형으로 하는 경우에는

변기 전면의 트랩부분에 휠체어의 발판이 닿지 아니하는 형태로 하여야 한다.

(나) 대변기의 좌대의 높이는 바닥면으로부터 0.4미터 이상 0.45미터 이하로 하여야 한다.

(3) 손잡이

(가) 대변기의 양옆에는 아래의 그림과 같이 수평 및 수직손잡이를 설치하되, 수평손잡이는 양쪽에 모두 설치하여야 하며, 수직손잡이는 한쪽에만 설치할 수 있다.

(나) 수평손잡이는 바닥면으로부터 0.6미터 이상 0.7미터 이하의 높이에 설치하되, 한쪽 손잡이는 변기중심에서 0.4미터 이내의 지점에 고정하여 설치하여야 하며, 다른쪽 손잡이는 0.6미터 내외의 길이로 회전식으로 설치하여야 한다. 이 경우 손잡이간의 간격은 0.7미터 내외로 할 수 있다.

(다) 수직손잡이의 길이는 0.9미터 이상으로 하되, 손잡이의 제일 아랫부분이 바닥면으로부터 0.6미터 내외의 높이에 오도록 벽에 고정하여 설치하여야 한다. 다만, 손잡이의 안전성 등 부득이한 사유로 벽에 설치하는 것이 곤란한 경우에는 바닥에 고정하여 설치하되, 손잡이의 아랫부분이 휠체어의 이동에 방해가 되지 아니하도록 하여야 한다.

(라) 장애인등의 이용편의를 위하여 수평손잡이와 수직손잡이는 이를 연결하여 설치할 수 있다. 이 경우 (다)의 수직손잡이의 제일 아랫부분의 높이는 연결되는 수평손잡이의 높이로 한다.

(마) 화장실의 크기가 2미터×2미터 이상인 경우에는 천장에 부착된 사다리형태의 손잡이를 설치할 수 있다.

(4) 기타 설비

(가) 세정장치·휴지걸이 등은 대변기에 앉은 상태에서 이용할 수 있는 위치에 설치하여야 한다.

(나) 출입문에는 화장실사용여부를 시각적으로 알 수 있는 설비 및 잠금장치를 갖추어야 한다.

(다) 공공업무시설, 병원, 문화 및 집회시설, 장애인복지시설, 휴게소 등은 대변기 칸막이 내부에 세면기와 샤워기를 설치할 수 있다. 이 경우 세면기는 변기의 앞쪽에 최소 규모로 설치하여 대변기 칸막이 내부에서 휠체어가 회전하는데 불편이 없도록 하여야 하며, 세면기에 연결된 샤워기를 설치하되 바닥으로부

터 0.8미터에서 1.2미터 높이에 설치하여야 한다.   (라) 화장실 내에서의 비
상사태에 대비하여 비상용 벨은 대변기 가까운 곳에 바닥면으로부터 0.6미터
와 0.9미터 사이의 높이에 설치하되, 바닥면으로부터 0.2미터 내외의 높이에
서도 이용이 가능하도록 하여야 한다.

다. 소변기
(1) 구 조
소변기는 바닥부착형으로 할 수 있다.
(2) 손잡이
(가) 소변기의 양옆에는 아래의 그림과 같이 수평 및 수직손잡이를 설치하여야 한다.
(나) 수평손잡이의 높이는 바닥면으로부터 0.8미터 이상 0.9미터 이하, 길이는 벽면
으로부터 0.55미터 내외, 좌우 손잡이의 간격은 0.6미터 내외로 하여야 한다.
(다) 수직손잡이의 높이는 바닥면으로부터 1.1미터 이상 1.2미터 이하, 돌출폭은 벽
면으로부터 0.25미터 내외로 하여야 하며, 하단부가 휠체어의 이동에 방해가
되지 아니하도록 하여야 한다.

2

화장실과 인권 문제

헌법과 화장실 인권

1 '인간의 존엄과 가치'와 '오줌 눌 권리 · 똥 눌 권리'

헌법상 인간의 존엄과 가치는 일반적 인격권으로 이해할 수 있다(헌법 제10조). 일반적 인격권의 내용으로는 명예권, 성명권, 초상권 등이 있다. 일반적 인격권은 인격에 대하여 소극적으로 침해받지 않을 권리와 적극적으로 보호받을 권리를 포함한다.[1]

오줌 눌 권리 · 똥 눌 권리는 우리가 의식하지 못하고 있다가 권리의식의 향상이나 사회 환경의 변화로 인식하게 된 새로운 인권 문제라 할 수 있다. 오줌 눌 권리 · 똥 눌 권리는 생존과 직접 연결된 문제라고 볼 때, 인간의 존엄과 가치를 이루는 한 부분이라 할 수 있다. 오줌 눌 권리 · 똥 눌 권리의 근거는 헌법상 '인권의 존엄과 가치' 조항에서 찾을 수 있다 할 것이다.

2 행복추구권과 인격권으로서 화장실 이용 문제

헌법 제10조는 "모든 국민은 인간으로서 존엄과 가치를 가지며, 행복을 추구할 권리를 가진다. 국가는 개인이 가지는 불가침의 기본적 인권을 확인하고 이를 보장할 의무를 진다."고 규정하여 인간의 존엄과 가치 및 행복추구권을 보장하고 있다. 헌법 제10조에서 규정한 인간의 존엄과 가치는 헌법이념의 핵심으로, 국가는 헌법에 규정된 개별적 기본권을 비롯하여 헌법에 열거되지 아니한 자유와 권리까지도 이를 보장하여야 하며, 이를 통하여 개별 국민이 가지는 인

---

1) 성낙인, 『헌법학』, 법문사(2022), 1164면.

간으로서의 존엄과 가치를 존중하고 확보하여야 한다는 헌법의 기본원리를 선언한 조항이다.

헌법 제10조 전문은 모든 국민은 인간으로서의 존엄과 가치를 지니며, 행복을 추구할 권리를 가진다고 규정하여 행복추구권을 보장하고 있고, 행복추구권은 그의 구체적인 표현으로서 일반적인 행동자유권2)과 개성의 자유로운 발현권을 포함한다.3) 또한 헌법 제10조는 모든 기본권 보장의 종국적 목적이자 기본이념이라 할 수 있는 인간의 본질적이고 고유한 가치인 인간의 존엄과 가치로부터 유래하는 인격권을 보장하고 있다.4)

일반적으로 헌법 제10조에서 도출되는 행복추구권의 한 내용인 일반적 행동자유권은 자신이 하고 싶은 일을 적극적으로 자유롭게 행동을 하는 것은 물론 소극적으로 자신이 원하지 않는 행위를 하지 않을 자유를 포함하여 자신의 의사에 따라 행위할 수 있는 권리를 말한다. 일반적 행동자유권은 모든 행위를 할 자유와 부작위의 자유를 영유할 수 있는 권리로 단순히 보호할 가치 있는 행위만을 보호영역으로 하는 것이 아닌 개인의 생활방식이나 취미에 관한 사항도 포함된다. 용변문제는 사람에게 있어 가장 기본적인 생리적 욕구에 해당하는 것으로, 용변문제를 해결하기 위해 화장실을 가는 행위는 일반적 행동자유권의 보호대상이 되고, 인간으로서의 존엄과 가치 및 인격권과도 밀접한 연관성이 있다.

---

2) 일반적 행동자유권은 개인이 행위를 할 것인가의 여부에 대하여 자유롭게 결단하는 것을 전제로 하여 이성적이고 책임감 있는 사람이라면 자기에 관한 사항은 스스로 처리할 수 있을 것이라는 생각에서 인정되는 것이다. 일반적 행동자유권에는 적극적으로 자유롭게 행동을 하는 것은 물론 소극적으로 행동을 하지 않을 자유 즉, 부작위의 자유도 포함되며, 포괄적인 의미의 자유권으로서 일반조항적인 성격을 가진다(헌재 1991.6.3. 89헌마204, 판례집 3, 268, 276; 헌재 1995.7.21. 93헌가14, 판례집 7-2, 1, 32; 헌재 1997.11.27. 97헌바10, 판례집 9-2, 651, 673; 헌재 2000.6.1. 98헌마216, 판례집 12-1, 622, 648).

3) 헌재 1991. 6. 3. 89헌마204, 판례집 3, 268, 275; 헌재 1998. 5. 28. 96헌가5, 판례집 10-1, 541, 549; 헌재 1998. 10. 29. 97헌마345, 판례집 10-2, 621, 633 등

4) 헌재 1990. 9. 10. 89헌마82; 헌재 2002. 7. 18. 2000헌마327 참조

차폐시설이 불충분한 유치장 화장실 사용을 강요당함으로써 굴욕감과 수치심을 느끼지 않을 수 없었고 이에 따라 자연스런 생리적 욕구자체를 억제하여야만 하였다면 헌법 제10조에 의해 보장되는 인격권침해가 가장 직접적으로 문제된다고 할 수 있다.

헌법재판소는 유치장내 화장실 설치 및 관리행위 위헌확인 사건에서, "보통의 평범한 성인인 청구인들로서는 내밀한 신체부위가 노출될 수 있고 역겨운 냄새, 소리 등이 흘러나오는 가운데 용변을 보지 않을 수 없는 상황에 있었으므로 그때마다 수치심과 당혹감, 굴욕감을 느꼈을 것이고 나아가 생리적 욕구까지도 억제해야만 했을 것임을 어렵지 않게 알 수 있다. 나아가 함께 수용되어 있던 다른 유치인들로서도 누군가가 용변을 볼 때마다 불쾌감과 역겨움을 감내하고 이를 지켜보면서 마찬가지의 감정을 느꼈을 것이다. 그렇다면, 이 사건 청구인들로 하여금 유치기간동안 위와 같은 구조의 화장실을 사용하도록 강제한 피청구인의 행위는 인간으로서의 기본적 품위를 유지할 수 없도록 하는 것으로서, 수인하기 어려운 정도라고 보여지므로 전체적으로 볼 때 비인도적·굴욕적일 뿐만 아니라 동시에 비록 건강을 침해할 정도는 아니라고 할지라도 헌법 제10조의 인간의 존엄과 가치로부터 유래하는 인격권을 침해하는 정도에 이르렀다고 판단된다."5)며 화장실 사용 문제를 인격권의 문제로 헌법상 기본권으로 인정하고 있다.

---

5) 헌재 2001. 7. 19. 2000헌마546, 판례집 13-2, 111-112면, [전원재판부]

노동자의 인권과 화장실

① 기관사·운전기사와 화장실

2007년 12월 9일 지하철 기관실 문을 열고 용변을 보려던 한 승무원이 선로에 떨어져 마침 뒤따라오던 전동차에 치여 숨졌다.[6] 지하철 승무원은 한번 운행에 들어가면 3-4시간을 기관실에 갇혀 있어야 한다. 승객들은 중간에 내릴 수 있지만, 승무원은 내릴 수 없다. 승강장에 화장실만 있어도 승무원도 쉽게 용변을 볼 수 있을 것이다. 이 사건이 있기까지 도대체 운전기사들은 어떻게 용변을 처리하는지 생각하지 않았다. 지하철의 경우 1-4호선에서 승무원용 화장실이 있는 곳은 3곳이라고 한다. 승무원들은 5-6개 역마다 화장실을 만들어 달라고 요구해 왔지만 서울메트로(Seoul Metro)에서는 그렇게 할 수 없다고 거부해왔다고 한다. 비닐이나 우유팩·페트병이 최선의 대책이라는데 여성 기관사에 대한 배려마저 배제되어 있다.

버스기사들도 3-4시간의 긴 운행시간 내내 참아야 하기는 마찬가지다. 만약 교통정체로 배차 간격이 밀린다면 차고지에서 바로 다시 버스를 운전해야 하는 일이 다반사다. 용변 때문에 집중력이 저하되고, 급하게 몰다 보면 과속 난폭 운전을 하게 된다.[7] 이처럼 3-4시간 이상 운전대를 잡아야 하는 지하철 기관사와 버스 기사, 대형 마트 캐셔, 자동화된 대형 공장의 생산직 노동자 등은 업무·직장 특성이나 근무 형태 등 때문에 어쩔 수 없이 장시간 소변을 참아야 하는 남모를 고통에 시달리고 있다.[8]

---

6) "용변보다가…" 지하철 기관사가 전동차에 치어 숨져, 「경향신문」 2007년 12월 11일.
7) "모든 인간은 똥 쌀 권리가 있다", 「오마이뉴스」 2008년 1월 4일 참조.
8) "지평선: 용변권", 「한국일보」 2015년 8월 12일, 30면.

열차 기관사들의 '일터'인 기관차에는 화장실이 설치돼 있지 않다. 기관차와 객차 화장실은 연결돼 있지 않아 화장실을 가려면 기관차에서 내려 가까운 객차나 역사 구내로 가야 한다. 하지만 짧은 정차 시간 동안 쉽지 않아 기관사들은 대부분 목적지에 도착할 때까지 화장실이 급해도 참아야 한다. '정시성'(定時性)을 중시하는 철도 운행에서 '화장실 가겠다'는 이유로 출발 시간을 늦추는 기관사는 거의 없다는 것이다. 한 신문의 화장실 르포(reportage) 기사는 열차 기관사들의 실상을 다음과 같이 전하고 있다.9)

> "남성 기관사들은 만약을 위해 비닐봉지를 챙긴다. 37년 경력의 노 기관사가 이 방법을 쓴 지는 10년쯤 되었다. "기관석 안에서 운전하고 있는 동료 옆에서 실례를 해야 하잖아요. 같은 남자라도 그러기 싫어 소변을 참았죠. 한 20년 참았더니 병에 걸렸어요, 전립선염." 고통스러운 치료 과정을 겪은 뒤로는 봉지를 챙기기 시작했다. 그나마 여성 기관사들은 이런 임시변통이 불가능하다."

> 열차 기관사들의 화장실 사용의 고충 문제에 대해, 한국철도공사(코레일)는 기관사들이 "정차 후 운전실과 가까운 객실 내 화장실을 이용하면 된다"고 한다. 하지만 1분 30초쯤 되는 정차 시간 내 화장실에 다녀오기란 말처럼 쉽지 않다.10)11)

지하철 기관사도 사정이 다르지 않다고 르포(reportage) 기사는 활자화 하고 있다.

> "지하철 승무원 손에 묵직해 보이는 플라스틱 상자가 들려 있었다. "이게 화장실이에요." 상자를 열자 낡은 접이식 좌변기와 두꺼운 비닐 주머니가 나왔다. 좌변기에 주

---

9) "투명 장벽의 도시③ : 나의 화장실 가는 길", 「경향신문」 2022년 10월 14일, 12면.
10) "투명 장벽의 도시③ : 나의 화장실 가는 길", 「경향신문」 2022년 10월 14일, 12면.
11) 기관사가 화장실을 가기 위해 기관차에서 하차해 객실까지 달려가는 데 30초, 화장실 있는 객실을 찾는 데 30초, 용변에 1분, 다시 되돌아오는 데 30초쯤 걸리는 것 같다고 했다. 용변을 1분으로 한정해도 2분 30초가 걸린다. 간신히 화장실에 도착했는데 '사용 중'일 땐 아뜩해진다(「경향신문」 2022년 10월 14일, 12면).

머니를 넣고 끝을 변기 가장자리에 붙여 고정시켰다. "저희는 '배변봉투'라고 해요." 서울교통공사가 2008년, 코레일이 2017년부터 지급한 '휴대용 화장실'이다. 2007년 지하철 기관사가 달리는 지하철에서 밖으로 몸을 내밀어 용변을 보다 사망한 사고를 계기로 지급됐다. 그는 "사람 죽고 나서 변기 하나 왔다"고 했다. 회사는 30cm 길이 반투명 비닐봉지도 '소변 봉투'로 나눠준다. 그는 정말 급했을 때 딱 한 번 좌변기를 사용한 적이 있다. "'설마 저걸 쓸 일이 있겠어' 싶었는데 사람 일은 모르더라고요. 배가 너무 아픈 거예요. 사용하면서 '이거 인권 없구나' 했죠." 지하철 기관사 오현주씨(가명)는 한 번도 이 좌변기를 써 본 적이 없다. "정차 시간이 30초밖에 안 돼요. 지하철 플랫폼에선 승객들이 기관석을 보고 있어요. 역사 내 폐쇄회로(CC)TV도 기관실을 비추고 있어요. 다 보이는데 쓸 수가 없죠."12)

시내버스 기사들의 용변(用便)과 관련한 애로사항을 한 신문은 다음과 같이 기사화하고 있다.

> 143번 버스는 서울 정릉—개포동 구간을 왕복으로 약 65km 운행하는 노선이다. 짧게는 2-3시간, 정체시간대엔 5-6시간 걸린다. 운행 도중 용변이 급한 기사들은 회차 지점에 버스를 세워 두고 풀숲에 들어가 급히 볼일을 본다. 일부 기사는 승객이 없을 때 버스 내 폐쇄회로TV를 외투로 가리고 페트병에 소변을 본다. …중략… 한 버스기사는 "잠시 화장실을 간 사이 120 다산콜센터 등으로 승객 민원이 들어온다."며 …중략… 143번 버스기사들이 회차 지점 근처 풀숲에서 일을 보자 주변 주민들이 민원을 넣었고, 회사는 '야산에서 소변을 보는 행위가 적발될 경우 엄중 문책하겠다'고 경고했다. 143번 버스기사들이 '화장실이 급한 기사들은 어떻게 하느냐'며 회사에 문의하자 사측은 '회차 지점 근처 도서관 앞에 차를 세워 두고 빨리 다녀오면 될 것'이라고 답했다(경향신문, 2015년 8월 10일, 9면 "승객·회사 눈총에 막힌 시내버스 기사 '용변권'"참조).

이 문제와 관련하여 공공운수노조는 2014년 12월 서울시 버스정책과에 "회차 지점마다 간이화장실을 설치하는 방안을 검토해 달라"고 요구했다. 이에 서

---

12) "투명 장벽의 도시③ : 나의 화장실 가는 길", 「경향신문」 2022년 10월 14일, 12면.

울시 버스정책과는 "시에서 간이 화장실을 설치하는 것은 어렵다"며 "필요하다면 개별 운수업체가 검토할 문제"라고 답했다[13]고 신문은 전하고 있다.[14]

차고지에 여성 전용 화장실이 없어 시내버스 여성 운전사들이 겪는 고충도 심각한 수준이다.[15] 여성 기관사들도 마찬가지로 그 고충은 심각하다. 사람이라면 식사나 수면과 다르게 배변하는 모습만큼은 타인에게 보이고 싶지 않아한다. 거리에서 음식를 먹을 수 있고, 교실이나 사무실의 책상에 엎드려 잠깐 쪽잠을 청할 수도 있지만, 뱃속에서 신호를 받았다고 아무 곳에서나 하의를 벗고 '큰일'을 보는 사람은 없다. 문명사회에선 있을 수 없는 일이다. 지하철 플랫폼에서 정차 시간이 30초밖에 안되고, 승객들이 기관석을 보고 있고, 역사 내 폐쇄회로(CC)TV도 기관실을 비추고 기관사의 일거수 일투족(一擧手一投足)이 다 보이는 상황에서 옷을 내리고 회사가 지급한 접이식 좌변기에서 용변을 볼 수는 없다.

철도 기관사, 지하철 기관사, 시내버스기사 등의 '똥 눌 권리'는 인권의 문제이다. 한편으로 그러한 권리는 일반 시민의 안전[16]과 관련한 인권의 문제이다.[17] 용변 때문에 집중력이 저하되고, 급하게 몰다 보면 과속 난폭 운전으로

---

13) "승객·회사 눈총에 막힌 시내버스 기사 '용변권'", 「경향신문」 2015년 8월 10일, 9면.

14) 이 문제와 관련하여 공개된 서울시 도시교통본부 버스정책과의 「시내버스 운전자 용변권 확보방안 검토 보고」 문서에 따르면, "외곽지역에 간이화장실 3개소를 운영하고 있으나, 악취로 인한 혐오시설로 인식되어 지속적인 철거요청 민원이 발생하고 있어 관리 및 추가설치 곤란하며, 개선방안으로는 ① 수요자 측면에서 화장실 이용 접근성 향상토록 전면 재검토, ② 회차지 화장실 미확보된 운행노선 화장실 확보방안 마련, ③ 회차지점 외 중간 운행경로상 화장실 추가 확보, ④ 회차지점 화장실 확보가 곤란한 노선은 회차지 변경 등 노선조정 검토를 제시하고 있다"(문서번호 버스정책과-15564, 2015.9.7 참조).

15) 광주드림, 2016년 4월 27일, 시내버스 여성 운전사들 "차고지에 화장실도 없어"참조.

16) 인권(기본권)으로서 '안전'에 관한 논구로는 김민배, "안전 관념의 변천이 기본권에 미친 영향", 헌법논총 제21집(2010), 251-287면; 양천수, "위험·재난 및 안전 개념에 대한 법이론적 고찰", 공법학연구 제16권 제2호(2015), 187-216면 참조.

이어지고, 급기야는 사고로 이어져 시민의 생명과 안전이 위협받게 될 수 있다. 따라서 열차 기관사, 지하철 기관사, 버스기사들의 '똥 눌 권리'(용변권)는 인간의 가장 원초적인 생리 욕구를 해소하기 위한 인권의 문제이며 시민의 안전과 직결되는 문제라는 시각에서 접근해야 한다.

노동자를 비롯한 인간의 화장실 사용 문제는 '헌법적 권리'라는 것을 기억해야 한다.

② 시내버스 이용 승객의 화장실 문제

지하철 및 기차 그리고 버스는 서민들의 발이며 가장 많은 대중이 이용하는 교통시설이다. 그 중 지하철 및 기차의 경우에는 별도의 정류장 시설이나 대중교통 내부에 화장실이 마련되어 있어 생리적 현상을 비교적 불편 없이 해결 할 수 있다. 그러나 버스는 특성상 버스 내부에 화장실을 만들기 어려울 뿐만 아니라 버스정류장 인근에 별도로 화장실을 만드는 것도 또한 공간적인 한계로 인하여 불가능한 상황으로 특히 광역버스를 이용하는 승객은 승차 후 하차 시 까

---

17) "매일 수십만 명의 이동을 책임지는 기관사들이 왜 이렇게밖에 화장실을 이용할 수 없을까. 기차와 지하철, 역사 모두 설계 때부터 그 공간에서 가장 긴 시간을 보내는 기관사들은 고려되지 않는다. 철도노조에 따르면 미국 등 일부 국가에서는 장거리 운행용 열차의 기관차에 침실과 화장실이 딸린 차량을 연결해 다니기도 하지만, 한국에 그런 차량은 없다. 김선욱 철도노조 정책실장은 "화장실 설치가 기술적으로 불가능할 것 같진 않은데, 애초부터 고려하지 않은 것 같다"고 했다. 노동자를 고려하지 않은 공간은 시민의 안전도 위협한다. 서동훈 민주노총 노동안전보건실장은 "기관사가 용변을 참느라 집중력을 잃으면 시민의 안전을 위협하는 결과로 이어질 수 있다"고 했다. 철도노조 김한수 국장은 "무궁화호 같은 열차에는 동력차에 기관사용 화장실을 설치하고, 지하철은 주요 역 끝 부분에 간이화장실이 아닌 일반 화장실을 만들어야 한다"고 했다"("투명 장벽의 도시③ : 나의 화장실 가는 길", 「경향신문」 2022년 10월 14일, 12면).

지 많은 구간을 대기하여야 하며 특히 고속도로 구간의 경우에는 다음 하차역까지 비교적 많은 시간을 버스 내에서 대기하여야 하는 불가피한 상황이 발생한다. 수도권교통본부에서는 이러한 버스 승객들의 배설에 대한 욕구를 해결하고 버스의 공간적 한계를 극복하기 위하여 정류장 인근의 화장실에 대한 위치정보를 포털사이트, 버스 내 안내스티거 부착 및 정류장별 안내판 배치를 통해 승객의 시간적인 통행비용을 최소화(환승할인이 가능)하고, 대안 노선의 안내를 통해 승객의 금전적인 통행비용을 최소화하는 등 수도권광역 버스의 이용자에게 더욱 편안한 서비스를 제공하기 위해 추진하고 있다.[18] 이처럼 이용객인 소비자의 입장에서 화장실 문제를 해결하고자 해야 한다. 화장실이용 문제는 헌법상 기본권이며 가장 원초적인 인간의 인권 문제라는 시각으로 접근해야 한다.

③ 건설노동자와 화장실

2004년 울산 현대자동차 공장에서는 정말 보기 드문 파업이 벌어졌다. 한 하청업체 근로자 10여명이 "근무 중에 화장실을 이용할 수 있게 해달라"며 작업을 거부하고 단식 농성에 들어간 것이다. 이들은 "작업량이 너무 많아 화장실 갈 때도 작업반장 눈치를 봐야 할 정도로 비참하다"며 사측에 개선을 요구했다. 농성이 시작되자 사측은 곧바로 대체인력을 투입했고, 파업에 참가한 10여명은 일자리를 잃고 말았다. 2005년 봄 무려 72일간 파업을 한 울산건설플랜트노조의 주요 요구 중 하나가 '건설현장에 화장실을 설치해 달라'는 것이었다. 노조는 사측의 '전향적인 조치'를 약속 받고 파업을 끝냈다.[19]

---

18) 김래언, 수도권 시내버스 화장실 이용정보 제공, 「수도권 교통」 v.10(2016. Winter), 수도권교통본부, 23~24면.

19) "이 열차 화장실 관계로 잠시 정차를…", 「한국일보」 2007년 10월 10일 참조.

31년째 배관공으로 일해 온 조합원 정아무개(53)씨는 "화장실도 하나 없어서 숨어서 노상 방뇨해야 하고, 추우나 더우나 바람 먼지구덩이 속에서 도시락을 먹어야 하고, 비가 와도 피할 곳이 없어서 손으로 비를 가린 채 빗물에 밥을 말아먹어야 한다" …중략… 다른 조합원 김아무개씨는 "새벽밥 먹고 현장에 와서 옷 갈아입을 컨테이너 하나 없어 도로에서 주섬주섬 옷을 갈아입어야 한다. 쇳가루·시멘트가루 날리는 난장에서 하루 일을 마치고 땀에 흠뻑 절어도 손 씻을 세면장, 샤워장 하나 없는 게 현실"이라고 울분을 토했다. "내일모레면 환갑을 바라보는 나이지만, 모래바람 없이 도시락 한번 먹어보자는 겁니다. 화장실 한번 당당하게 가보자는 겁니다."(「한겨레21」 제556호(2005.4.19), "밥먹고 화장실 갈 권리를 달라").

위의 사례와 같이 건설현장 노동자들의 화장실 등의 문제 제기는 2007년 7월 27일 국회가 본회의를 열어 공사예정 금액이 1억원 이상인 건설 현장에 화장실과 식당 등 편의시설을 의무적으로 설치하도록 하는 '건설근로자의 고용개선 등에 관한 법률' 개정안을 통과시켜 법제화 되었다(동법 7조의2 및 동법 시행령 제4조).[20] 「건설근로자의 고용 개선 등에 관한 법률」의 시행규칙이 규정하고 있는 '화장실'에 관한 고용 관련 편의시설의 설치 또는 이용조치 기준을 보면, ① 건설공사가 시행되는 현장으로부터 300미터 이내에 화장실을 설치하거나 임차하는 등의 방법으로 화장실을 이용할 수 있도록 할 것, ② 화장실 관리자를 지정하여 관리할 것, ③ 건설공사가 시행되는 현장에 남성과 여성이 함께 근로하는 경우에는 남녀를 구분하여 화장실을 설치하거나 이용할 수 있도록 할 것을 내용으로 하고 있다(동법 시행규칙 제4조 별표). 그러나 건설현장에서 이러한 기준이 여전히 지켜지지 않고 있으며, 건설 현장에 화장실이 설치되어 있다 하더라도 대부분 열악한 상태로 방치돼 있다.

공사현장에서 보내는 노동자들이 가장 곤욕을 치르는 순간 중 하나가 화장실을 이용할 때다. 불결함이 상상을 초월한다. 녹색 간이화장실 근처만 가도 악취가 진동한

---

20) 2007년 개정된 동법의 시행은 2008년 1월 28일부터 최초로 계약이 체결되는 공사부터 개정 내용이 적용되고 있다.

다. 삐거덕거리는 문을 열면 벽과 바닥마다 오물범벅이 돼있었다. 경력 15년인 송영인씨(52)는 "날씨가 선선한 지금은 차라리 나은 편"이라고 했다. 송씨는 "한여름이면 냄새가 배로 난다. 찌는 날씨에 화장실에 들어가 앉아 있으면 머리가 어지러워 토할 것같다"고 했다. 다른 곳도 사정은 비슷하다. 경기 시흥 배곧 신도시 공사현장에서 일하는 신모씨(52)와 현장 동료들은 최근 조회 때 소장으로부터 "용변 좀 바깥에서 보지말고 화장실에서 보라"는 말을 들었다. 신씨는 "냄새도 지독하고 한겨울이면 바닥이얼어서 제대로 앉을 수도 없는 그런 곳에 누가 들어가고 싶겠느냐"고 반문했다(「경향신문」 2015년 5월 4일, 10면, 아파트 건설현장 노동자들 "가장 힘든 곳은 화장실").

또한, 현재 건설 현장의 제반시설은 남성 위주로 갖추어져 있어, 남성과 여성이 함께 근로하는 경우에도 화장실과 탈의실이 남녀 구분되어 있지 않은 경우가 많고, 설치되어 있다 하더라도 여성근로자에 대한 고려가 부족한 실정이다. 건설기능인력에 대한 건설현장 화장실 만족도 및 불만족 설문조사(신창근, 2017) 결과, 여성의 45% 이상이 불만 또는 매우 불만으로 나타났으며, 건설현장 화장실에 대한 불만족 이유로 '소변기 및 대변기 개수부족', '청결 등 유지관리상태 불량', '화장실 위치에 따른 접근불편', 그리고 '남·여 미구분으로 인한불편'을 들고 있다. 여성가족부에서는 2018년 1월 10일 건설현장의 화장실, 탈의실이 성별특성을 반영하여 안전하고 위생적으로 관리되도록 관계 법령(건설근로자의 고용개선 등에 관한 법률 시행규칙)을 강화하고, 휴게실 및 샤워실에대한 설치 기준을 마련하도록 고용노동부에 권고했다.[21]

〈인분아파트 소동과 건설현장 노동자의 용변권 문제〉

2022년 7월 경기도 화성시에서 입주를 시작한 신축 아파트의 드레스룸 벽면에서 악취가 나서 살펴보았더니 천장에서 인분이 담긴 비닐봉지 3개가 발견됐다. 이런 일은 같은 아파트 바로 옆집에서도 일어났다. 옆집도 역시 드레스룸

---

21) 여성가족부, 「변호사시험 응시기회 제한규정 및 건설현장 여성근로자 편의시설 등 2017년 특정성별영향분석평가에 따른 개선 권고 시행」 보도자료(2018.1.10) 4면 참조.

천장에서 인분이 담긴 비닐봉지 1개가 나왔다. 이후 "그런 일은 흔하다"는 건설 노동자의 증언이 나왔다. 건설 노동자 A씨는 "고층에서 일하다 화장실을 가려면 1층까지 가야하는데 시간도 많이 걸리고 관리자들의 눈치도 보여 시간상 그냥 볼일을 작업 구간 주변에 해결한다"고 털어놨다. 이후 내부 마감 공사 과정에서 인분을 묻어 처리한다는 것이다.[22][23]

'인분 아파트' 사건은 '개인의 의식 부족'이라며 건설근로자들을 탓하는 목소리가 나오기도 했지만, 개인의 노력으로는 해결할 수 없는 '열악한 근로환경'이라는 이유도 있었다. 20층 이상 초고층에서 작업하는 근로자가 급한 용변을 해결해야 할 경우, '현장 가림막'을 마련해 작업하던 자리에서 용변 해결한다. 지상층에만 있는 화장실을 오르내리면서 볼일을 보면 2~30분이 금세 지나기 때문이다.[24]

---

22) "민주노총 산하 건설노조는 지난 7월 기자회견을 열고 "3,000명이 일하는 건설 현장에 화장실이 10개가 채 되지 않는 경우도 있다. 고작 30명도 일을 해결하지 못하는 화장실을 만들어놓고 건설노동자들이 더럽게, 그리고 아무 데나 용변을 본다고 비난한다"면서 고용노동부와 한국토지주택공사(LH)를 대상으로 진정서를 제출한 바 있다"("이번엔 싱크대서" … 신축 아파트서 또 '인분' 나왔다, 「서울신문」 2022년 10월 6일).

23) 인분(人糞)아파트 사건은 경기도 화성의 한 신축아파트 입주민이 2022년 5월 입주 직후부터 옷방 쪽에서 불쾌한 냄새가 났다고 제보하면서 밝혀졌다. 아무리 닦아도 악취가 사라지지 않자 입주민은 시공업체에 민원을 넣었고, 방안을 살피던 시공업체 관계자가 천장에 붙은 전등을 떼자 극심한 악취가 퍼졌고, 천장 위에선 인분이 담긴 봉지 3개가 발견되었고, 옆집 천장에서도 인분이 든 비닐봉지를 발견했다고 밝히면서 사회적으로 논란이 되었다.

24) 건설현장에서 6년 차 노동자이자 형틀목수로 일하는 한 노동자는 CBS라디오 시사프로와의 인터뷰에 신축 아파트 단지 세대에서 인분 든 봉지가 발견된 사건을 비판하면서 건설시공사가 열악한 건설현장 근로환경을 조성함으로서 이 같은 일이 발생할 수 있다는 구조한 문제점을 지적하고 있다. "일반인들께서 보기에는 깜짝 놀랄지 모르지만 현장에서 일하시는 분들은 어느 정도 조금 알고 있었던 내용들"이라고 어느 정도 사실이라는 점을 인정했다. 모든 노동자가 그렇지 않다면서도 "지상 23층에서 일할 때 화장실에 가고 싶으면 1층까지 내려가야 한다"며 "가기에는 시간이 너무 크고(길

민주노총 전국플랜트건설노조 경인지부가 2022년 6월 16일 발표한 '삼성바이오로직스 4공장 인권 경영 평가' 결과를 보면, 삼성바이오로직스 4공장의 변기 수는 남성 화장실은 모두 97개, 여성 화장실에는 25개가 있다. 이는 고용노동부의 '사업장 세면·목욕시설 및 화장실 설치·운영 가이드라인'이 제시하는 남녀 변기 수의 32.3%, 46.9%에 그친다고 노조 쪽은 밝혔다.

전국플랜트건설노조가 6월 9일 하루 동안 현장노동자 5,300명을 대상으로 한 설문조사에서도 '화장실 부족'을 가장 큰 어려움으로 꼽는 노동자가 다수였다. 4공장 시공을 맡은 삼성엔지니어링이 화장실 부족 문제를 해결하기 위해 송도 11공구에 있는 주차장과 공사장 3층과 4층에 각각 화장실을 추가로 마련했지만, 여전히 고용노동부의 가이드라인 권고 수준에는 미치지 못했다고 노조 쪽은 주장했다. 건설현장에서 300m 이내에 화장실을 설치하고 모든 면에서 밖에서 보이지 않는 구조로 설치하라는 규정을 충족하지 못했다는 것이다. 특히 "여성 노동자들은 화장실을 못 가니까 방광염에 걸리기도 한다. 한 분이 방광염에 걸렸다고 해서 물어보니, '여기 노동자는 다들 방광염 걸려요'라고 답했다"며 "남성 노동자도 간이화장실이 천장이 뚫려있는데 그 옆에 고소(高所)작업대가 있고 그러다 보니 신체 부위가 노출될 것을 우려해 간이 화장실 사용을 꺼린다"

고) 관리자들의 눈치도 보이며, 작업 구간 주변에다가 그렇게 해결한다"고 예도 들었다. 그는 거듭 "안타깝다"며 불가피한 선택일 수도 있다는 점을 강조했다. "현장마다 상이하지만 대부분 상가 밖에 있거나 1층 사무실 쪽에 있다"며 "큰일을 볼 수 있는 화장실은 대부분 1층에 있다"고 언급했다. 같은 맥락에서 "안 보이는 구석에 해결하시는 분이 있거나, 생각이 있으신 분은 화장실 공사하는 구간(자리)에 보시는 분도 있다"고 부연했다. 문제 해결 방법을 언급하기에 앞서 김씨는 "건설현장은 현장 근무에 따라 안전비용이 측정되고, 원청사들의 비용 절감을 위해 화장실 등 편의시설 (설치가) 미흡하다"며 "저희가 요구해야 수긍하는 사측도 있지만 부정적으로 대하는 사측이 많다"고 주장했다. 더불어 "인부들이 배설물을 방치한 것도 문제지만 그렇게 할 수밖에 없는 구조를 만든 책임은 사측에 있다고 생각한다"며 "하도급과 원청사가 노동자에게 돌아가야 할 비용을 사용하지 않는 한 현장에서 배설물 관련(일)은 해결하기 쉽지 않을 것 같다"고 했다. 나아가 "어느 현장이나 똑같다고 본다"는 말로 수도권이나 지방에 상관없이 비슷할 것으로 추측했다('인분 봉지' 아파트 사건에 "배설물 방치도 문제지만, 책임은 사측에 있다", 「세계일보」 2022년 7월 28일).

는 것이다.25)

「건설근로자의 고용개선 등에 관한 법률」 시행규칙 제4조에는 '건설공사가 시행되는 현장으로부터 300m 이내에 화장실을 설치하거나 임차하는 등의 방법으로 화장실을 이용할 수 있도록 할 것'을 명시해두었으나, 이처럼 고층 건물 건설현장 등에서는 실효성이 떨어진다. 한편 인분 아파트 문제는 입주민의 재산권을 침해하게 되는 문제도 야기할 수 있는 문제이다.

건설현장의 '인분 아파트' 문제는 건설근로자들의 이용하기 편리한 화장실 설치 등 노동환경이 개선되고, 건설근로자의 기본권이 보장될 때 해결가능하다.

■ **건설근로자의 고용개선 등에 법률 시행규칙 [별표]**

고용 관련 편의시설의 설치 또는 이용 조치에 관한 기준(제4조 관련)

항목	설치 또는 이용 조치에 관한 기준
화장실	1. 건설공사가 시행되는 현장으로부터 300m 이내에 화장실을 설치하거나 임차하는 등의 방법으로 화장실을 이용할 수 있도록 할 것 2. 화장실 관리자를 지정하여 관리할 것 3. 건설공사가 시행되는 현장에 남성과 여성이 함께 근로하는 경우에는 남녀를 구분하여 화장실을 설치하거나 이용할 수 있도록 할 것
식 당	휴게(식사) 시간 내에 모든 근로자가 식사를 마칠 수 있도록 식당을 설치하거나 근로현장 주변의 식당을 이용할 수 있도록 할 것. 다만, 바다나 산악지대 등 식당을 설치하거나 이용하게 하는 것이 현저히 곤란한 경우로서 도시락을 제공하는 등의 방법으로 식사를 할 수 있게 한 경우에는 식당을 설치하거나 이용하게 한 것으로 본다.
탈의실	1. 탈의실을 설치하거나 임차하는 등의 방법으로 탈의실을 이용할 수 있도록 할 것 2. 건설공사가 시행되는 현장에 남성과 여성이 함께 근로하는 경우에는 남녀를 구분하여 탈의실을 설치하거나 이용할 수 있도록 할 것 3. 외부로부터 차단된 공간이 확보되도록 할 것

25) ""옷에 X 싼다!" … 삼성바이오로직스 현장, 화장실 '없어서 못 가요'", 「한겨레신문」 2022년 6월 17일.

2022년 5월 경기도 화성의 한 신축 아파트 천장 속에서 인분이 발견돼 논란이 일고 있는 가운데 건설현장의 열악한 환경이 여론의 도마 위에 올랐다. 인분 아파트 사건은 잘못된 일이다. 건설현장 노동자들의 잘못된 관행도 바로 잡아야 한다. 그러나 건설현장노동자를 탓하기에 앞서 건설 현장에 화장실이 턱없이 부족하고, 현장과 멀리 떨어져 있는 경우가 많다는 점도 생각해야 한다.

건설현장 감독자나 책임자가 노동자들이 화장실 가는 걸 달가워하지 않는 곳도 많기에 참다가 마지못해 건물 내부에 용변을 보게 되는 경우에 인분 아파트 사건이 발생한 것이다. 화장실 이용은 생존권의 문제이다. 건설노동자들이 건설현장에서 인간답게 용변을 볼 수 있는 환경을 만들어야 한다. 건설근로자의 고용 개선 등에 관한 법률에 화장실의 세부적 크기나 수량 등의 기준을 구체적으로 규정해야 한다. 그래야 인분 아파트가 생기지 않는다.

2008년 「건설근로자의 고용개선 등에 관한 법률」 개정안이 시행되면서 국내 건설 현장 내 화장실 설치가 의무화됐다. 이에 따라 공사예정금액 1억원 이상인 건설현장에는 식당·화장실·탈의실 등 근로자를 위한 편의시설을 설치하고 관리인을 지정해야 하며, 이를 어길 시 과태료가 부과된다. 그러나 화장실 시설의 전반적인 관리 상태나 위생 환경은 별개의 문제다. 도저히 이용할 수 없을 만큼 열악한 시설이 있는가 하면, 아예 화장실이 작업 공간에서 멀리 떨어져 있는 경우도 있다.

2020년 '건설근로자공제회'가 건설 노동자들을 대상으로 진행한 생활 실태조사에 따르면, 국내 건설 현장의 97.5%는 화장실을 갖췄으나 이용자들의 만족도는 전체 편의시설(화장실·탈의실·샤워실·식당·휴게실 등) 가운데 최하점인 것으로 조사됐다.

아파트, 오피스텔 등 건설 현장에서 건물 종류에 따라 화장실 수준이 천차만별이라는 목소리이다. 대기업 현장은 주기적으로 청소 작업원이 찾아오고 공사가 진행 중인 건물 여러 지점에 비데가 설치된 화장실도 구비해 놓지만, 일반적인 아파트 현장에선 그런 걸 기대할 수 없는 게 현실이며, 일반 현장은 건물 1층에만 화장실이 있거나, 아예 주변 다른 건물의 화장실을 빌려 쓸 때도 있다고 한다.[26] 3~5층짜리 소형 건물을 짓는 경우는 이런 화장실 시설로도 충분하지만, 문제는 수십 층짜리 고층 건물에서 일하는 경우가 문제라는 것이다. 용변을 보기 위해 화장실을 이용할 때마다 7~8층을 오르내리는 것이 문제라는 목소리이다. 용변 욕구를 참고 일하거나, 도저히 안 되겠다 싶으면 건설현장 집 안쪽에 볼일을 치르는 경우가 허다하다는 것이 현장 건설 근로자의 진솔한 얘기이다. 고층 건물 건설현장에서는 지상에 설치되어 있는 화장실 대신 공사 중인 방이나 베란다 같은 곳에 용변을 보고, 나중에 시공사가 뒤늦게 청소업체를 불러 한 번에 처리하는 경우가 대부분이다. 청소하는 하청업체가 미처 용변 본 것을 발견하지 못하면 '인분 아파트' 같은 사건이 벌어지는 것이다.

노동자에게 화장실에 갈 시간과 여건을 마련하는 것은 건강 문제이기 전에 인격의 문제며 인권의 문제이다. 사업주는 모든 노동자들이 변의(便意)를 느끼면 화장실에 갈 수 있도록 하는 환경을 만들어야 한다.[27]

④ 감정노동자와 화장실

"헤드셋의 검은 쿠션 사이에 끼어서 존재할 때/ 나는 목이 없다 좌우를/ 둘러볼 목이 없다 거미처럼/ 머리가 가슴으로부터 솟아올라 있다/ 입술은 심장에 연결돼 있어 말할 때마다/ 피가 가열된다."

이는 최세라 시인의 '콜센터 유감-뮤트'라는 시의 일부이다. 시인 최세라는 《콜센터 유감》이라는 시집에서 콜센터 감정노동자들의 아픔을 표현하고 있다.

---

26) 나무로 만든 간이 화장실, 주변이 다 노출된 소변기를 세워두고 화장실이라고 부르는 일도 있고, 그 마저도 제대로 관리가 이뤄지는 것도 아니라서 여름에는 악취가 나고, 겨울에는 변기가 얼어붙는다고 한다.

27) 이상윤, 마음 놓고 화장실 갈 권리, 「한겨레신문」 2008년 11월 4일.

콜센터 감정노동자들은 고객의 욕만 들어야만 하는 고통만 있는 건 아니다. 근무 중 관리자의 감시와 그러한 감시 속에 있다 보니 인간의 가장 원초적 생리 작용이라 할 소변이나 배변을 봐야할 때도 관리자의 눈치를 볼 수밖에 없고, 참을 수밖에 없는 고통을 감내해야 한다.

감정노동(emotional labor)은 개인의 감정관리가 조직의 감정규범에 따라서 변형하고, 작업장 내에서 감정규범에 의해 변형된 감정을 통해 서비스를 제공하는 것을 말한다. 이 지점에서 관습, 매너, 예의와 같은 사회적 규범에 의해 수행하는 일상적인 감정관리와 감정노동이 구분된다.[28] 다시 말해서 감정노동은 '고객들에게 적절한 마음의 상태를 만들어 내는 외적 모습(표정)을 유지하기 위해 노동자가 자신의 감정을 이끌어 내거나 억압하는 것'으로, 콜센터 업무는 자신의 감정적 조건과 관계없이 고객에게 친절함과 상냥함을 전달해야 하는 전형적인 감정노동에 해당한다.

콜센터 산업은 노동비용이 생산비의 대다수를 차지하는 대표적인 산업이다. 따라서 기업 입장에서 순이익을 높일 수 있는 가장 효과적인 방법은 생산성은 유지하되, 인건비를 줄이거나 인건비 보다 생산성을 높이는 방법이다. 이러한 이유로 콜센터 산업은 전자감시 기술과 결합하여 저임금의 노동자를 상담원으로 활용하는 이른바 '화이트칼라 공장(White-collar factory)' 형태의 인적자원관리 시스템을 가지고 있음이 지적되어 왔다(Taylor & Bain, 2002).

---

28) 김왕배, 『감정과 사회』, 한울엠플러스(2019), 445면.

〈감정노동자와 전자감시〉

콜센터의 전자감시기술[29]은 상담사자 자유롭게 일할 수 있는 권리를 빼앗고 불안 등을 통해 심리적 스트레스를 유발하는 기능을 한다. 관리자는 전자감시

---

[29] 콜센터의 전자감시는 비단 노동자의 개인정보 보호만의 문제가 아니다. 고객 역시 자신의 통화 내용이 서비스품질향상이라는 이름으로 누구에게, 얼마나, 언제까지 사용되고, 처리되는지 전혀 모른 채 개인정보를 제공하고 있는 것이다. 만일 그 개인정보가 개인의 재산, 병력 등 민감사항일 경우 더 큰 문제가 될 수 있다. 전자감시는 다음과 같은 법적 쟁점을 가지고 있다. 첫째로 통신비밀보호법에 따르면 누구든지 통신비밀보호법과 형사소송법 등에 의하지 아니하고는 전기통신의 감청을 할 수 없고, 이를 위반하거나 이를 위반하여 지득한 통신의 내용을 공개하거나 누설한 자는 형사처벌의 대상이 된다(제16조 제1항, 제3조 제1항). 따라서 상담사의 통화내용을 동의 없이 녹음하고 감청하는 행위는 통신비밀보호법 위반이 될 수 있다. 다음으로 정보통신망법에서는 누구든지 정보통신망에 의하여 처리·보관 또는 전송되는 타인의 정보를 훼손하거나 타인의 비밀을 침해·도용 또는 누설할 수 없다(제49조). 상담사의 상담내용을 부단으로 녹음하고 이를 평가란 이름으로 팀원들에게 공개하는 일은 정보통신망법 위반이 될 수 있다. 한편 개인정보보호법에서는 개인정보 보호의 원칙으로 개인정보 처리자는 개인정보의 처리 목적을 명확히 하고, 필요한 범위에서 최소한의 개인정보만을 적법하고 정당하게 수집·처리하도록 하고 있다(제3조). 만일 이를 위반하면 민형사상 책임이 따른다. 그러나 이상의 법들은 종속관계라는 노동관계의 특수성과 사업장의 폐쇄성, 정보의 독점성 등에 대한 고려가 부족한 면이 있다. 그간의 문제제기와 국가인권위원회의 권고에도 불구하고 사업장 전자감시에 대한 기준은 마련되지 않고 있어 이에 대한 입법적 해결이 필요한 상황이다. 이와 관련해 2021.9.29. 발의된 「근로기준법」 개정안은 사업장 감시시설을 규제하기 위한 내용을 담고 있다. 감시 설비의 설치에 대하여 노동자가 알지 못할 뿐만 아니라 감시 설비를 통해 수집된 정보의 오·남용에 관한 규제가 없어 노동자의 노동 감시 수단으로 악용되고 있을 뿐만 아니라 노동자의 사생활 및 인격권이 과도하게 침해될 소지가 있어 △사용자가 노동자를 감시할 목적으로 전자적 감시 설비를 설치·운영하지 못하도록 하고, △노동자의 안전 유지 및 사업장 시설의 도난 방지 등을 목적으로 사업장 내에 감시 설비를 설치·운영하는 경우에는 감시 설비의 유형, 감시 설비를 통하여 수집하는 정보 및 그 수집·이용 목적을 노동자에게 알리도록 하며, △감시 설비를 통하여 수집한 정보를 목적 외의 용도로 이용하거나 제3자에게 제공하지 못하도록 하고 있다(국가인권위원회, 「콜센터 노동자인권상황 실태조사 보고서」, 2021, 84-85면).

를 통해 상담사의 전화 내용을 엿들을 수 있으며, 컴퓨터를 이용하여 개별 상담 사들의 콜 수, 콜 당 시간 등 업무과정을 파악할 수 있다. 이러한 전자감시기술 을 이용한 통제의 결과로 콜센터의 노동자는 짧은 시간 내에 많은 콜을 처리할 수 있게 되었는데, 이런 노동과정에 대해 선행연구는 콜센터를 "전자 파놉티 콘"(Fernie & Metcalf, 1998)에 비유하기도 하였다.30)

　콜센터 노동자들은 관리자로부터 일상적인 전자감시를 받고 있는데, 그 유형 으로는 통화·대기·휴식 여부, 하루 누적 통화 수 및 통화 시간, 통화당 소요 시간 등에 대해 컴퓨터로 실시간 모니터링을 하거나, 고객과의 통화내용을 녹 취하거나 녹취된 통화기록을 청취해 상담원에 대한 평가자료 등으로 사용하고 있으며, 통화 중 실시간 감청을 하는 형태이다. 특히, 상담원들이 화장실 가는 시간까지 체크해 성과에 반영하고 있는 점과, 상담원 및 고객 동의 없이 통화내 용을 녹취·청취하고 있는 부분은 인권침해의 소지가 큰 것으로 드러났다.31)
　콜센터에서는 상담품질 향상이라는 미명하에 무차별적인 녹음, 감청, 모니터 링이 이뤄지고 있다. 감시는 상담 내용에만 머무르지 않고 있다. 화장실을 갈 때도 이석(移席) 시간을 체크해 성과에 반영한다.

　감정노동자들의 근로환경이 우리 사회에서 인권 문제로 대두되었다. 이는 우 리 사회 제조업 중심의 산업사회가 서비스산업을 중심으로 빠르게 변화하면서 업무수행과정에서 자신의 감정을 절제하고 조직적으로 요구된 감정을 표현할 것이 요구되는 '감정노동'이 증가하고 있으며, 장시간 감정노동으로 정신적 스 트레스 및 건강장해 등의 피해를 겪는 근로자가 늘어나는 실정이었다. 이에 사

---

30) 국가인권위원회, 「콜센터 노동자인권상황 실태조사 보고서」, 5면.
31) 「콜센터 텔레마케터 여성비정규직 인권상황 실태조사」(연구용역 수행기관 : 사단법인
　　한국비정규노동센터)는 2008.6.~2008.12기간 중 콜센터에서 텔레마케터로 일하는
　　여성비정규직의 열악한 노동조건 및 차별상황에 대해 살펴보고 개선 방안을 모색하기
　　위해 실시되었다.

업주로 하여금 고객응대근로자에 대하여 고객의 폭언 등으로 인한 건강장해를 예방하기 위한 조치를 마련하도록 하고, 고객응대업무에 종사하는 근로자에게 건강장해가 발생하거나 발생할 현저한 우려가 있는 경우에는 업무의 일시적 중단 또는 전환 등 대통령령으로 정하는 조치를 하도록 함으로써 감정노동근로자의 건강권을 보장하려는 이유에서 2018년 산업안전보건법을 개정[32]하여 대책을 마련했다.

2018년 산업안전보건법의 개정내용을 보면, ① 사업주로 하여금 고객응대근로자에 대한 고객의 폭언 등으로 인해 발생하는 건강장해를 예방하기 위한 조치를 의무화(제26조의2 제1항 신설)하였고, ② 고객의 폭언 등으로 인해 고객응대근로자에게 건강장해가 발생하거나 발생할 현저한 우려가 있는 경우에 업무의 일시적 중단 또는 전환 등 대통령령으로 정하는 필요한 조치를 의무화하고, 조치를 하지 아니할 경우 1천만원 이하의 과태료를 부과하는 조항을 신설했다(제26조의2 제2항 및 제72조 제4항 제1호의2 신설). 또한 ③ 고객응대근로자는 사업주에게 고객의 폭언등으로 인해 고객응대근로자에게 건강장해가 발생하거나 발생할 현저한 우려가 있는 경우에 업무의 일시적 중단 또는 전환 등 대통령령으로 정하는 필요한 조치를 요구할 수 있고, 사업주는 근로자의 요구를 이유로 해고, 그 밖에 불리한 처우를 해서는 아니 되며, 이를 위반한 경우 1년 이하의 징역 또는 1천만원 이하의 벌금에 처하도록 했다(제26조의2 제3항 및 제68조 제2호의2 신설).

현행 산업안전보건법 제41조는 고객 응대 근로자에게 보호 장치를 규정하고 있다.[33] 이는 우리 사회에서 감정노동에 대한 인식과 감정노동 근로자의 인권

---

32) 산업안전보건법 [시행 2018. 10. 18.] [법률 제15588호, 2018. 4. 17. 일부개정]

33) 산업안전보건법 제41조(고객의 폭언 등으로 인한 건강장해 예방조치 등) 사업주는 주로 고객을 직접 대면하거나 「정보통신망 이용촉진 및 정보보호 등에 관한 법률」 제2조 제1항 제1호에 따른 정보통신망을 통하여 상대하면서 상품을 판매하거나 서비스를 제공하는 업무에 종사하는 고객응대근로자에 대하여 고객의 폭언, 폭행, 그 밖에 적정 범위를 벗어난 신체적·정신적 고통을 유발하는 행위로 인한 건강장해를 예방하기 위하여 고용노동부령으로 정하는 바에 따라 필요한 조치를 하여야 한다(산업안전보건법

보호에 기여한 바도 있다. 그러나 감정노동자가 피해를 입을 때 회사에 보호 조치를 요구할 수 있지만, 회사가 노동자 요구에 불이익을 주는 경우에 대해서만 처벌 규정이 있을 뿐 노동자와 고객 간 분리 조치 등에 대해 법적 강제성이 없다는 한계가 있다.

우리 사회 상거래(商去來) 관행의 중심에는 '손님이 왕'이라는 정서가 존재했고, 그 동안 소비자인 서비스 이용자들에 대한 권익 보호에만 초점이 맞춰져 감정노동자 인권에 대한 인식은 매우 낮았다. 현실적으로 특히 성과 중심의 업무 형태가 감정노동 심화에 한 몫하고 있다. 감정노동은 주로 '고객 만족'도 등을 평가받아 과도한 경쟁에 내몰리는 경우가 많아 노동 강도 조절이 어렵다.[34] 감정노동에 대한 인식이 변화하고 있지만, 그 속도는 더디다. 이제 이러한 인식에 일대 변화가 있어야 한다.

감정노동자에는 콜센터 상담사, 수리 A/S 출장 기사, 매장 판매 직원이 감정노동자에 해당한다. 고령사회는 총인구 중 노년인구 구성비가 14%이상인 사회를 말하며, 초고령 사회는 총인구 중 노년인구 구성비가 20%이상인 사회를 말한다. 우리 사회가 초고령 사회로 접어들면서 요양보호사와 간병인들의 감정노동화도 가속화하고 있다.

감정노동자들은 회사의 성과 압박과 소비자들의 갑질에 그대로 노출되는 노동 환경에서 일을 하고 있다. 이에 따른 정신적 고충은 산업재해나 극단적 선택으로 이어지기도 한다.

제41조 제1항). 사업주는 업무와 관련하여 고객 등 제3자의 폭언 등으로 근로자에게 건강장해가 발생하거나 발생할 현저한 우려가 있는 경우에는 업무의 일시적 중단 또는 전환 등 대통령령으로 정하는 필요한 조치를 하여야 한다(산업안전보건법 제41조 제2항). 근로자는 사업주에게 제2항에 따른 조치를 요구할 수 있고, 사업주는 근로자의 요구를 이유로 해고 또는 그 밖의 불리한 처우를 해서는 아니 된다(산업안전보건법 제41조 제3항).

34) "[한계 부딪힌 감정노동자, 어디로③] 보호 대책 실효성 '글세' … 평가제 없애야", 「뉴스1」 2022년 9월 11일.

〈감정노동자와 화장실 인권〉

콜센터 상담 노동자들은 휴식은커녕 화장실조차 가기 어려운 노동 환경이다. 일반적으로 콜센터에서 상담사는 하루에 8시간을 근무하고 그 사이에 15분을 쉰다고 한다. 상담사가 2분 30초 동안 화장실을 다녀오면 남은 휴게시간은 12분 30초라고 간부의 컴퓨터에 표시된다[35]고 한다.

한국노총이 소속 콜센터 노동자 700여명을 대상으로 진행한 '콜센터노동자 노동조건과 근무환경 실태조사 결과'[36]에 따르면 70%의 콜센터노동자가 상담 내용과 횟수 등으로 스트레스에 시달리는 것으로 나타났다. 특히 화장실 문제와 관련한 실태 결과를 보면 아래와 같다.

업무시간 중 화장실 사용이 자유로운지를 물었더니 "실적경쟁으로 인해 화장실 이용시간도 없다"는 답변이 37.1%나 됐다.

2022년 3월 20일 국가인권위원회는 '콜센터 노동자 인권상황 실태조사'[37] 결과를 발표했다. 조사 결과 콜센터 상담노동자는 점점 더 높은 업무 강도와 전문성을 요구받으면서도 저임금과 열악한 노동환경을 계속 감내해야 하는 것으로 파악됐다. 국가인권위원회 조사에서도 감정노동자들은 과중한 업무량 때문에 화장실을 자유롭게 이용하지 못한다는 응답자가 25.3%에 달했다.

---

35) "화장실 사용시간까지 초단위로 감시 … 콜센터 통제확산 우려", 「한국일보」 2022년 1월 26일, 22면.

36) 콜센터노조연대 소속 조합원 668명을 대상으로 2022년 5~6월 사이 온라인 설문조사를 한 결과이다.

37) 국가인권위원회가 (사)한국비정규노동센터에 의뢰해 2021년 8~10월 공공·민간부문 콜센터 상담노동자 1,996명을 대상으로 노동조건과 업무 환경, 감정노동, 건강 상태, 코로나19 상황에서의 영향 등을 묻는 방식으로 이뤄졌다. 이 조사는 설문조사와 함께 일부 노동자에 대해선 심층면접을 병행했다.

"근무하다가. 정말 급해서 화장실 가면은 세 번 가면은 한 번은 꼭 못 가요."

"남자들은 공간이 없어요. 거의 여자들이 차지하기 때문에 그래서 그런 거 불편하실 거고 화장실이 저희가 원래는 예전에는 남자 화장실이 별로 없었어요. 재단이 생기면서 예전 업체는 거의 다 여자였거든요. 그러니까 어떤 분이 그러더라고요. 자기 설사 때 너무 급해 갖고 지릴 뻔했다고 나한테 얘기한 적 있었어요."

콜센터 상담사들은 공통적으로 휴식이 자유롭지 못한 전화 상담 업무, 움직임 없이 책상에 계속 앉아 있어야 하고, 업무시간 내내 컴퓨터를 사용해야 하는 업무적 특성 때문에 매우 복합적인 질병들에 시달린다. 우선, 제때 화장실에 갈 수 있는 시간을 제대로 확보하지 못해 방광염 등 배뇨 장애가 매우 일반적이다. 이는 협력업체 간 실적 경쟁으로 인해 상담사들은 자리를 비우고 화장실에 가는 시간조차 확보하기 어려워서 생기는 일이다. 10분 이상 자리를 비우고 있으면 콜 업무에 복귀하라는 지시가 즉각 내려진다. 게다가 콜이 밀리지 않도록 받으려면 한 부서에서 일정 인원 이상 화장실 사용을 할 수가 없도록 규칙을 만든 곳도 있다.[38]

"사실 화장실을 마음대로 갈 수가 없는 상황이거든요. 콜을 중간에 끊고 어떻게 갈 수가 어려워서 그래서 배뇨 관련 그런 방광염 같은 게 많아요. 그게 젤 문제죠. 인콜팀에서는 제일 괴로운 게 휴식을 써야 내가 화장실에 갈 수 있거든. 근데, 내가 화장실 가고 싶어서 이제 휴식을 쓰려고 하는데, 딴 애가 먼저 가요. 그러면 내가 10분을 또 기다려야 돼요. (갈 수 있는 인원이 정해져 있어요?) 네. 한 부서에서 두 명 이상 못 가게 해요"[39]

"화장실엔 눈치보면서 참다가 2~3시간에 한 번 정도 가요. 여자 화장실이 두 칸이라 60명이 넘는 인원이 쓰기엔 많이 부족하죠."[40]

---

38) 국가인권위원회, 「콜센터 노동자인권상황 실태조사 보고서」, 262면.
39) 국가인권위원회, 「콜센터 노동자인권상황 실태조사 보고서」, 262면.
40) "눈치 보면서 화장실을 가야 되니까 부러우신 분들도 많았어요. 또 집에서 한 두세 시간에 한 번 이제 참았다고 가거나 그래서… 여자 화장실이 칸이 2개예요. 네네네 60

"화장실에 5분 이상 가면 보고해야 돼요. 콜이 많아서 빨간불이 들어오면 빨리 전화 받으라고 소리를 질러요."

직장갑질119와 사무금융노조 우분투 비정규센터가 2020년 12월 3일부터 29일까지 콜센터 상담사 303명을 대상으로 설문조사를 실시한 결과 에서도 응답자 32.7%가 화장실 사용을 보고하는 등 '화장실 사용 제한'을 경험한 것으로 나타났다.[41]

공공부문 민간위탁 콜센터에서 화장실에 대한 문제는 심각한 것으로 나타난다. 화장실을 가는 시간은 콜을 받을 수 없는 시간으로 이에 대한 통제를 통해 상담 시간을 최대로 확보하려는 업체의 압력이 강하게 나타난다. 이러한 구조에서 비인간적인 사례들이 나타나고 있다. 예를 들어 팀장 인형을 두고 화장실을 갈 때 인형을 자리에 두고 가도록 하는 사례에서 배변 욕구를 사용자가 제한하여, 노동자들은 방광염 등 질병에 노출될 확률을 높이기도 한다.[42]

"화장실 갈 때. 이제 팀에 한 팀당 인원이 25명인데 인형 두 개를 갖다 놔요 센터에 인형 두 개를 갖다 놓고 화장실 갈 때 그 인형을 자기 자리에 갖다 놓고 가는 거예요. 그런데 인형이 누군가가 화장실 가서 인형이 없으면 못 가는 거예요. 아니면 이제 제 회의실에 이런 게 있어요. 저희 이제 이름을 써요 ○○○이렇게 순서처럼 이렇게 쭉쭉 쭉 이 화장실 가는 순서야. 그리고 화장실 가면 이석 써놓고 다 돌아오면 착석이라고 돌아왔다고 보고 하는 거야."

"화장실 가는 것도 어떤 팀은 인형을 놓고 갔었어요. 같은 업무 시간 내에. 하나밖에 없어요. 몇 개 갖다 놓기도 하고. 그래서 순차적으로 갔다 오래. 다른 사람이 자리에 앉으니까. 그런 식으로 비인간적인 게 있었고."

몇 명이라는 인원이 그 두 칸을 쓰기에는 많이 부족한 거죠."(국가인권위원회, 콜센터 노동자인권상황 실태조사 보고서, 214면).

41) "코로나에 업무 강도 높아진 콜센터 … 상담사들 "화장실도 보고하고 가야"", 「경향신문」 2021년 1월 12일, 2면.

42) 국가인권위원회, 「콜센터 노동자인권상황 실태조사 보고서」, 197면.

콜센터 상담노동자들은 업무가 바빠서, 관리자에게 허가를 구하기가 어려워서 화장실에 잘 가지 못하며, 화장실에 가게 될까 목이 칼칼해도 물마시기를 참는다고 증언했다. 그 결과 콜센터 상담 노동자에서 비뇨기계 질환의 진단율 역시 높은 수준으로 나타났다.[43]

콜센터의 상담사들은 근무 중 콜이 언제나 있다. 그러다 보니 화장실 가는 시간도 아깝다고 한다. 그래서 '손을 들고 허락을 받아야' 화장실에 다녀올 수 있단다. 단체 채팅창에 'ㅅ'(손들었다는 의미)라고 치고 다녀와야 한다. 부채를 들고 화장실에 갈 수 있게 한 곳에서는 상담사 200명이 부채 6개를 두고 경쟁한다. 방광염(膀胱炎)은 이들이 흔히 앓는 직업병이라고 한다.[44][45]

---

43) 국가인권위원회, 「콜센터 노동자인권상황 실태조사 보고서」, 384면.

44) "투구 쓰듯 헤드셋 … '콜순이'의 한숨을 아십니까", 「조선일보」 2022년 1월 22일, A18면.

45) 콜센터노동자들을 연구해 온 김관욱 교수의 책 《사람입니다, 고객님》을 소개한 신문 지면에서, 화장실과 관련하여, "저자가 상담사들의 이야기를 통해 들여다본 콜센터는 몸에 대한 감시와 통제가 감옥처럼 일상화된 공간이다. 콜센터의 콜은 언제나 밀린다. 콜센터로 걸려오는 고객 전화는 상담사의 사정과 상관없이 자동 콜 분배기를 통해 상담사에게 분배된다. 한 콜센터에서는 하루에 총 20분의 휴게시간이 상담사에게 주어졌다. 화장실을 가려면 팀장에게 손을 들고 직접 승인을 받는 곳이 많았다. 한 콜센터에서는 200명이 넘는 상담사가 근무하는 사무실 양쪽 끝에 부채를 각각 세 개씩 걸어두고, 근무 시간 중에 부채를 들어서 허락을 받아야만 화장실에 갈 수 있었다. 미어캣처럼 모두들 고개를 쭉 빼고 부채가 걸리기만을 기다렸고, 기회가 생기면 그 즉시 달려가 부채를 잡았다."(콜센터 상담사에게서 구로공단 여공을 보았다 … '사람입니다, 고객님', 「경향신문」 2022년 1월 22일, 15면) 기술하고 있다. 김관욱은 오늘날 감정노동자들이 근무하는 콜센터 업무 환경을 '양계장'에 비유 분석하고 있으며, 콜센터 상담사들의 흡연실에서 피우는 담배는 과거 산업화 시대 구로공단 여공들이 철야 작업을 이어가기 위해 먹었던 고카페인 각성제 '타이밍'을 연상케 한다며, 21세기 콜센터 직원과 산업화 시대 우리네 누이들이었던 구로공단 여공들을 비교 분석하고 있다. 더 자세한 내용은 김관욱, 『사람입니다, 고객님』, 창비(2022), 17-56면 참조.

화장실 사용과 관련하여 상담사의 25%가 화장실 이용이 자유롭지 못하다고 응답했는데, 그 사유는 업무량이 많아서 화장실 다녀올 시간이 없다는 의견이 관리자의 승인이 불편하다는 의견보다 더 높게 나타났다. 이처럼 휴게공간과 화장실 같은 상담 노동자들을 위한 최소한의 편의설비조차 제대로 갖춰져 있지 않거나 제 기능을 하지 못하는 것은 헌법 제32조 제3항 인간의 존엄성을 보장하는 근로조건의 기준 조항을 명백히 위배한다고 할 수 있다.46)

화장실이 사무실과 다른 층에 마련되어있어 약 5분여의 휴게시간에 달려야만 겨우 화장실에 다녀올 수 있는 경우 등 적절한 휴게공간 마련되지 않을 경우 적절한 휴식이 이루어진다고 볼 수 없다. 화장실이 사무실과 다른 층에 마련되어있어 약 5분여의 휴게시간에 달려야만 겨우 화장실에 다녀올 수 있는 현실이 마치 1960년대 미국 항공 우주국(NASA)에 근무하는 미국 영화의 주인공이 건물 밖에 있는 화장실로 뛰어가는 장면과 겹쳐진다.

콜센터 상담노동자들은 업무가 바빠서, 관리자에게 허가를 구하기가 어려워서 화장실에 잘 가지 못하며, 화장실에 가게 될까 목이 칼칼해도 물마시기를 참는다고 증언했다. 그 결과 콜센터 상담 노동자에서 비뇨기계 질환의 진단율 역시 높은 수준으로 나타났다. 콜센터 상담노동자는 상시적으로 근골격계 부담 작업이자 정신적 긴장을 제7장 콜센터 상담노동자의 노동인권・처우개선・건강권 확보를 위한 정책 제언 385반하는 업무를 수행함에도 불구하고, 업무 중 기본적인 생리현상을 해소할 시간조차 박탈당한 채 업무를 수행하고 있는 셈이다.47)

「산업안전보건기준에 관한 규칙」 제9장에는 휴게시설, 세척시설, 의자의 비치, 수면장소 등의 설치, 구급용구 등의 규정이 마련되어 있으나 휴게시설, 세척시설, 화장실, 수면장소 등에 대한 세부 규정이 없어 콜센터에 적합한 휴게실

---

46) 국가인권위원회, 「콜센터 노동자인권상황 실태조사 보고서」, 132면.
47) 국가인권위원회, 「콜센터 노동자인권상황 실태조사 보고서」, 384면

기준을 마련할 필요가 있다.48) 또한 감정노동자들이 과도한 경쟁에 몰아넣는 근로환경49)도 근본적으로 개선되어야 한다.

우리 사회는 지난 20년간 우리 공중화장실 여건은 혁명적으로 개선됐다. 2002년 한·일 월드컵 개최를 앞두고 시작된 '깨끗한 화장실 만들기 사업' 등으로 우리 화장실은 남부럽지 않은 청결도를 유지하고 있다. 세계 여러 나라에서 그 개선 방안을 배우기 위해 찾아오고 있다.

이젠 일터의 화장실을 바꿀 차례다. 헌법 제32조 제3항은 '근로조건의 기준은 인간의 존엄성을 보장하도록 법률로 정한다'고 규정하고 있다. 화장실이야말로 인간에게 가장 기본적이라고 할 수 있는 위생권과 건강권, 용변(用便) 등 인권의 문제가 걸린 장소이다.50)

---

48) 국가인권위원회, 「콜센터 노동자인권상황 실태조사 보고서」, 385면.

49) 콜센터 감정노동자들을 연구해 온 김관욱은 콜센터 업무 환경을 '양계장'(養鷄場)에 비유 분석하고 있다. "콜센터 업무 환경을 '양계장'에 빗댄다. 4월인데도 에어컨을 켠다. 춘곤증으로 졸지 못하게 하기 위한 조치다. 창문은 늘 블라인드로 가려져 있다. 콜만 열심히 받으면 되는데 창밖 풍경을 볼 필요는 없다. 체온과 시각마저 높은 생산량(콜수)을 위해 통제하는 것이다. 양계장은 닭이 달걀을 최대한 많이 낳도록 축사의 온도를 조절한다. 항생제를 섞어 닭이 병균에 내성이 생기게 만들 듯, 사무실에 흡연실을 구비해 자유로이 흡연할 환경을 조성한다."(김관욱, 『사람입니다, 고객님』, 창비, 2022, 121-123면).

50) "[여적] 빵과 장미, 그리고 화장실", 「경향신문」 2021년 3월 5일, 26면.

⑤ 이주노동자와 화장실

우리사회에서 이주노동자들에 대한 반인권적인 처우는 우리 사회의 문제인 동시에 국제사회에서도 예의주시하고 있는 사안이다.[51] 이주노동자의 인권과

---

51) 헌법 제6조는 "① 헌법에 의하여 체결·공포된 조약과 일반적으로 승인된 국제법규는 국내법과 같은 효력을 가진다. ② 외국인은 국제법과 조약이 정하는 바에 의하여 그 지위가 보장된다."라고 규정하고 있다. 인간이 수단시되거나, 인간이 인권을 침해당하고 근로자가 노동권을 박탈당하여서는 안 된다. 이주노동자도 인권을 가진 인간이며 노동권을 가진 근로자이다. 한국은 아직 이주노동자협약에 가입하지 않았으므로 본 협약은 국내법적 효력이 없다. 참고로 이주노동자협약의 내용을 살펴보면, 이주노동자협약의 주된 목적은 이주노동자의 인권에 대한 존중을 촉진시키는 데 있다. 이주노동자는 근로자일 뿐만 아니라 인간이기 때문이다. 이주노동자협약은 이주노동자와 내국인간의 처우의 평등과 동일한 근로조건의 보장을 목표로 한다. 비인간적 생활과 근로조건, 신체적 및 성적 유린과 굴욕적 처우를 방지하고(제10조-제11조, 제25조, 제54조), 이주노동자의 사상, 표현, 종교의 자유를 보장하며(제12조-제13조), 이주노동자의 권리에 관한 정보 접근권을 보장하고(제33조, 제37조), 적법 절차의 적용, 통역 서비스의 보장, 추방과 같은 비례의 원칙에 반하는 처벌의 금지 등을 포함하는 법적 평등권을 확인하며(제16조-제20조, 제22조), 교육과 사회적 서비스에 대한 평등한 접근권을 이주노동자의 보장하고(제27조-제28조, 제30조, 제43조-제45조, 제54조), 이주노동자의 노조참여권을 확인한다(제26조, 제40조). 본 협약은 이주노동자가 출신국과 연결의 유지할 수 있는 권리를 가져야 함을 분명히 하고 있다. 즉, 제8조, 제31조, 제38조는 원할 때 출신국의 돌아갈 수 있고 일시적으로 출신국을 방문할 수 있으며 문화적 연결을 유지할 수 있는 권리를 확인하고, 제41조-제42조는 출신국의 정치에 참여할 권리를 보장하며, 제32조, 제46조-제48조는 이주노동자의 소득을 본국에 송금할 권리를 확인한다. 체류의 합법성 여부를 불문하고 이주노동자는 적어도 최저수준의 보호는 받아야 한다. 이주노동자협약의 혁신성은 모든 이주노동자가 적어도 최저수준의 보호에는 접근 가능하여야 한다는 근본적인 입장에 입각해있다는 점에서 드러난다. 즉 본 협약은 비록 합법적 이주노동자에게 미등록 이주노동자보다 많은 권리를 주장할 법적 정당성을 부여하고 있기는 하지만, 이와 더불어 미등록 근로자도 인간으로서 근본적인 인권이 존중받아야 함을 강조하고 있다. 또한 본 협약은 불법적 이주를 부추기는 그릇된 정보와의 싸움과 미등록 근로자의 밀입국알선자 및 고용주에 대한 제재를 통해 음성적 활동을 근절하기 위한 조치를 촉구하고 있다.

관련하여, "이주노동자를 고용하려면 그들이 착취당하지 않도록 권리를 제대로 알려주는 것이 중요하다. 임금부터 주거환경 등 모든 분야에서 보호망이 필요하다. 여기에는 정부의 역할이 뒤따라야 한다."는 말과 "숙소 문제에 대한 법적 기준을 세우는 것이 필요하고, 잘 지켜지고 있는지 관리당국이 감시해야 한다. 법 기준을 지키지 않았을 경우 마땅한 책임도 있어야 한다."며 "착취에 취약한 환경을 제대로 개선하지 않으면 부정적인 측면이 부각될 수밖에 없다. 정부는 단순히 일자리 문제 해결로만 생각할 것이 아니라 미래지향적으로 접근해야 한다."[52]는 국제이주기구(IOM)의 에이미 포프(Amy Pope)사무차장의 발언을 경청할 필요가 있다. 만약 우리 사회에서 이주노동자들을 인간적으로 대우하지 않을 경우, 이들이 자기 나라에 귀국한 후 혐한감정(嫌韓感情)을 가지는 것을 넘어서 그 나라에 상주하는 우리나라 주재원이거나 그 나라를 여행하는 우리나라 사람들을 범죄의 대상으로 삼을 수도 있다는 점이다.

우리 사회는 오래전 외국인 노동자 없이는 농사도, 공장 가동도 불가능한 사회가 되었다. 그런데 이런 실정임에도 외국인 노동자를 푸대접하고 하고 있다. 세계 초인류 국가를 지향하면서 경제수준이 세계 10권 전후의 나라임에도 내국인의 인권에는 눈을 돌리면서도 외국인 노동자의 인권에 대해서는 눈감거나 외면하고 있다. 이러고서 인권국가라고 할 수는 없다.

우리나라에 외국인이 입국해서 근로를 제공하게 된 것은 1991년 10월경 '외국인 산업기술연수 사증발급에 관한 업무지침(법무부 훈령 제255호)'이 시행되면서 부터이다. 외국인근로자는 이후 산업연수생이라는 이름으로 국내에 입국하여 단순노무 분야의 근로를 제공해 왔지만, 연수생 신분이라는 제약 때문에 근로기준법의 적용을 제대로 받지 못해 낮은 임금과 부당근로를 강요당하면서 점차 사업장을 이탈하여 불법체류자가 되는 사례가 증가했다. 이에 따라 국내 노동시장의 교란, 중소기업의 인력난, 외국인근로자에 대한 인권침해, 국가이

---

52) "이주노동자 권리보장, 한국 정부 적극 나서야—국제이주기구 에이미 포프 부사무총장", 「경향신문」 2022년 10월 14일, 20면.

미지 실추 등의 사회·경제적 문제가 야기되자 2003년 8월 16일 사업주가 단순노무 분야 외국인근로자를 합법적으로 고용할 수 있고, 정부가 외국인근로자를 직접 관리하도록 하는 '외국인근로자 고용허가제'를 도입하는 내용의 '외국인근로자의 고용 등에 관한 법률'[53]이 제정되어 2004년 8월 17일부터 시행되었다.[54]

외국인 근로자 도입제도는 산업기술연수생제도 → 산업기술연수생제도의 확대 및 연수취업제의 실시 → 고용허가제 → 외국인력제도 통합방안 → 현행 산업연수생제도로 변천되어 운영되어 오고 있다.[55] 그 변천 내용을 살펴보면 아래와 같다.

(1) 산업기술연수생제도

산업기술연수생제도는 출입국관리법령에 있었던 '산업기술연수'의 체류자격

---

53) 외국인고용법의 주요내용은 다음과 같다(헌재 2009. 9. 24. 2006헌마1264, 판례집 21-2상, 659, 673-675 참조). 첫째, 외국인고용법의 적용 분야를 비전문취업과 방문취업으로서 저숙련 외국인력에 초점을 맞추었다(외국인고용법 제2조, 제12조 제1항). 둘째, 외국인고용법은 '내국인 구인노력'을 외국인근로자 고용허가를 받으려는 사용자의 필수자격요건으로 규정하고 있으며(외국인고용법 제6조), 외국인근로자가 취업할 수 있는 업종과 규모도 국내 노동시장의 인력수급 현황 등을 고려하여 제한할 수 있도록 하고 있다(외국인고용법 제8조 제2항). 즉, 국내 부족인력은 고령자, 여성 등 국내 유휴인력의 활용촉진을 우선으로 하여야 하며 보충적으로 외국인력을 활용하도록 하고 있다. 셋째, 단순노무를 제공하는 외국인력이 한국사회에 장기 체류함으로써 발생하는 국내 노동시장의 교란 문제뿐 아니라 결혼, 출산, 자녀교육 등의 사회적 비용 증대에 따른 혼란을 방지하기 위하여 외국인근로자의 취업기간을 3년으로 제한하면서 출국 후 6개월이 지나야 재입국 및 재취업이 가능하도록 하는 등 취업기간을 단기순환하도록 하였다(외국인고용법 제18조). 넷째, 외국인고용법은 차별금지에 관한 규정을 명시적으로 규정하고 있고(외국인고용법 제22조) 외국인근로자가 반드시 근로계약을 체결하도록 하고 있어(외국인고용법 제9조 제1항), 기존 산업연수생제도와 달리 이 법에 따라 취업하는 외국인근로자에게 근로자성을 인정하고 있다.

54) 헌재 2011. 9. 29. 2007헌마1083 등, 판례집 23-2상, 641 [전원재판부]

55) 이하 산업기술연수생제도에 대해서는 헌재 2007. 8. 30. 2004헌마670, 판례집 19-2, 309-312면 참조.

을 이용함으로써 시작되었고 산업기술연수를 위하여 입국하고자 하는 외국인은 재외공관의 장으로부터 체류자격의 사증(査證)을 받을 경우에는 국내체류가 가능했다(구 출입국관리법 시행령 제9조 제1항 제13호). 이 산업기술연수 자격은 해외 현지법인이 있는 사업체가 국내 사업체로 기술연수를 보내기 위해 마련한 별도의 체류자격이었다. 1991. 11.부터 1992. 8.까지 외국인 산업기술연수생은 해외투자·기술제공·설비수출과 관련하여 해외 현지법인을 통하여 유입되었고, 이 제도는 해외 현지진출 한국기업이 현지에서 고용한 인력의 기능을 향상시킨다는 것을 명분으로 삼았으나, 실제로는 해외인력을 도입하여 국내산업체에 취업시키는 것으로 활용되었다. 그런데 위 산업기술연수제도는 인력난을 경험하고 있던 중소기업이 이용하지는 못하였는바, 이에 정부는 1992년 하반기부터 소위 3D업종으로서 국내근로자들이 기피하는 업종에도 연수생을 들여오기 시작하였고, 법무부훈령상의 '외국인에 대한 연수가 불가피하다고 판단하여 주무부처의 장이 추천하는 산업체'의 연수자격으로 들여오게 되었다. 한편 정부는 1993. 4. 산업기술연수생제도를 중단하기로 결정하고, 다만 이미 입국한 연수생에 대해서는 체류기간을 종전의 최장 1년에서 2년으로 연장해 주기로 하였다.

(2) 산업기술연수생제도의 확대 및 연수취업제의 실시

정부는 1993. 11. 24. 외국인 산업기술연수조정협의회를 열고 연수생 도입을 재개하였고, 위 협의회는 2년간 2만 명을 도입하기로 결정하였다. 그리고 1993. 12. 28. '외국인산업기술연수 사증발급에 관한 업무지침'(법무부훈령 제294호)을 개정하여 종전의 연수업체 대상에 더하여 '주무부처의 장이 지정하는 산업체 유관 공공단체의 장이 추천하는 사업체'를 추가함으로써 중소기업협동조합중앙회의 추천에 의해서도 연수생의 도입이 가능하도록 확대하였다. 1996년에 이르러 산업연수생제도의 주관업무가 중소기업청으로 이양되었는데, 중소기업청은 1996. 9. 19. 이 사건 중소기업청 고시를 제정·고시하여 산업연수생 활용업체 대상을 생산직 상시근로자 5인 이상 300인 이하인 중소제조업체로 한정하고 대상업종을 음식료품 등 22개 업종으로 확정하는 것을 비롯하여,

송출국가 선정, 외국인 산업기술연수협력단, 송출기관, 연수생, 연수취업, 사후
관리 등에 관한 사항을 정하였다. 한편 정부는 1997. 9. 개정된 출입국관리법
에 따라 '연수취업제도' 즉 2년간의 연수 후 일정 자격을 갖춘 산업연수생이 '근
로자'로 체류자격을 변경할 수 있는 '체류자격 변경허가제도'를 도입하였고, 위
연수취업제도는 2000. 4. 1.부터 본격적으로 실시되었는데, 처음에는 '연수 2
년+취업 1년'으로 하였다가 2002년부터는 '연수 1년+취업 2년'으로 조정하여
실시하고 있다.

(3) 고용허가제

정부는 2003. 8. 16. 제정된 '외국인근로자의 고용 등에 관한 법률'에 따라
고용허가제를 도입하였고, 이는 기존의 산업연수생제도와 병행하여 실시하게
되었다. 고용허가제는 국내 인력을 구하지 못한 기업이 적정규모의 외국인 근
로자를 합법적으로 고용할 수 있도록 허용하는 제도로서 외국인력의 도입·관
리를 국가가 직접 담당하여 외국인 구직자 선발조건·방법·기관 및 상호간 권
리의무사항 등을 국가 간 양해각서(MOU)에 규정하는 등 외국인 근로자 도입과
정에서 민간기관의 개입을 배제하였다. 외국인 근로자의 취업기간은 3년이며,
1년마다 갱신하도록 되어 있고, 표준계약서를 사용하여 근로계약을 체결하며,
외국인 근로자의 사업장 변경은 원칙적으로 금지되나, 다만 사업체의 휴·폐
업, 사업자의 정당한 근로계약 해지 등 불가피한 사유가 있는 경우에는 다른
사업장으로의 변경이 허용된다. 외국인 근로자는 내국인과 동등하게 노동관계
법을 적용받아 산재보험·최저임금·노동3권 등 기본적인 권익이 보장된다.[56]

---

56) 국가인권위원회는 법무부가 2008.11.12. 출입국, 경찰 합동으로 200여명의 단속반원
을 구성해 마석가구공단(경기 남양주시 소재)에 거주하는 외국인근로자에 대한 대규
모 집중 단속을 실시하는 과정에서 △여성외국인들이 호송차량에 장시간 대기하면서
화장실에 가고 싶다고 요구하자 화장실이 아닌 옥외에서 용변을 보게 한 행위 등에
대하여, 국가인권위원회는 헌법 제12조 신체의 자유, 헌법 제10조 행복추구권, 헌법
제17조 사생활 보호 침해 행위라고 판단하였다.

(4) 외국인력제도 통합방안

산업연수생제도는 중소업체 인력난 해소에 일정 부분 기여하였으나, 외국인력의 편법적 활용(근로자성의 제한적 인정), 연수생 이탈, 송출비리 등의 부작용을 야기하였다. 또한 산업연수생제도의 역기능 해소를 위해 도입된 고용허가제는 산업연수생제도와의 병행실시 및 복잡한 고용절차 등으로 사용자의 선호도가 저조하였다. 이에 현행 외국인력제도를 외국인 근로자의 권익보호와 수요자인 사용자의 요구에 부합하도록 개선할 필요성이 대두되었고, 정부는 2005. 7. 27. 외국인력정책위원회에서 노동부와 법무부 등 16개 관련부처 합의를 통해 2007. 1. 1.부터 산업연수생제도를 폐지하고 고용허가제로 일원화하기로 하였다.

(5) 현행 산업연수생제도

1) 법적 근거

"출입국관리법(2003. 12. 31. 법률 제7034호로 개정된 것)은 외국인의 국내 취업과 관련하여 체류자격이 없는 외국인의 고용을 원칙적으로 금지하고 있고(제18조 제1항, 제2항), 취업활동이 가능한 체류자격은 단기취업(C-4), 교수 등의 전문기술인력(E-1 내지 E-7), 연수취업(E-8), 비전문취업(E-9) 및 내항선원(E-10)에 한한다(출입국관리법시행령 제23조 제1항). 한편 산업연수생은 "산업연수활동을 할 수 있는 체류자격을 가지고 지정된 산업체에서 연수하고 있는 외국인"으로 정의되는데(출입국관리법 제19조의2 제1항), 이들에 대해서는 산업연수(D-3)의 체류자격이 부여되어 원칙적으로 취업활동에 종사할 수 없고(출입국관리법시행령 제12조 [별표 1] 제12호), 다만 산업연수생이 일정한 사업체에서 1년간 연수를 마친 경우에는 취업활동을 할 수 있는 연수취업자(E-8)로 그 체류자격변경을 할 수 있다(출입국관리법 제19조의3, 같은 법 시행령 제24조의5). 출입국관리법 제19조의2는 정부에 대하여 산업연수생의 보호를 위하여 필요한 조치를 취하도록 하고 있고, 제19조의3은 법무부장관으로 하여금 산업연수생의 연수장소 이탈, 연수목적 외의 활동 기타 허가된 조건의 위반 여부 등을 조사하여 그 외국인의 출국 등 산업연수생의 관리에 필요한 조치를 하도록 하고 있다.

2) 산업연수생의 지위

중소기업청 고시 제26조에서는 산업연수생의 연수시간 및 연수수당 등 연수조건은 중소기업협동조합중앙회와 연수업체 간의 계약에 의하되, 연수업체는 산업연수생에게 최저임금 이상의 연수수당과 산업재해보상보험 및 건강보험의 혜택을 보장하도록 규정하고 있다. 중기중앙회와 연수취업업체 간의 연수 · 취업추천계약서에 의하면, 노동부의 '외국인 연수취업자의 보호 및 관리에 관한 규정' 제5조에서 정한 표준계약서에 의해 연수취업계약을 체결하도록 되어 있으며(제2조의1), 연수생의 체류기간은 1년으로 하고, 연수취업자의 체류기간은 연수만료 후 2년으로 하며(제4조), 연수조건과 관련하여 연수취업업체는 연수생에 대하여 정부가 매년 결정 · 고시하는 최저임금 수준 이상의 기본 연수수당을 지급해야 하고, 기본 연수시간은 1주 44시간을 기준으로 하되, 시간외 초과연수에 대해서는 50/100을 가산한 초과수당을 지급하고 1주일에 1일을 유급휴일로 하며, 연수생에게 숙박시설을 제공하고 연수생을 피보험자로 하는 산업재해보상보험 및 건강보험에 의무적으로 가입하도록 되어 있다(제5조).[57]

---

57) "우리 대법원은 산업연수생에 관하여 산업기술연수사증을 발급받은 외국인이 정부가 실시하는 외국인 산업기술연수제도의 국내 대상 업체에 산업기술연수생으로 배정되어 대상 업체와 사이에 연수계약을 체결하였다 하더라도 그 계약의 내용이 단순히 산업기술의 연수만에 그치는 것이 아니라, 해당 업체의 지시에 따라 소정 시간 근로를 제공하고 그 대가로 일정액의 금품을 지급받으며, 더욱이 소정 시간 외의 근무에 대하여는 시간외 근로수당을 지급받기로 하고 해당 기업의 지시 · 감독을 받으면서 근로를 제공하고 그 대가로 임금을 받아 왔다면, 이러한 계약은 그 명칭이나 형식에도 불구하고 실질적으로 고용계약이라 할 것이고 그 외국인 연수자는 근로기준법 제14조 소정의 근로자에 해당한다(대법원 1995. 9. 15. 선고 94누12067 판결, 1995. 12. 22. 선고 95누2050 판결, 1997. 3. 28. 선고 96도694 판결, 2005. 11. 10. 선고 2005다50034 판결 등 참조)라고 판시한 바 있다. 앞선 인정 사실에 나타난바, 원고는 피고 회사와 사이에 연수계약을 체결하고 산업연수생의 신분으로 입국하여 실습연수기간을

노동부 예규58) 제8조 제1항은, "산업연수생은 근로기준법, 최저임금법, 산업안전보건법, 산업재해보상보험법 및 의료보험법의 기본적 입법정신에 준거하여 다음 각 호의 보호를 받는다."라고 규정하면서 그 보호대상으로, ① 폭행 및 강제근로금지(근로기준법 제6항 및 제7항), ② 연수수당의 정기·직접·전액·통화불 지급 및 금품청산(근로기준법 제36조, 제42조), ③ 연수기간, 휴게·휴일, 시간외·야간 및 휴일연수(근로기준법 제49조, 제53조, 제54조, 제55조), ④ 최저임금수준의 보장(최저임금법), ⑤ 산업안전보건의 확보(산업안전보건법), ⑥ 산업재해보상보험 및 의료보험 혜택(산업재해보상보험법) 등을 열거하고 있다. 반면 근로기준법상 퇴직금(제34조), 임금채권 우선변제(제37조), 연차유급휴가(제59조), 임산부의 보호(제72조) 등에 관하여는 보호대상으로 규정하고 있지 않다. 물론 산업연수생의 체류자격이 변경되어 연수취업자가 되는 경우나 고용허가제에 의하여 취업한 외국인 근로자는 근로기준법의 전면적인 적용을 받게 된다.

거치기는 하였으나, 피고 회사는 앞서 본 바와 같은 이유로 근로자를 고용하기 어려운 상황에서 원고를 채용하였고, 원고는 피고 회사의 지시에 따라 소정 시간 근로를 제공하고 그 대가로 일정액의 금품을 지급받았으므로, 원고는 피고 회사와의 관계에 있어 형식적으로 산업연수생이지만 실질적으로는 피고 회사에서 여타 국내 근로자들과 마찬가지로 피고 회사의 지시·감독하에 근로를 제공하였을 뿐만 아니라 그 근로의 대가로 연수수당 등의 명목으로 실질적인 임금을 지급받는 근로기준법 제14조 소정의 근로자라고 할 것이다"(부산지법 2006. 5. 12., 선고, 2005나7747, 판결 : 상고).

58) '외국인산업기술연수생의 보호 및 관리에 관한 지침'(1995.2.14. 노동부 예규 제258호로 제정되고, 1998.2.23. 노동부 예규 제369호로 개정된 것)

〈이주노동자와 화장실 인권〉

외국인이주 노동자의 근로 환경 중에서 화장실과 관련된 내용을 보자.

" "더러운 화장실에서 풍겨 오는 냄새를 매일 맡으면서 잠들어요." A씨가 지목한 비닐하우스에 들어서자, 대낮인데도 어두컴컴했다. 샌드위치 패널에 은색 차양막까지 있어 문을 열지 않으면 빛이 들어올 틈이 없어 보였다. 내부의 임시 컨테이너는 A씨와 동료 한 명이 하루 10시간 일한 뒤 잠을 청하고 생활하는 공간이라고 하기엔 너무 열악했다. 비닐하우스 앞으로 위태롭게 서있는 간이 화장실의 코를 찌르는 악취는 여름철에는 도저히 참을 수 없을 수준이라고 한다. 하지만 동남아 출신 외국인 노동자들에게는 여름보다 겨울이 더 두렵다. 경기 북부지방은 한겨울에 영하 20도까지 떨어지는 날이 부지기수다. 겨울철 이상 한파로 최근엔 혹독한 추위가 더욱 빈번해졌지만, 이들이 머무는 숙소는 10도 안팎 정도였다('포천 비닐하우스' 속헹 사망 2년... 외국인 노동자들은 겨울이 두렵다, 「한국일보」 2022년 9월 20일, 19면).

"전북 익산의 농장에서 일하는 여성 노동자 B씨의 숙소 화장실은 비닐하우스와 비닐하우스 사이의 도랑이다. 비닐하우스 기숙사 밖에 임시가건물 화장실이 있지만 문과 변기가 고장 났다. 사장은 화장실을 고쳐주지 않았다. "어쩔 수 없이 볼일을 하우스 사이에서 본다."는 그는 화장실도 없는 비닐하우스 기숙사에 살며 월 25만원을 내고 있다."(캄보디아 노동자, 594편의 '절망기', 「경향신문」 2022년 9월 28일, 1면).

"사장님이 우리 욕실을 훔쳐봤고, 우리는 그 농장을 떠났습니다. 그 숙소에서는 더는 불안해서 지낼 수가 없는 것은 우리 잘못이 아닙니다. 그렇지만 우리는 너무나 질렸기 때문에 이 사건에 대해서도, 추가된 노동 시간에 대해서도 더 따질 수가 없었습니다."(욕실 훔쳐보는 사장님 … 깻잎 4만장 못따면 월급 삭감 …, 「한겨레신문」 2022년 9월 28일, 12면).59)

---

59) 2022년 7월 전북 익산의 한 딸기 농장에서 일하던 농업 이주노동자 메이메이(가명)는 2022년 7월 일한 지 5개월 만에 사업장을 옮겨야 했다. 메이메이의 고용주가 여성 노동자의 숙소 샤워실을 훔쳐보다 들켰기 때문이다. 하지만 메이메이가 이런 성폭력에서 벗어나기 위해 할 수 있는 조치는 고용주에게 사업장을 변경해 달라고 요청하는

경기도의 한 비닐하우스 농장에서 일하는 태국 출신 이주노동자 바잇차(가명)은 열악한 주거 환경 특히 화장실과 관련하여 아래와 같이 말하고 있다.

"바잇차는 가장 불편한 점으로 화장실을 꼽았다. 숙소 밖에 있는 간이화장실은 문이 잠기지 않았다. 조명도 없는 화장실을 이용하기 위해서는 20m 정도를 휴대폰 불빛에 의지해 걸어가야 한다. 고용주는 이러한 기숙사 제공 대가로 바잇차의 월급에서 매달 20만원을 공제한다. 바잇차는 화장실과 더위 등 불편한 점을 고용주에게 말했지만 돌아온 답변은 "알아서 해라"였다.[60]

외국인 이주 노동자도 내국인과 동일하게 근로기준법의 적용을 받는다. 근로기준법에 따라 기숙사를 설치한 경우, 사용자는 기숙사에서 근로자의 건강 유지, 사생활 보호 등을 위한 조치를 하여야 한다(근로기준법 제100조의2).[61] 사

것뿐이었다. 사업장 변경엔 사업주의 동의가 필요하기 때문이다. 캄보디아 출신 농업 이주노동자들이 한국에서 임금체불·부적합한 숙소·성폭력 등을 경험한 것으로 확인됐다(욕실 훔쳐보는 사장님 … 깻잎 4만장 못따면 월급 삭감 …, 「한겨레신문」 2022년 9월 28일, 12면).

60) "'비닐하우스' 노동자의 죽음 이후 … "사장님이 매일 CCTV 체크해요"", 「경향신문」 2021년 7월 10일, 13면.

61) "비닐하우스는 원예를 위해 플라스틱 비닐이나 필름 등으로 감싼 온실을 말한다. 겨울철에 딸기·토마토·오이 등과 같은 채소, 장미·백합과 같은 화훼를 공급받을 수 있는 것은 비닐하우스 덕분이다. 여기에서 '하우스'는 사람이 사는 집이 아니라 재배시설이라는 뜻이다. 하우스토마토, 하우스딸기가 말해주듯 비닐하우스는 '토마토 집' '딸기 집'일 뿐이다. …… 최근 비닐하우스는 이주여성 농업노동자의 숙소로 이용되곤 한다. 정확한 통계는 없지만, 이주 지원 단체는 비닐하우스 거주 이주노동자를 수천명으로 추산한다. 사람이 산다고 해서 모두 집은 아니다. 집이 되기 위해서는 추위와 더위를 피할 수 있어야 하는 것은 물론 적정한 휴식·취침이 보장되어야 한다. 그러나 이주 농촌여성들에게 숙소로 제공되는 비닐하우스는 냉난방 시설은 물론 부엌이나 화장실을 갖추지 못한 곳이 많다. 침실이나 욕실에 잠금장치가 없어 성범죄 등 인권침해에도 취약하다. 미국과 캐나다가 취침·생활 공간 분리, 충분한 냉·온수 공급, 화장실·욕실의 잠금장치 설치 등 이주노동자 숙소 기준을 엄격히 제시하고 있는 것과는 거리가 멀다. 국내 체류 외국인 250여만명 가운데 이 여성처럼 비전문·방문 취업 비

용자는 기숙사에 기숙하는 근로자의 사생활 보호 등을 위하여 기숙사의 침실, 화장실 및 목욕시설 등에 적절한 잠금장치를 설치해야 한다(근로기준법 시행령 제58조의2). 이럼에도 불구하고 사용자가 이주 노동자들의 화장실과 욕실을 훔쳐보는 근로기준법 위반 행위가 행해짐으로 이주노동자들의 인권이 침해되고 있다.

국가인권위원회는 2022년 9월 16일 고용노동부장관 이하 피진정인에게 농업 이주노동자의 생존권과 주거권[62]을 보장하기 위하여 아래와 같이 권고하였

자를 받은 이주노동자는 43만명에 이른다. 장시간 노동, 낮은 처우 등 이주노동자의 고통이 한둘이 아니지만 한뎃잠 자는 일만은 해결해줘야 한다. 노동부는 비닐하우스를 숙소로 제공하는 경우 고용허가를 불허하겠다고 밝혔다. 그 정도 대책으로는 안 된다. 이주노동자 보호는 주거권 보장에서 출발해야 한다."([여적] 비닐하우스는 집이 아니다, 「경향신문」 2020년 12월 25일).

62) "숙소 문제도 열악했다. 상담 과정에서 숙소에 문제가 있거나 숙소비가 과도하다고 문제를 제기한 이주노동자는 83명(14%)였다. 숙소를 이른바 '샌드위치패널'에서 인근 주택으로 옮기고, 과도하게 임금을 삭감하는 경우 등이다. 지난해 충남 논산과 경남 밀양에서는 주택대장이 없는 공가나 폐가를 제대로 수리하지 않고 노동자에 제공해, 겨울 난방비가 60만원에 이르는 경우도 있었다. 숙소 유형이 파악된 66명의 거주지를 보면, 비닐하우스 거주자가 30명으로 가장 많았고, 샌드위치패널 15명, 컨테이너 8명, 아파트 6명, 폐가 5명 순이었다. 불안정한 주거 문제는 성폭력과 연결됐다. 이주노동 119는 11건의 성폭력 상담이 있었다고 밝혔다. 지난해 봄 충남 논산에서는 40대 고용주가 20대 이주노동자를 성폭행하는 사건이 있었다. 고용주는 여름에는 이주노동자를 비닐하우스 숙소에서 지내게 하고 겨울철에는 자신의 아파트에서 임시로 지내게 하며 상습적으로 성폭행했다."(욕실 훔쳐보는 사장님…깻잎 4만장 못따면 월급 삭감…, 「한겨레신문」 2022년 9월 28일, 12면); "열악한 숙소는 성폭력에 특히 취약했다. 강원 횡성의 한 여성 노동자는 "비닐하우스 숙소에서 살았는데 사업주가 성추행하려고 해 도망 나왔다"고 했다. 2021년에는 충남 논산에서 40대 농장주가 겨울에 춥다며 20대 여성 노동자를 아파트에서 임시로 지내게 하며 지속적으로 성폭행한 일도 있었다. 샤워시설이나 화장실이 야외에 있는 경우가 많다 보니 불법촬영도 수시로 일어난다. 지난 7월 전북 익산에서는 농장주가 여성 노동자 숙소의 패널 가건물 샤워실에 드릴로 구멍을 뚫고 안을 엿보다가 들통나 노동자들이 사업장을 변경했다."(캄보디아 노동자, 594편의 '절망기', 「경향신문」 2022년 9월 28일, 8면).

다. 농업 이주노동자가 인간의 존엄성을 보장받으며 건강하고 안전하게 생활할 수 있도록 공공기숙사 설치 등 지원대책을 강구할 것과 사업주가 「근로기준법」 제43조에서 규정하는 임금 전액 지급 원칙을 준수할 수 있도록 숙식비 선공제를 법령으로 금지하고 숙식비를 이주노동자 임금에서 공제 가능토록 한 「외국인근로자 숙식정보제공 및 비용징수 관련 업무지침」은 폐지하며 실제 이주노동자에게 제공되는 주거환경에 대한 정확한 실태조사를 통해 합리적인 숙식비 기준을 마련할 것을 권고하였다.63)

몇 년 전부터 이주노동자들과 인권단체들은 "비닐하우스는 집이 아니다"라는 구호를 걸고 싸워 왔다. 그 결과 '비닐하우스 주거 방지법'이라는 이름으로 근로기준법과 외국인고용법이 개정돼 2019년부터 시행됐다. 근로기준법에서 기숙사는 화장실과 세면·목욕 시설을 '적절'하게 갖출 것, 채광과 환기를 위한 '적절'한 설비 등을 갖출 것, '적절'한 냉난방 설비 또는 기구를 갖출 것, 화재 예방 및 화재 발생 시 안전조치를 위한 설비 또는 장치를 갖출 것 등을 규정했다. 안전하고 쾌적한 거주가 어려운 환경의 장소에 기숙사를 설치해서는 안 되게끔 했다. 외국인고용법에서 '사업주가 근로기준법을 준수한 기숙사를 제공하도록 하는 규정'과 '사업주가 이주노동자와 근로계약을 체결할 때 기숙사 정보를 사전에 제공하도록 하는 규정'을 신설했다. 노동부는 2019년 전국적으로 외국인 고용 사업장 숙소 유형 지도점검에 나섰지만 2020년 겨울 속헹은 비닐하우스에서 죽음을 맞이했다. 법과 규정이 있어도 작동하지 않는다면 의미가 없다. 노동자들에게 살 만한 '집'을 제공하겠다는 정책적 의지가 전제돼야 한다. 속헹의 죽음 이후 비닐하우스 내 컨테이너, 조립식 패널 등을 숙소로 제공하는 경우 고용허가를 내주지 않고 있다지만 여전히 가건물은 완전히 규제되지 않고 있다. 숙소를 옮겨준 농장주가 시세의 4~5배에 이르는 월세를 임금에서 공제하는 일도 빈번하다.

---

63) 국가인권위원회 보도자료, 「농업 이주노동자의 생존권 및 주거권 보장을 위한 개선방안 마련 권고」 2022년 9월 16일 참조.

자신들만의 공동체 속에서 공유해온 비상식을 부끄러워하고 서로 경계해야 한다. 드러내고 연결해야만 농업 이주노동자들의 권리 옹호를 외면해온 근로감독과 안전보건 행정을 바로잡을 수 있다. 코로나19 대유행으로 인한 국제적 이동의 제한은 우리 사회가 그동안 이주노동자들에게 얼마나 의존해왔는지를 깨닫게 해주는 계기가 됐다. 이러한 깨달음이 이주노동자들의 인권이나 노동권, 건강권 확장으로 이어지지 않고, 부족한 노동력을 더욱 혹독한 착취로 메꾸고자 하는 시도로 이어지지는 않았는지 돌아봐야 한다.[64]

헌법 제35조 제1항은 "모든 국민은 건강하고 쾌적한 환경에서 생활할 권리를 가지며, 국가와 국민은 환경보전을 위하여 노력하여야 한다."고 규정하고 있다. 환경권은 건강하고 쾌적한 생활을 유지하는 조건으로서 양호한 환경을 향유할 권리이고, 생명·신체의 자유를 보호하는 토대를 이루며, 궁극적으로 '삶의 질' 확보를 목표로 하는 권리이다. 환경권을 행사함에 있어서 국민은 국가로부터 건강하고 쾌적한 환경을 향유할 수 있는 자유를 침해당하지 않을 권리를 행사할 수 있고, 일정한 경우 국가에 대하여 건강하고 쾌적한 환경에서 생활할 수 있도록 요구할 수 있는 권리가 인정되기도 하는바, 환경권은 그 자체 종합적 기본권으로서의 성격을 지닌다.

'건강하고 쾌적한 환경에서 생활할 권리'를 보장하는 환경권의 보호대상이 되는 환경에는 자연환경뿐만 아니라 인공적 환경과 같은 생활환경도 포함된다(헌재 2008.7.31. 2006헌마711 참조). 환경권을 구체화한 입법이라 할 수 있는 환경정책기본법 제3조에서도 환경을 자연환경과 생활환경으로 분류하면서, 생활환경에 대기, 물, 폐기물, 소음·진동, 악취, 일조(日照) 등 사람의 일상생활과 관계되는 환경을 포함시키고 있다.[65] 외국인의 인권도 그 최소한이 보장되어야 한다. 인권침해 상태는 단기간에 해소되어야 한다. 특히 근로환경이 열악한 농업 분야에 대하여는 공공의 지원이 반드시 필요하다. 우리 사회 농촌경제

---

64) 류현철, 법만 있고 집은 없는 '이주노동자 대책', 「주간경향」 제1478호(2022.5.23).
65) 헌재 2014. 6. 26. 2011헌마150, 판례집 26-1하, 568 [전원재판부], 571-572면.

가 처한 상황을 직시하고, 외국인 근로자의 기여를 정당하게 평가하며, 주거환경 개선의 효과도 정확히 파악해야 한다.[66]

우리 사회 안에는 차별적 인종주의가 도사리고 있다. 한국인과 백인이 결혼하면 글로벌 가족이라 부르면서, 한국인이 동남아 사람과 결혼하면 다문화 가족이라고 표현하는 것이 그 단적인 증거이다. 유럽 축구리그에서 활동하고 있는 우리나라 선수에게 인종차별적 제스처를 하면 유럽 관중에게 분노하면서 우리가 부지불식간에 정작 동남아 출신 이주노동자들에게 똑같은 행동을 한다는 것이다.[67]

화장실 사용은 생존의 필수조건이다. 외국 이주노동자건 국내 노동자인건 화장실 이용에 차별이 있어서는 안된다. 우리가 외국에 일하러 갔다고 생각해 보자. 또 우리가 외국을 여행하는데 외국인이라고 화장실을 사용을 금지하거나 사용에 차별을 둔다면 어떻게 되겠는가. 제발 이제 열린 자세로 인간 생존과 생활에 필요한 화장실 문제를 인권의 문제로 바라보고, 접근하자. 이주노동자도 내국인과 동일한 화장실, 주거에서 일할 수 있는 환경을 만들어야 한다.[68]

---

66) 김규호, "농업 분야 외국인 근로자 숙소 기준의 강화 현황 및 대안 모색", 「이슈와 논점」 제1860호(2021.7.30), 국회입법조사처, 4면.

67) "짱깨·흑형·개슬람… 우리 안의 인종차별을 돌아보라 [Books가 만난 사람] 한국사회 인종주의 깊은 정회옥 명지대 교수", 「조선일보」 2022년 10월 8일, A19면.

68) 2022년 9월 28일 경향신문 〈캄보디아 노동자 594편의 절망기, 화장실도 없는 비닐하우스 살며 농장주에 매달 25만원 떼여〉, 한겨레 〈이주노동자들, 성폭력·착취에 떤다〉는 제목의 기사화 이후 이에 대한 고용노동부는 보도자료를 내어 다음과 같이 설명하고 있다. 외국인 근로자들의 '기숙사 등 주거환경'과 관련하여, "우리부는 외국인 근로자들의 주거환경 개선을 위해 지난 '21.1.1.부터 컨테이너, 조립식패널, 비닐하우스 내 컨테이너 등의 시설을 숙소로 제공하는 경우에 대한 신규 고용허가를 불허하고 있습니다. 지방자치단체로부터 가설건축물 축조신고필증(임시숙소)을 받은 경우에는 허가하며, 아울러, 매년 3천여 개 외국인근로자 고용사업장에 대한 주거환경 실태조사 등 현장 지도·점검을 실시하고 있고, 2022년 전체 지도점검 대상 사업장 중 40% 이상을 주거시설이 상대적으로 열악한 작물재배등 농·축산·어업에 대해 실시. 올해 상반기 1,595개 사업장에 대한 지도점검을 완료하였으며, 10월~11월 중 1,420

이것이 우리 사회가 유지될 수 있는 출발이다.

6 경비노동자와 화장실

경비업무에 종사하는 경비노동자들의 화장실 문제도 심각한 인권문제라 할 것이다. 아래 사례는 건설현장 노동자의 화장실 문제만큼이나 아파트 등의 경비업무에 종사하는 경비원들의 화장실로 제기되는 인권문제를 적나라하게 보여주고 있다.

> 김 씨가 있는 경비실에는 화장실이 없다. 이 아파트의 경비실 여덟 곳 중 절반에만 화장실이 있다. 김 씨는 "화장실이 가고 싶으면 다른 경비실에 들러서 볼일을 보고 온다."며 "경비실을 비워둘 수 없으니, 빨리 갔다 와야 한다는 생각에 항상 초조하다"고 말했다.[69]

> 경비원 A씨(73)의 하소연이다. 요즘 그의 가장 큰 고민은 생리현상 해결이다. 그가 근무하는 정문 경비실에는 화장실이 없다. 그는 하루 24시간 근무 후 다음날을 쉬는 격일제 근무를 한다. 때문에 근무 중 한 번 이상은 대변을 봐야 한다. 학교 측은 5년 전 경비실에서 3-4m 떨어진 녹지대에 간이화장실을 설치했다. 하지만 재래식 간이화장실을 이용하는 게 여간 불편한 것이 아니다. 심한 악취와 파리떼 등으로 구역질이 날 정도기 때문이다. 여름철에는 근무시간 내내 용변을 참기도 한다. 경비실에서 가장

개 사업장에 대해 하반기 지도점검을 실시할 예정입니다(관련 문서 지방노동관서 기시달, '22.9.19.). 아울러, 농촌 지역 주거환경에 대한 심층적인 실태 파악 및 개선을 위해 올해 하반기 중에 농·축산업 사업장에 대한 주거환경 특별점검을 실시할 예정입니다."(고용노동부 언론보도설명 자료, 「외국인근로자 인권보호를 위한 제도개선 노력을 지속해 나가겠습니다」 2022.9.28).

69) "시급 3492원, 여기서마저 해고되면 갈 곳이 없다" 화장실도 없는 경비실에서 24시간, 아파트 경비원의 현실, 「프레시안」 2011.11.13.

가까운 대학 화장실은 300여m 떨어진 인문대학 건물에 있다. 왔다갔다 하는 데만 10여 분이 소요돼 사실상 이용이 불가능하다. A씨는 "일흔이 넘은 나이에 일할 수 있어 감사하지만, 이 더러운 화장실을 볼 때면 모욕감을 느낀다."고 말했다. 정문 경비실에는 A씨를 비롯해 4명이 돌아가며 근무한다. …중략… 60·70대 경비원 4명이 울며 겨자 먹기 식으로 악취 화장실을 사용하거나 용변을 참고 있는 것이다. 화장실 들어가는 것이 두려워 소변은 자체 해결한다. 간이화장실 옆에 생수통을 놔두고 사용하기도 했지만 냄새가 심해 철거했다. 요즘은 경비실 지하 옆에 세면대를 개조해 만든 소변대에서 해결한다. 경비원 B씨(70)는 "용역회사 소속인 경비원이 학교 측에 문제제기를 하면 신분상 손해를 볼까 봐 불편함을 감수하고 있다"며 "화장실도 제대로 사용하지 못하는 신세가 처량하기만 하다"고 말했다.70)

화장실 문제는 가장 원초적인 인간 생존의 문제이자 인간 존엄의 문제이다. 경비노동자들의 최저임금(最低賃金)만큼이나 아니 그 이상으로 화장실 문제도 중요하다.

경비분야 노동자들의 화장실 실태에 대한 전수조사를 통한 최저한의 근로조건이 갖추어진 환경에서 근무할 수 있도록 법적, 제도적 뒷받침이 이루어져야 한다.

---

70) "화장실 좀 지어주세요" 울분 쌓는 경비원, 「경기일보」 2016년 10월 28일 참조.

교육과 화장실

① 아동의 복지와 학생들의 '똥 눌 권리' 보장

아동복지법은 아동이 건강하게 출생하여 행복하고 안전하게 자랄 수 있도록 아동의 복지를 보장하는 것을 목적으로 한다(아동복지법 제1조). "아동복지"란 아동이 행복한 삶을 누릴 수 있는 기본적인 여건을 조성하고 조화롭게 성장·발달할 수 있도록 하기 위한 경제적·사회적·정서적 지원을 말한다(아동복지법 제3조 참조).

김희곤(경남도민일보 기자)은 학창시절 화장실에 얽힌 웃픈 추억을 다음과 같이 기술하고 있다.

> "초등학교에 입학하고 얼마 지나지 않았을 무렵 선생님이 얼굴이 창백하다며 얼른 양호실(보건실)에 가보라고 했던 적이 있다. 양호(보건) 선생님은 배를 몇 번 눌러보더니 "얼른 화장실 가라"라고 말했다. 사실 배가 아픈데 화장실 가기가 망설여져 꾹 참고 있었다. 화장실에는 휴지도 없었을 뿐더러 쪼그려 앉아야 하는 게 싫었다. 30년 전 일이다."[71]

미래의 주인공들인 초등학생들도 화장실 문제로 스트레스를 받고 있는 것으로 나타났다. 저학년 초등학생들의 경우, 집에서는 본 적이 없는 '동양식 변기'에 용변을 보는 학교 화장실이 대다수를 차지하고 있어 용변을 참거나 그런 화장실을 안가려고 물을 잘 안 마시는 아이들도 있다고 한다.

---

71) 김희곤, "화장실과 교육교부금", 「경남도민일보」 2022년 6월 30일.

서울시가 학생들을 상대로 조사해보니 학교 화장실에서 가장 바뀌어야 할 걸로 냄새와 이 변기를 꼽았습니다. 쭈그려 앉아서 용변을 보는 변기를 의자처럼 앉는 좌변기로 바꿔 달라는 거죠. 화장실 때문에 받는 아이들의 스트레스는 어른들이 생각하는 수준 그 이상입니다. …중략… 쉬는 시간, 학생들이 화장실로 향합니다. 한 초등학교 여자 화장실에 학교장의 허락을 받아 관찰 카메라를 설치했습니다. 모두 10칸의 화장실 중에 유독 2칸에만 학생들이 몰립니다. 다른 칸이 비어 있는데도, 발을 구르며 기다렸다가 그 칸을 이용하는 학생도 눈에 띕니다. 학생들이 몰리는 화장실 2칸엔 앉아서 용변을 보는 좌변기가, 나머지 8칸엔 쭈그려 앉아 용변을 보는 화변기가 설치된 곳입니다. 집에서 본 적이 없는 화변기를 접한 저학년 학생들은 당황스럽기만 합니다. [(학교 왔을 때 화장실 보고 어땠어요?) 깜짝 놀랐어요. (왜요?) 좌변기가 아니라서… (한번도 써본 적 없어요?) 네.] …중략… [물을 잘 안 마시는 애들이 있어요. (물을 왜 잘 안 마셔요?) 화장실 일부러 안 가려고…. 별로 안 움직여요. (소변을) 참으려고… 자리에서 별로 안 움직여요.] …중략… 지금 정도 수준의 예산이라면 화장실 개선 효과를 아이들이 골고루 누리기엔 아직 갈 길이 멀어 보입니다. 21세기를 사는 우리 아이들이 학교에서 용변 보는 문제로 스트레스를 받는 현실을 고민해야 할 때입니다 (SBS 뉴스 2015.3.20 http://news.sbs.co.kr/news/endPage.do?news_id= N1002890293&plink=ORI&cooper=DAUM&plink=COPYPASTE&cooper=SBSN EWSEND).

위의 방송보도처럼 우리 사회 미래의 주역인 아동들이 화장실문제로 스트레스(stress)를 받고 있다. 서울시 초·중·고등학교 10곳 중 2곳엔 화장실 변기가 부족하다. 쉬는 시간 화장실에 긴 줄이 생기는 이유다. 그나마 있는 변기 10개 중 4개는 동양식 변기이다. 서울시교육청의 '화장실 현황' 자료에 따르면 서울 초중고교 1320곳 중 226개 학교(17%) 화장실에 변기가 부족하다. 현대식 양변기 설치율도 62.1%밖에 되지 않는다. 남녀로 구분해 보면 문제는 더 심각해진다. 변기당 적정 인원수를 초과하는 남학교는 18곳, 남학생 화장실 변기만 부족한 남녀공학 학교는 8곳이지만 변기가 부족한 여학교는 71곳, 여학생 화장실만 변기 수가 부족한 남녀공학 학교는 107곳이나 됐다.[72]

---

72) "화장실 줄서다가 쉬는 시간 모자란다니…,"「동아일보」 2017년 1월 24일, A14면.

　현대식 양변기에 익숙한 학생들이 쭈그리고 앉아 볼일을 보는 재래식 변기에 익숙하지 않아 학교에서 볼일 보기를 꺼리는 문제를 해결하기 위해 서울시에서는 서울 모든 초·중·고교의 양변기 비율을 2020년까지 80% 이상으로 높일 계획을 추진하고 있다. 양변기를 선호하는 학생들이 일을 보러 집까지 가는 일을 없애기 위해서다.[73]

　헌법은 "모든 국민은 능력에 따라 균등하게 교육을 받을 권리를 가진다."규정하고 있다(헌법 제31조 제1항). 교육을 받을 권리라 함은 교육을 받을 수 있도록 국가의 적극적인 배려를 요구할 수 있는 권리를 말한다. 현대적 사회국가·문화국가에 있어서 그것은 인간다운 생활의 필수요건이 되며 국민의 능력의 계발(啓發)과 실현을 위하여 요구된다.[74]

　교육은 인간 생존의 기본적인 생리적인 해결에서부터 출발한다. 각 가정에서 양변기 화장실에서 자라고 생활해 온 21세기의 학생들을 재래식 화장실이라는 19-20세기의 화장실 교육환경에서 교육을 받게 하는 것은 학생들에 대한 심리적이고 정신적인 고통을 주는 것이다. 이는 헌법이 규정하고 있는 인간의 존엄과 가치를 침해하는 것이다. 물론 우리의 교육 재정은 예산부터 턱없이 부족한 실정이다. 지방자치단체들의 재정자립도(財政自立度)는 입에 올릴 수조차 없는 형편이다. 하지만 예산은 가장 시급한 곳에 우선순위를 정하여 투입하고 집행되어야 한다. 교육현장의 화장실 문제 즉, 화장실이 너무 낡고 비위생적이어서 학생들에게 공포감을 주는 환경을 개선하고, 변기의 부족으로 인한 화장실 사용의 줄서기 문제라든가, 재래식 변기로 인한 학생들의 학교화장실 사용 기피나 용변 참기와 같은 고통문제를 건강과 인권 문제라는 시각에서 초·중·고등학교의 화장실에 대한 전수조사를 기초로 하여 전반적인 개선이 시급히 이루어져야 한다.

　"종일 머무는 학교 화장실이 어쩌다 잠깐 머무는 휴게소 화장실보다 불편해

---

73) "냄새나는 화장실 모두 바꿔!", 「한겨레신문」 2017년 1월 18일, 14면.
74) 김철수, 『헌법학신론』, 박영사(2013), 974면.

서야 되겠는가? 학교를 이대로 두고 돌봄이다 뭐다 해서 아이들이 학교에 머무는 시간은 계속 늘릴 건가? 미래교육을 논하려면 불안하고 불편한 학교 화장실부터 바꾸자."[75]라며 하루 종일 학교에서 아이들과 생활하는 선생님의 현장 목소리를 외면하지 말자.

---

75) 정성식, "아침을 열며—학교 화장실 불법카메라", 「한국일보」 2020년 7월 17일, 27면.

② 각종 시험과 화장실 이용 제한 문제

시험장에서 사람이 긴장을 하면 화장실을 더 가고 싶어진다. 대학수학능력시험, 자격시험, 공무원 시험 등 시험의 종류에 따라 필기시험 중 화장실 이용에 제한을 두고 있다. 대학수학능력시험의 경우, 수험생은 감독관과 동행하여 화장실을 이용한 후 재입실하여 시험을 계속 볼 수 있고, 토익시험의 경우에도 불가피한 사정이 있는 경우에 한하여 응시자의 화장실 이용과 재입실이 허용되고 있다. 그러나 그 동안 9·7·5급 공무원시험 시행과정에서 "배탈·설사 등 불가피한 경우에는 화장실을 이용할 수 있으나 당해 교시 재입실이 불가하며 시험 종료시까지 시험시행본부에서 대기해야 한다"며 응시자 준수사항으로 규정하고 있었다.

(1) 공무원시험과 화장실 사용 제한

그 동안 행정안전부와 인사혁신처가 만든 공무원 임용시험 감독관의 근무 지침은 100분간 100문제(5과목)를 푸는 필기시험 중 화장실에 갈 수 있는 응시자는 제한되어 있다. 공무원 시험의 일반 응시자가 시험시간 중에는 화장실을 이용할 수 없고, 화장실에 가면 다시 시험장에 들어갈 수 없었다.[76] 다만, 장애인과 임신부, 또 시험 원서 접수 때 과민성 대장 증후군 등 화장실을 자주 가야 한다는 사유를 적은 병원 진단서를 제출한 사람만 가능했다. 이들은 별도로 시험실을 배정받는다.

---

[76] 2016년 지역인재 7급 국가공무원 선발 필기시험 일시·장소 및 응시자 준수사항 공고의 내용 중 응시자 준수사항을 보면, "4. 시험시간 중에는 화장실을 이용할 수 없으므로 시험 전에 과다한 수분섭취를 자제하고 건강관리에 유의하시기 바랍니다. ※ 배탈·설사 등 불가피한 경우에는 화장실을 이용할 수 있으나 당해 시험시간 재입실이 불가하며, 시험 종료시까지 시험시행본부에서 대기하여야 함(다음 교시 시험에는 응시할 수 있음)"을 주지시키고 있다(인사혁신처 공고 제2016-99호 참조).

시험의 부정행위를 방지한다는 이유에서 화장실을 사용해야 하는 일반 응시자는 공무원 임용시험 감독관의 근무 지침에 따라 '남성은 시험실 후면(뒤쪽)에서 소변용 봉투로, 여성은 시험관리관이 우산 등으로 가림막을 친 후 시험실 후면에서 여성용 소변봉투(패드형)에 용변'을 봐야했다.[77]

우리사회에서는 그 동안 공무원시험 중 화장실 사용 금지는 많은 논란을 일으켰다. 공무원 임용을 위한 필기시험 중 화장실 사용을 금지한 지침은 심각한 인권침해라는 공식적인 공론화는 경기도 「수원시 인권센터」가 2015년 6월 지방공무원 공채 시험 당시 화장실 이용을 제지당한 응시생의 항의로 인권침해 논란이 일자 직권조사에 착수했고, 이어 "이와 같은 화장실 이용 제한은 응시자의 인격권을 심각하게 침해한다"며 수원시에 제도 개선을 권고한 바 있다.

수원시는 인권센터의 권고가 타당하다고 보고 2015년 7월 경기도에 제도 개선을 요구하는 공문을 발송했고, 도 역시 정부 차원의 제도 개선이 필요하다고 행정안전부(당시 행정자치부)에 건의했다. 수원시 인권센터는 행정안전부의 적극적 개선을 구하고자 한걸음 더 나아가 2015년 9월 행정안전부와 인사혁신처를 피진정인으로 하는 진정서를 국가인권위원회에 제출했다.

국가인권위원회는 진정인 김○○은 국가와 지방자치단체가 실시하는 공무원 시험에서 응시자의 화장실 사용 제한은 국민의 인권을 최우선적으로 보호해야 할 국가와 지방자치단체가 책임을 방기한 행정편의적 조치로 인권침해라며 제기한 진정에 대하여, "국가 및 지방직 공무원 임용필기시험 중 화장실 이용을 제한하고 시험실 뒤편에서 소변을 처리하게 하게 하는 것은 국제인권조약에서 금지하고 있는 비인도적이고 굴욕적인 대우에 해당하며, 헌법 제10조 에서 보장하는 인격권을 침해하는 것으로 판단했고, 피진정기관의 주장이 필기시험 중 화장실 이용을 제한하여 응시자 부정행위를 방지하고 시험의 공정성을 유지하기 위한 조치로 일견 이해될 수도 있으나, 시험의 공정성이라는 법익은 인간의

---

77) 1980년대 공무원 임용시험 때에는 시험장 뒤편 공간에 양동이를 비치해 용변을 보도록 했다. 이후 양동이가 없어진 대신 소변봉투가 등장했다(공무원시험 중 화장실 이용 허용… '소변 봉투' 사라졌다, 연합뉴스, 2017.9.26기사 참조).

존엄과 가치 속에서 조화롭게 추구되어야 하므로 피진정기관의 주장대로 시험의 공정성 담보 등을 이유로 응시자의 기본권이 유보될 수 있는 것은 아니라고 보았다. 또한 다수가 응시하고 엄격한 시험관리가 요구되는 대학수학능력시험의 경우, 수험생의 화장실 이용이 허용되고 있는 점 등을 고려하면, 시험관리의 공정성 또는 안정성 확보를 위해 응시생의 화장실 이용 제한이 필수적 전제가 될 수는 없다고 판단하여"(국가인권위원회 2016.8.24 결정, 15진정0732500), 공무원 임용 필기시험 중 화장실 이용제한과 관련, 시험시간을 융통성 있게 조정하거나 응시자에게 화장실 이용을 허용하는 방안 등을 포함하여 응시자의 인권이 침해되지 않도록 제도를 개선하여 시행할 것을 행정자치부(현, 행정안전부)장관과 인사혁신처장에게 권고했다.

국가인권위원회의 권고 이후 지방공무원 임용시험을 담당하는 행정안전부는 국가인권위원회의 권고를 받아들여 2017년 9월 23일 실시된 지방공무원 공채 필기시험에 시험도중 화장실 사용을 허용 실시했다.[78] 반면에 국가공무원 시험을 담당 시행하는 인사혁신처는 응시자가 시험 원서접수시 미리 화장실 이용신청을 하면 그런 응시자만 따로 모아 시험을 보게 하면서 지정된 화장실을 이용하도록 하는 '화장실 이용 사전 신청제'[79]를 마련해 시행하고 있다.

---

78) 2017년도 지방공무원 7급 공채 필기시험에서 화장실 이용은 140분간의 시험 시작 후 30분부터 시험 종료 전 20분까지 1회에 한해 가능하며, 부정행위 방지를 위해 화장실에 들어갈 때와 나올 때 전자기기 소지 여부를 확인하는 금속탐지기 검사를 거쳐야 한다.

79) 인사혁신처는 시험의 공정성과 수험생 편의를 조화시키기 위해 2017년부터 「화장실 이용 사전 신청제」를 시범 실시한다. 사전 신청제란 원서접수 시에 시험 중 화장실 이용 희망자를 미리 신청받는 것으로, 해당 신청자들은 별도의 고사실에서 시험을 치르며, 화장실 이용 시에는 부정행위 방지를 위해 소지품 검사 등을 받아야 한다. 화장실 이용 사전 신청제는 내년 인사혁신처 주관 경력경쟁채용시험 등에서 시범적으로 운영한 뒤, 결과에 따라 확대 실시여부를 검토하기로 했다. 그동안 정부는 공무원 시험에서 부정행위를 방지하기 위해, 공무원 채용시험 중 화장실 이용을 제한해 왔다(인사혁신처 보도자료(2016.12.29)〈2017년도 국가직 공개채용 제도 변경내용 공개〉참조).

(2) 결어

인사혁신처가 그동안 시험 중 화장실 이용을 금지한 배경은 허용시 ① 부정행위 가능성을 완벽하게 차단할 수 없다는 점, ② 정숙한 시험분위기 조성과 다른 응시자의 시험응시 몰입에 방해를 준다는 점, ③ 허용시 수험생의 추가 민원이 속출해 시험의 안정성이 훼손될 수 있다는 점을 들어 시험중 화장실 이용시 재입실을 불허하였다.[80]

인사혁신처가 시행하고 있는 '화장실 이용 사전 신청제'는 사전신청자를 제외한 대다수의 공무원 응시자들은 시험 중 돌발적으로 화장실 이용이 필요한 일이 발생하면 여전히 소변 봉투를 사용할 수밖에 없는 문제가 있어 논란이 될 수 있다. 또한 '화장실 이용 사전 신청제'가 시험 당일 신청하는 것도 아니고, 시험 접수 당시에 신청하는 제도인데 수개월 전에 시험 실시 당일 화장실에 가게 될지 알 수 없는 상황에서 실효성에 의문이 제기될 수도 있다.

시험 도중 화장실 이용은 시험의 공정성과 개인의 인권이 충돌하는 문제이다. 공무원 시험 경쟁이 해가 거듭될수록 치열해지고 경쟁률이 높아지는 과정에서 시험 중 화장실 사용은 불가하며 허용해서는 안된다는 의견이 절대적으로 우세하다. 시험 응시자들에게 자유롭게 화장실을 사용할 수 있게 하면 이를 악용해 부정행위를 할 수 있다는 우려와 화장실을 오가는 응시자들 때문에 다른 응시자가 시험에 집중할 수 없다는 지적도 있다.

그러나 여러 사람이 시험을 보고 있는 수험공간에서 소변 봉투로 생리적 현상을 해결하라는 것은 헌법 제10조에서 보장하고 있는 인격권(人格權)을 심각하게 훼손 침해하는 것이다.

공무원 임용필기시험과 같이 다수가 응시하고 부정행위 방지 등 엄격한 시험 관리가 요구되는 대학수학능력시험에서는 수험생의 화장실 이용이 허용되고 있다. 이러한 점을 고려하면, 시험 관리의 공정성 혹은 안정성 확보를 위해 응시

---

80) 인사혁신처 설명자료(2016.9.28) 「공무원 채용시험중 화장실 허용, 합리적 대안 마련 추진-국가인권위원회, 공무원 시험중 화장실 이용 제도개선 권고 관련」.

생의 화장실 이용 제한이 필수적으로 전제될 필요는 없을 것으로 보인다(국가
인권위원회 2016.8.24 결정, 15진정0732500).

세계적으로 사회전반적인 최고수준의 화장실 환경을 가지고 있음에도 화장
실 인권문제를 바라보는 인권의식은 1980년대에 머물고 있는 것은 아닌가 생각
되며 인식개선이 요구되는 지점이다. 형사법의 법언(法諺) 중 하나인 "열 명의
범인을 놓치는 한이 있더라도 단 한 명도 억울하게 처벌되는 사람이 있어서는
안된다"(Better ten guilty escape than one innocent suffers)는 법언이 담
고 있는 정신을 이 문제와 동일한 선상에서 생각해 볼 필요가 있다.

시험의 공정성도 중요하지만, 단 한사람이 수치심과 굴욕감이 느껴지지 않도
록 우리 헌법 제10조가 보장하고 있는 인격권이 침해되지 않도록 합리적인 해
법을 찾아야 한다.

시험 중 화장실 이용을 허용하면서 '시험시간 조정'과 같은 방안, 시험진행
및 관리위원 증원 등의 방법을 통하여 시험의 공정성 확보가 가능하며, 금속탐
지기 등 관리 감독의 강화를 통해서 두 사안의 해결점을 모색할 필요도 있다고
본다.

소수자와 화장실

❶ 장애인과 화장실 인권

(1) 장애인 인권의 개념

장애인 인권은 신체적·정신적 손상을 이유로 일상생활에서 차별이 없이, 비장애인과 동등한 대우를 받기 위한, 인권의 확장된 개념이다. 「헌법」 제34조 제1항에서는 '모든 국민은 인간다운 생활을 할 권리'를 가지며, 같은조문 제5항에서는 '장애를 사유로 생활능력이 없는 국민은 법률이 정하는 바에 의하여 국가의 보호를 받는다.'고 정하고 있다. 이는 「세계인권선언」, 「장애인권리선언」 (1975년)을 통해 장애인의 인권을 보호하고 증진하기 위한 국제적 약속을 이행하려는 것이며, 특히 2008년 "장애인권리협약"비준한 후 아래와 같은 기본적 원리를 지키려 노력하고 있으며 주요내용은 ① 스스로 선택할 수 있는 자유를 포함한 고유의 존엄성, 개인의 자율성의 존중과 개인의 독립성, ② 차별금지, ③ 완전하고 실질적인 사회참여와 사회통합, ④ 기회균등, ⑤ 접근성, ⑥ 양성평등, ⑦ 장애아동 역량개발을 위한 존중과 정체성 보호를 위한 권리존중을 규정하고 있다. 이러한 노력의 과정에서 「장애인복지법」과 「장애인고용촉진 및 직업재활법」 등의 개정과, 1997년 「장애인·노인·임산부 등의 편의증진 보장에 관한 법률」제정, 2007년 「장애인 등에 대한 특수교육법」제정, 2009년 「장애인연금법」제정, 2010년 「장애인활동 지원에 관한 법률」제정, 2013년 「장애인·고령자 등 주거약자 지원에 관한 법률」이 제정되어 왔다.

(2) 장애인 관련 인권 기준

장애인 인권과 관련하여 장애인차별금지법 이외에 가장 중요한 것은 국제장애인권리협약이라고 할 수 있다. 국제장애인권리협약은 사회적으로 가장 불이익이나 소외를 받는 집단인 장애인들에게 '장애인권리선언', '장애인에 관한 세계행동계획'등 장애인들의 인권과 권리를 보호할 수 있는 다양한 노력이 있었다. 하지만 장애인들의 권리는 차별과 불공정한 대우를 벗어나지 못하고 있었고, 그동안의 국제적인 노력들은 큰 개선이나 변화가 없었음을 인식하고 국제사회 차원에서 공감대를 형성하여 제정되었다. 우리나라는 2008년 12월 2일 제278회 국회(정기회) 제14차 본회의의 비준동의를 얻어 2008년 12월 11일 국제연합 사무총장에게 비준서를 기탁함으로써 2009년 1월 10에 '조약 제1928호'로 우리나라에 대하여 발효되었다. 국제장애인권리협약내용은 모두 50개의 조문으로 구성되어 있으며 평등과 비차별의 원칙하에 첫째, 개념과 정의에 관한 내용으로 장애인 차별・편의제공 등이 있고, 둘째, 장애아동과 장애여성 등 상대적으로 다중의 차별요소를 갖고 있는 조항, 셋째, 장애인의 법 앞의 동등한 법적능력 부여 및 평등권의 보장, 넷째 장애인에 대한 비인도적인 처우의 금지, 다섯째, 장애인의 자립생활, 여섯째, 의료・교육・고용 등의 참여 및 권리보장, 일곱째, 국내 및 국제 모니터링 등 장애인의 전 생활영역에서의 권익보장에 관한 내용을 포함하고 있다. 이 중 국내에서 국제장애인권리협약은 현재 상법 제732조와 충돌하는 장애인보험 가입에 대해서 유보하고 있다. 이는 장애인의 보험 가입 거부를 제도적으로 인정하는 것으로 이에 대해서 국가인권위원회에서는 장애인보험가입에 대해서 시정권고를 요청하여, 현재 상법의 법 개정을 통하여 유보된 조항의 비준동의안 통과가 조속히 필요한 상황이다. 국제장애인권리협약은 선진국과 후진국간의 의견 차이, 국가 간 문화의 다름에서 오는 의견 차이 등이 있음에도 불구하고, 모든 장애인들이 인간으로서의 존엄과 기본적인 인권을 완전하고 동등하게 향유하도록 촉진하려는 목적을 갖고 있다. 그동안 동정 및 시혜적이고, 수동적인 의미에서 장애인에게 서비스가 제공되었다면 이제는 장애인에 대한 인권 및 권리보장이 국제사회에서 강조하는 국가적인 의무가 되었다는 점에서 의미가 크다고 볼 수 있다. 따라서 국제장애인권리협약은 장애가 있는 사람의 자립과 사회참여를 확대하여 장애인과 비장애인이 함께 어울려 사는 평등한 사회를 만들 수 있는 단초가 될 수 있다. 최근 장애에 대한 패러다임의 변화, 장애인 욕구의 확대, 자립생활운동과 당사자주의 등 장애를 둘러싼 환경이 급변하고 있는 상황에서 국제사회의 협력을 통한 장애인권리협약의 제정은 우리나라 장애인의 권리신장에 크게 기여할 것으로 보인다.[81]

(3) 장애인 수사와 화장실 등의 인권

국가인권위원회는 중증장애인을 체포, 조사, 유치, 귀가시키는 일련의 과정에서 발생한 인권 관련 사항들을 조사한 결과, 경찰청장에게 전동휠체어에 탄채 실을 수 있는 저상버스 도입을 위한 대책 마련, 조사·유치·귀가 시 활동보조자의 지정·통보 등 중증장애인의 신체적 불편 및 정신적 불안 제거 방안 마련, 장애인 편의시설 설치 대책 마련 등에 대해 권고했다. 진정인 공모씨 등 51인은 2006년 8월 30일, 활동보조인 서비스 제도화 쟁취를 위한 공동투쟁단이 "활동보조인서비스 생활시간 쟁취를 위한 대정부 투쟁선포 결의대회"에 참가하면서, 애초 집회 신고 장소인 세종로 소공원으로 이동하지 않고 세종로 정부종합청사 앞에서 집회를 개최하자, 경찰은 「집회 및 시위에 관한 법률」 위반으로 서울 시내 15개 경찰서로 이들을 연행하였고, 이 과정에서 중증장애인들을 전동휠체어와 분리하여 연행한 점, 조사 후 대중교통편에 대한 대책 없이 자정 무렵 귀가 조치 취한 점, 유치 후 유치장내 방치한 점, 경찰서 내 장애인편의시설 이 미흡한 점 등에 대해 진정을 제기하였다. 국가인권위원회는 조사결과, △진정인들이 연행 시 전동휠체어에서 끌어내려졌고, 조사가 종결된 후에도 전동휠체어가 도착하지 않아 정신적 불안을 겪기도 했으며, △연행된 경찰서에 여성장애인용 화장실이 설치되어 있지 않는 등 장애인 편의시설이 미흡했고, △조사가 늦은 시간에 종료되어, 자정 무렵의 늦은 귀가에 대한 배려가 없었고(배려가 이루어진 경찰서도 있었으나), △유치장에 유치된 경우에는 유치장 근무자나 함께 유치된 활동도우미가 신체 활동을 보조하였으나 신체적 불편과 정신적 불안은 여전히 남아 있는 상황이었음이 인정되었다. 국가인권위원회

---

81) 권건보, "장애인권리협약의 국내적 이행 상황 검토", 「법학논고」 제39집, 2012.06, 522면.

는 △인간으로서의 존엄과 가치를 침해하는 경우에는 사회적 보장의 결여로 인해 발생하는 침해, 즉 인간의 존엄에 걸맞지 않는 생활조건에 처하는 것이 포함되고, △이러한 침해는 중증장애인과 같은 사회적 약자의 경우에 더욱 쉽게 발생할 수 있으므로 이에 대한 예방 및 개선이 필요하며, △경찰업무와 관련하여 경찰관의 직무수행 중 사회적 약자에 대해서는 그 특성에 따른 세심한 배려가 요구되는데, 중증장애인들에 대한 조사·유치·귀가 등 일련의 수사과정에서의 세심한 배려가 부족하여 인간으로서의 존엄을 영위하기 어려운 상황에 처한 것으로 판단하였다.[82]

국가인권위원회의 2002년 인권상황 연구용역사업의 일환으로 한국형사정책연구원에 의뢰해 범죄수사절차상 피의자의 인권침해실태에 대한 조사에 의하면 수사과정에서 화장실과 관련된 인권문제를 보면, 여성 피의자 122명 중 체포·수사기간 동안 생리를 경험한 사람은 73명으로 약 60%를 차지했다. 이 가운데 64.4%는 '남자 수사관에게 생리대를 요청해야만 해서 불편했다'고 응답했고, 27.4%는 '생리대를 지급받기 어려워 함께 유치장에 구금된 피의자에게 빌려야 했다'고 고충을 털어놓았다. 또한 여성 피의자의 21.9%는 '생리와 관련하여 화장실을 이용하는데 불편함이 많았다'고 밝혔다.[83]

(4) 여성장애인의 이중차별과 화장실 인권

국가인권위원회는 2016년 4월 장애인 당사자로 구성된 '장애인차별예방 모니터링단'(178명)을 구성해 공공기관(우체국, 고용센터)과 대형 판매시설(백화점 대형마트) 409개소에서 공공기관의 ▲장애인에 대한 정당한 편의제공, ▲장애인 시설 접근성, ▲웹 접근성을 조사하였다. 대형 판매시설은 ▲장애인 시설

---

82) 국가인권위원회 보도자료 2007년 1월 3일, 「체포 등 수사과정에서의 중증장애인에 대한 처우 개선 권고」.

83) 국가인권위원회, 「'영장 없는 체포' 남발, '수사중 폭행'여전 형사정책연구원에 의뢰해 범죄수사절차상 피의자 인권침해 실태조사 전국 12개 구금시설 수용자 720명 및 경찰관 360명 6개월간 설문조사」, 국가인권위원회 보도자료, 2006.2.3.

접근성, ▲장애인 안전권에 대해 모니터링을 실시하였다. 모니터링 결과, 지체 장애인을 위한 물리적 접근성에 비해 시·청각 장애인을 위한 시설 접근성은 낮은 것으로 나타났다. 예를 들면, 출입문 문턱은 96%가 제거되어 있었으나, 시설 배치를 알 수 있는 점자 또는 촉지도식 안내판 혹은 음성안내 장치 설치율 등은 40% 이하로 낮았다. 백화점 등 대형 판매시설 가운데 주 출입구와 연결 접근로의 높이 차이가 제거된 곳은 97.6%, 장애인 전용주차구역 적절한 운영 이 87.8%였다. 그러나 시각장애인을 위한 표준형 점형 블록 설치 비율은 80% 내외, 화장실 출입구 옆 벽면의 1.5m 높이에 남녀를 구분하는 점자표지판이 설치된 업체는 41.5%로 대형 판매시설 역시 시각장애인을 위한 시설 접근성이 미흡한 것으로 조사되었다.[84)85)]

국가인권위원회는 「교통약자의 이동편의 증진법」이 2006년 1월 28일부터 시행된 이후 건조된 선박에도 장애인 탑승 편의시설이 미비하고, 탑승을 거부하는 사례가 발생하여 이에 대한 직권조사를 실시했다. 국가인권위원회 조사결과, 2015년 6월 1일 기준 총 58개 선사에서 총 162척의 여객선을 국내항에서 운영 중인데, 이 중 휠체어 승강설비를 갖춘 선박은 11척(6.8%), 장애인전용화장실이 있는 선박은 13척(8.0%)으로 전체 여객선의 약 93%가 장애인 편의시설이 미비한 것으로 나타났다. 또한 「교통약자법」에 따라 여객선에는 휠체어 승강설비 및 장애인 전용 화장실 등을 의무 설치해야 함에도, 법 시행 후 건조된 여객선 총 41척 중 휠체어 승강 설비를 갖춘 선박은 3척(7.3%), 장애인 전용 화장실이 있는 선박은 2척(4.9%)에 불과하여 대부분 선사가 「교통약자법」을 준

---

84) 국가인권위원회, 우체국·백화점 등 장애인시설 모니터링 결과 발표회 개최, 국가인 권위원회 보도자료 2016.11.29

85) 화장실과 관련한 장애인의 대형 판매시설 접근성 모니터링 결과(총 164개 기관(백화점(43), 대형마트(121))의 시설 접근성 모니터링)를 보면, 장애인이 이용 가능한 화장실이 남·녀 구분되어 설치 83.5%, 시각장애인을 위한 시설의 점자 또는 촉지도식 안내판 설치 7.3%, 주출입문에 표준형 점형 블록 설치 73.2%, 화장실 전면에 표준형 점형 블록 설치 75.6%, 화장실 출입구 옆 벽면의 1.5m 높이에 남녀구분 점자표지판 설치 41.5%로 나타났다.

수하지 않았다. 그래서 장애인이 여객선에 승·하선하기 위해 조력자에게 업혀 이동하거나, 선박 내 화장실을 이용할 수 없는 경우가 많았다. 이에 국가인권위원회는 장애인도 모든 교통수단 및 여객시설을 차별 없이 안전하고 편리하게 이용할 수 있는 권리가 보장되고, 여가생활 및 관광지에 대한 접근권을 보장받을 수 있도록 정책권고 및 의견표명을 결정[86]하였다.

　여성장애인의 경우, 여성장애인의 이중차별에 대한 사례연구를 보면, 여성장애인을 무성적(無性的)존재로 규정하는 사회적 태도에 의해 여성장애인은 인격이 무시되는 경험을 할 뿐 아니라 성폭력 피해에도 쉽게 노출되는 것으로 나타났다. 대학생활에서도 여성장애인은 여성이 아닌 존재 혹은 '제3의 여성'과 같이 다른 범주의 여성으로 규정되는 경험을 하고 있었다. 실례로 여성 장애인 화장실의 경우 △남녀공용으로 설치 △남자화장실 안에 설치 △출입문을 비닐 커텐으로 설치한 사례 등이 있었다.[87]

(5) 장애인차별금지법의 주요 내용과 문제점

　장애인차별금지법은 장애인 당사자주의에 입각한 입법이며 인권 패러다임으로의 전환을 가져왔으며, 장애인차별에 대한 가이드라인 및 판단기준을 제시하고 있다고 판단된다. 또한, 사회적 약자의 인권 증진을 위한 입법의 모범이라고 평가할 수 있으며, 장애인권리협약 등 국제협약의 각종 국내 이행과 관련하여 중요한 기준으로 작용할 것으로 기대된다. 이하에서는 장애인차별금지법의 내용을 살펴보면서 문제점 여부를 간략히 검토하고자 한다.

---

86) 국가인권위원회, 「선박이용 장애인 접근권 보장 권고 −현재 운영 중인 여객선 93% 장애인 편의시설 미비−」, 국가인권위원회 보도자료 2016.11.30

87) 국가인권위원회 「보도자료」 2003년 2월 4일, 대학사회에서도 소외된 여성장애인의 이중차별 실태: 이대 아시아여성학센터와 여성장애인 28명 심층면접조사

(가) 장애인차별금지법의 총칙

2006년 3월 6일 국회 본회의를 통과하여 법률 제8341호로 제정된 「장애인차별금지법」은 총칙, 차별금지, 장애 여성 및 장애 아동 등, 장애인차별시정기구 및 권리구제 등, 손해배상과 입증책임 등, 벌칙의 순서로 총 6개장, 50개 조문으로 구성되어 있다.

「장애인차별금지법」 제1장 총칙은 목적(제1조), 장애와 장애인에 대한 개념 정의(제2조), 각종 용어에 대한 정의(제3조), 차별행위에 대한 구체적인 개념 정의(제4조), 차별판단의 기준(제5조), 차별금지선언(제6조), 자기결정권 및 선택권(제7조), 국가 및 지방자치단체의 의무(제8조), 인권위법과의 관계(제9조)로 구성되어 있다.

장애인차별금지법의 목적은 "모든 생활영역에서 장애를 이유로 한 차별을 금지하고 장애를 이유로 차별받은 사람의 권익을 효과적으로 구제함으로써 장애인의 완전한 사회참여와 평등권 실현을 통하여 인간으로서의 존엄과 가치를 구현"함을 목적으로 한다(동법 제1조). 장애인차별금지법에서 금지하는 차별행위의 사유가 되는 장애라 함은 신체적·정신적 손상 또는 기능상실이 장기간에 걸쳐 개인의 일상 또는 사회생활에 상당한 제약을 초래하는 상태를 말한다(동법 제2조 제1항). 또한, 장애인이라 함은 제1항에 따른 장애가 있는 사람을 말한다(동법 제2조 제2항). 장애인차별금지법은 '장기간에 걸친'[88) 경우만 장애로 한정하고 있다. 이는 복지적 관점과 인권적 관점 간의 충돌이라 볼 수 있는데, 복지적 관점에서는 특정된 장애인에게 일정한 급부를 주는 것이 목적이므로 객관적으로 명확하게 규정할 필요가 있지만, 인권적 관점에서는 차별을 당하는 그 순간, 그 상황을 중심으로 그때 그러한 차별의 사유가 '장애'로 인한 것인가의 여부가 중요하기 때문에 장·단기간뿐만 아니라 일시적 장애, 과거의 장애 경력도 포함해야 하는 것이다.[89)

---

88) 장애인권리협약은 제1조에서 "장애인은 다양한 장벽과의 상호작용으로, 다른 사람들과의 동등한 기초 위에서 완전하고 효과적인 사회 참여를 저해하는 장기간의 신체적, 정신적, 지적 또는 감각적 손상을 가진 사람을 포함한다."고 규정하고 있다.

　장애인차별금지법 제6조는 "누구든지 장애 또는 과거의 장애경력 또는 장애가 있다고 추측됨을 이유로 차별을 해서는 아니 된다."고 규정함으로써, 차별에 대한 보편적인 금지를 규정하고 있고, 제7조는 "장애인은 자신의 생활 전반에 관하여 자신의 의사에 따라 스스로 선택하고 결정할 권리를 가지며, 장애인 아닌 사람과 동등한 선택권을 보장받기 위하여 필요한 서비스와 정보를 제공 받을 권리를 가진다."고 함으로써 장애인 당사자의 자기결정권90)과 선택권, 그리고 이들을 보장받기 위한 서비스와 정보를 제공받을 권리를 보장하고 있다. 장애인차별금지법 제8조에서 국가 및 지방자치단체가 자신의 임무를 방기하고 국민 개인이나 민간 기업에 책임을 떠넘기지 않도록, 차별금지 및 권리 구제, 정당한 편의제공을 위한 지원 등의 의무를 부여하고 있다.

(나) 차별금지

　장애인차별금지법 제2장에는 '차별금지'라는 제목 아래 6개 절을 두고 있는데, 차별의 영역을 (1) 고용, (2) 교육, (3) 재화와 용역의 제공 및 이용, (4) 사법·행정절차 및 서비스와 참정권, (5) 모·부성권·성 등, (6) 가족·가정·복지시설 및 건강권 등 생활상의 다양한 영역에 걸친 차별을 금지토록 규정하고 있다(제10조 내지 제32조).

① 고용

　장애인차별금지법 제10조는 "① 사용자는 모집·채용, 임금 및 복리후생, 교육·배치·승진·전보, 정년·퇴직·해고에 있어 장애인을 차별하여서는 아니 된다. ② 「노동조합 및 노동관계조정법」 제2조 제4호에 따른 노동조합은 장애인 근로자의 조합 가입을 거부하거나 조합원의 권리 및 활동에 차별을 두어서는 아니 된다."고 규정하고 있고, 제11조(정당한 편의제공 의무)는 사용자로

---

89) 박종운, 장애인차별금지법의 주요 내용과 의의,「장애인차별금지법의 제정 의의와 장애인 정책의 방향」국가인권위원회 토론회 자료집(2007. 4. 12.), 11면.

90) 障碍人의 自己決定權에 관해서는 障害者生活支援システム研究會, 『障害者福祉改革への提言』, かもがわ出版(2002), 78-83면 참조.

하여금, ① 장애인이 해당 직무를 수행함에 있어서 장애인 아닌 사람과 동등한 근로조건에서 일할 수 있도록 정당한 편의를 제공하도록 함은 물론, ② 장애인의 의사에 반하여 다른 직무에 배치하여서는 아니 된다고 규정하면서, 제3항에 위 제1항에 따라 사용자가 장애인 근로자에게 제공해야 할 정당한 편의의 구체적 내용 및 적용 대상 사업장의 단계적 범위 등에 관해서는 대통령령으로 정하도록 위임하고 있다.

장애인차별금지법 시행에 따라 제기될 수 있는 가장 근본적인 질문 중 하나는 장애인차별금지법 적용대상 장애인의 범위이다. 이와 관련하여 제기되는 문제는 크게 두 가지로 첫째, 장애인차별금지법상 장애개념이 협소하고 개념정의나 기준이 불충분하여 적용대상 장애인에 대한 논란이 발생할 수 있다는 점이다. 둘째, ADA와 같이 우리나라에서도 고용영역에서 적용대상 장애인의 범위를 별도로 정의할 필요가 있는가의 문제이다. 장애의 개념을 살펴보면, 장애인차별금지법에서는 장애를 "신체적·정신적 손상 또는 기능상실이 장기간에 걸쳐 개인의 일상 또는 사회생활에 상당한 제약을 초래하는 상태"로 정의하고 있으나, 장애인이라 함은 이에 따른 장애가 있는 사람을 말한다. 이 정의는 인권위법상의 장애 개념이나 장애인차별금지법을 시행하고 있는 외국에 비해 상대적으로 협소한 것으로, 장애로 인한 단기적·일시적 영향이나 장애의 사회적 요인 등을 포함하지 못한다. 따라서 장애와 관련된 다양한 이유로 노동시장에서 차별을 경험하는 장애인을 포괄하지 못한다는 한계를 가지고 있다.[91]

② 교육

교육책임자는 장애인의 입학 지원 및 입학을 거부할 수 없고, 전학을 강요할 수 없으며, 「영유아보육법」에 따른 보육시설, 「유아교육법」 및 「초·중등교육법」에 따른 각급 학교는 장애인이 당해 교육기관으로 전학하는 것을 거절하여서는 아니 된다. 교육책임자는 당해 교육기관에 재학 중인 장애인 및 그 보호자

---

91) 박자경, "장애인차별금지법과 장애인고용", 「장애인차별금지 및 권리구제 등에 관한 법률 설명회 자료집」 국가인권위원회(2008.4.4), 32면.

가 장애인차별금지법 제14조 제1항 각 호의 편의 제공을 요청할 때 정당한 사유 없이 이를 거절하여서는 아니 된다. 교육책임자는 특정 수업이나 실험·실습, 현장견학, 수학여행 등 학습을 포함한 모든 교내외 활동에서 장애를 이유로 장애인의 참여를 제한, 배제, 거부하여서는 아니 된다. 교육책임자는 장애인의 입학 지원 시 장애인 아닌 지원자와 달리 추가 서류, 별도의 양식에 의한 지원 서류 등을 요구하거나, 장애인만을 대상으로 한 별도의 면접이나 신체검사, 추가시험 등을 요구하여서는 아니 된다. 다만, 추가서류 등의 요구가 장애인의 특성을 고려한 교육시행을 목적으로 함이 명백한 경우에는 그러하지 아니하다(장애인차별금지법 제13조).

장애인차별금지법의 내용 중 교육과 관련하여서는 순회교육에 있어서의 정당한 사유가 분명하지 않다는 점이다. 이 문제는 교육 참여와 관련한 장애의 중증 여부가 관건이다. 장애가 중증이거나 치료 중에 있어서 교육과정에서 정한 시수를 완전히 이수하게 하는 것은 기술적으로도 무리가 따른다. 따라서 이에 대한 정당한 사유는 사안에 따라 결정하되, 객관성을 확보할 수 있는 방안들을 강구해야 할 것이다.[92]

③ 재화와 용역의 제공 및 이용

장애인차별금지법 제2장 제3절은 재화와 용역 등의 제공에 있어서의 차별금지(제15조), 토지 및 건물의 매매·임대 등에 있어서의 차별금지(제16조), 금융상품 및 서비스 제공에 있어서의 차별금지(제17조), 시설물 접근·이용에 있어서의 차별금지(제18조), 이동 및 교통수단 등에서의 차별금지(제19조), 정보접근에서의 차별금지(제20조), 정보통신·의사소통에서의 정당한 편의제공의무(제21조), 개인정보보호(제22조), 정보접근·의사소통에서의 국가 및 지방자치단체의 의무(제23조), 문화·예술 활동에 있어서의 차별금지(제24조), 체육활동에 있어서의 차별금지(제25조) 등을 규정하고 있다.

---

92) 김주영, "장애인차별금지법 시행과 교육", 「장애인차별금지 및 권리구제 등에 관한 법률 설명회 자료집」 국가인권위원회(2008.4.4), 58면.

장애인차별금지법 제18조와 관련하여 정당한 편의를 제공해야 하는 대상시설을 새로 지정하거나 단계적 범위를 새로 정하지 않고, 기존의 편의증진법의 대상시설로 대신하겠다는 것이며, 정당한 편의와 내용 역시 편의증진법의 편의시설 설치로 대신하겠다는 것을 의미한다. 이는 정당한 편의의 내용을 편의시설로 축소하는 것을 의미하며 정당한 편의를 제공해야 하는 대상 시설 역시 기존의 편의증진법을 준수해야 하는 시설로 한정한다는 것이다. 그러나 이러한 정당한 편의의 해석은 장애인차별금지법에서 이야기하는 정당한 편의에 대한 본래의 취지를 매우 축소한 것이며, 장애인권리협약에서 이야기하는 정당한 편의와도 거리가 멀다. 또한, 장애인이 시설의 이용과 이동 및 교통수단의 이용에 있어서 당하는 간접차별과 정당한 편의를 제공받지 못함으로써 당하는 차별이 여전히 존속할 것을 의미한다. 결국 장애인차별금지법이 본래의 목적대로 시설의 이용에 있어서의 차별을 효과적이고 실질적으로 구제하기 위해서는 편의증진법이 개정되어야 할 것이다.[93]

④ 사법·행정절차 및 서비스와 참정권

장애인차별금지법 제2장 제4절은 사법·행정절차 및 서비스 제공에 있어서의 차별금지와 참정권[94]을 규정하고 있다.

공공기관 등은 장애인이 생명, 신체 또는 재산권 보호를 포함한 자신의 권리를 보호·보장받기 위하여 필요한 사법·행정절차 및 서비스 제공에 있어 장애인을 차별하여서는 아니 되며, 공공기관 및 그 소속원은 사법·행정절차 및 서비스의 제공에 있어서 장애인에게 장애인차별금지법 제4조 제1항 제1호·제2

---

93) 배융호, "시설의 접근과 이동 및 교통수단의 이용에 있어서의 차별금지", 「장애인차별금지 및 권리구제 등에 관한 법률 설명회 자료집」 국가인권위원회(2008.4.4.), 80-82면.

94) 근대 입헌주의 시민헌법은 참정권에 관한 한 원칙적으로 보통선거제도조차도 인정하지 않는 의외의 모습을 보여주었다. 일정액 이상의 직접세를 납부하거나 일정액 이상의 재산을 소유 또는 사용하는 자에게만 선거권·피선거권을 인정하는 제한선거제도를 취하고 있었다(스기하라 야스오, 이경주譯, 『헌법의 역사』, 이론과 실천, 1999, 44면 이하 참조).

호 및 제4호부터 제6호까지에서 정한 행위를 하여서는 아니 된다. 공공기관 및 그 소속원은 사법·행정절차 및 서비스를 장애인이 장애인 아닌 사람과 실질적으로 동등한 수준으로 이용할 수 있도록 제공하여야 하며, 이를 위하여 정당한 편의를 제공하여야 한다. 사법기관은 장애인이 형사 사법 절차에서 보호자, 변호인, 통역인, 진술보조인 등의 조력을 받기를 신청할 경우 정당한 사유 없이 이를 거부하여서는 아니 되며, 조력을 받을 권리가 보장되지 아니한 상황에서의 진술로 인하여 형사상 불이익을 받지 아니하도록 필요한 조치를 하여야 한다(동법 제26조). 또한, 국가 및 지방자치단체와 공직선거후보자 및 정당은 장애인이 선거권, 피선거권, 청원권 등을 포함한 참정권을 행사함에 있어서 차별하여서는 아니 되고, 국가 및 지방자치단체는 장애인의 참정권을 보장하기 위하여 필요한 시설 및 설비, 참정권 행사에 관한 홍보 및 정보 전달, 장애의 유형 및 정도에 적합한 기표방법 등 선거용 보조기구의 개발 및 보급, 보조원의 배치 등 정당한 편의를 제공하여야 한다(동법 제27조).

⑤ 모·부성권, 성 등

장애인차별금지법 제5절은 모·부성권의 차별금지와 성에서의 차별금지를 규정하고 있는 바, 누구든지 장애인의 임신, 출산, 양육 등 모·부성권[95]에 있어 장애를 이유로 제한·배제·분리·거부하여서는 아니 된다. 입양기관은 장애인이 입양하고자 할 때 장애를 이유로 입양할 수 있는 자격을 제한하여서는 아니 된다. 교육책임자 및 「영유아보육법」에 따른 보육시설 및 그 종사자와 「아동복지법」에 따른 아동복지시설 및 그 종사자 등은 부모가 장애인이라는 이유로 그 자녀를 구분하거나 불이익을 주어서는 아니 된다(동법 제28조).

---

95) 여성장애인들은 일반여성들에 비해 여성의 전통적인 역할이라고 간주되고 있는 어머니, 아내, 조력자 그리고 보호자로서의 역할에 대한 사회적 기대를 상대적으로 덜 받아왔으나 여성장애인들의 모성권에 대한 욕구는 일반여성과 다르지 않다. 여성장애인의 모성권에 대한 자세한 내용은, 오혜경 외, 「여성장애인 임신·출산·육아의 실태조사 결과 및 대안」, 한국여성장애인연합(2002) 및 김종인, "여성장애인의 모성권과 보장방안", 「제15회 RI KOREA 재활대회 학술 자료집」, 한국장애인재활협회(2007.12.11-12), 261-290면 참조.

또한, 모든 장애인의 성에 관한 권리는 존중되어야 하며, 장애인은 이를 주체적으로 표현하고 향유할 수 있는 성적 자기결정권을 가진다고 규정하고 있으며, 가족·가정 및 복지시설 등의 구성원은 장애인에 대하여 장애를 이유로 성생활을 향유할 공간 및 기타 도구의 사용을 제한하는 등 장애인이 성생활을 향유할 기회를 제한하거나 박탈하여서는 아니 된다(동법 제29조).

⑥ 가족·가정·복지시설, 건강권 등

가족·가정 및 복지시설 등의 구성원은 장애인의 의사에 반하여 과중한 역할을 강요하거나 장애를 이유로 정당한 사유 없이 의사결정과정에서 장애인을 배제하여서는 아니 된다. 가족·가정 및 복지시설 등의 구성원은 정당한 사유 없이 장애인의 의사에 반하여 장애인의 외모 또는 신체를 공개하여서는 아니 된다. 가족·가정 및 복지시설 등의 구성원은 장애를 이유로 장애인의 취학 또는 진학 등 교육을 받을 권리와 재산권 행사, 사회활동 참여, 이동 및 거주의 자유를 제한·박탈·구속하거나 권리 등의 행사로부터 배제하여서는 아니 된다(동법 제30조). 장애인은 성별, 연령, 장애의 유형 및 정도, 특성 등에 상관없이 모든 폭력으로부터 자유로울 권리를 가진다. 누구든지 장애인의 성적 자기결정권을 침해하거나 수치심을 자극하는 언어표현, 희롱, 장애 상태를 이용한 추행 및 강간 등을 행하여서는 아니 된다. 국가 및 지방자치단체는 장애인에 대한 괴롭힘 등을 근절하기 위한 인식개선 및 괴롭힘 등 방지 교육을 실시하고 적절한 시책을 강구하여야 한다(동법 제32조).

(5) 장애인용 화장실의 문제

장애인들은 외출할 때마다 화장실 문제를 고민한다. 장애인용 화장실이 설치된 곳도 드물고, 설치됐더라도 관리가 안 돼 이용할 수 없는 경우가 대부분이기 때문이다. 장애인들은 친구를 만나거나 사회활동을 할 때 이동권(移動權)과 함께 '화장실 접근권'을 1순위로 따질 수밖에 없다.[96]

---

96) "장애인을 위한 화장실은 없다…청소도구만 가득할 뿐", 「한겨레신문」 2021년 5월 21

　화장실은 일상생활에서 가장 중요한 시설이지만, 휠체어 사용자 등 장애인에게는 여전히 가장 차별적인 시설로 남아 있다. 장애인용 화장실에 대한 기준은 「장애인·노인·임산부 등의 편의증진 보장에 관한 법률」, 「교통약자의 이동편의 증진법」 및 「장애물 없는 생활환경 인증제도의 인증기준」(BF인증제도)에서 정하고 있다. 그러나 현재 장애인등편의법의 기준 가운데 실제로 휠체어 사용자의 이용이 어려운 기준이 몇 가지 있다. 이 기준들에 대한 개선이 필요하다는 문제가 계속되고 있다.

　장애인용 화장실 설치 비율이 개선되어야 한다. 하나의 건축물에 남녀 각각 1개 이상이라는 시대에 맞지 않는 기준은 가장 빨리 개선되어야 할 기준이다. 장애인등편의법에 따르면 우리가 아는 장애인용 화장실은 없다. '장애인등의 이용 가능한 화장실'이 있을 뿐이다. 이처럼 장애인 뿐 아니라 장애인·노인·임산부·영유아동반자 등 교통약자가 함께 이용할 수 있는 화장실이 바로 장애인용 화장실이다. 문제는 이렇게 교통약자 이용하기에는 장애인용 화장실이 턱없이 부족하다는 점이다.[97] 하루 수천명의 방문객이 드나드는 서울시청 서소문 2청사에 장애인 화장실이 한 곳만 있는 것으로 확인됐다. 서울시 임차해 2청사로 사용하는 시티스퀘어 빌딩 4~20층을 사용하는데, 이 건물에 장애인 화장실은 1층에 있는 남녀용 각각 1곳이 전부다. 각 층의 비장애인용 화장실 앞에는 '장애인 이용 가능한 화장실은 지상 1층에 있습니다'라는 표지판만 붙어 있다. 장애인 직원이 화장실에 가기 위해서는 매번 1층으로 내려와 스피드게이트를 통과한 뒤 사무동 밖에 있는 장애인용 화장실을 이용해야 하는 것이다.[98]

　일, 8면.

97) 장애인 단체는 그동안 장애인들의 화장실 접근권을 높일 수 있는 대책 마련과 사후 점검이 필요하다고 꾸준히 지적해왔다. 법으로 장애인 화장실 설치를 강제하고 있지만, 법의 규제를 받지 않는 사업장이 대다수이기 때문이다. 현행 장애인·노인·임산부 등의 편의증진 보장에 관한 법률 시행령은 1998년 4월 이전에 건축되거나 300㎡ 미만의 소규모 사업장 등에 대해선 편의시설 설치 의무를 일률적으로 면제하고 있다. 모두 장애인들이 일상생활에서 자주 이용하는 곳들이다("장애인을 위한 화장실은 없다 … 청소도구만 가득할 뿐", 「한겨레신문」 2021년 5월 21일, 8면).

장애인용 화장실은 대형 건물에 남녀 각각 1개씩만 설치되어 있는 반면에 교통약자의 수는 전인구의 27%가 넘는다. 최근 노인층의 장애인용 화장실 이용이 늘어나면서 휠체어 사용자 등 장애인의 이용이 더욱 어려워지고 있다. 장애인용 화장실은 실제로 화장실을 이용하는 휠체어 사용자 등 장애인이 가장 편리하게 이용하고 접근할 수 있어야 한다. 그러나 여전히 장애인용 화장실의 기준이 명확하지 않거나 명확한 기준도 시공과정에서 법대로 설치되지 않아 실제로 이용할 수 없는 화장실이 되고 있다. 장애인용 화장실을 많이 설치하는 것도 중요하지만, 그에 못지않게 중요한 것은 실제 이용이 가능하도록 제대로 설치하는 것이다. 이를 위해서는 필요한 기준들을 제정하고, 미비한 기준들은 개선해야 할 것이다.[99]

건축 관점에서 볼 때 장애인용 화장실은 그 중요성에 비해 상당히 소홀히 다루어지고 있다.[100] 건축 관점에서 볼 때 장애인용 화장실은 소수가 이용하는 화장실이고, 건축물에서 볼 때도 아주 작은 부분이기 때문이다. 현재 장애인용 화장실의 문제점 가운데 하나는 설치 위치이다.[101] 장애인등편의법 시행령 별

---

98) "1400명 근무, 서울시청 2청사 … 장애인 화장실은 고작 한 곳뿐", 「경향신문」 2020년 7월 29일, 14면.

99) "장애인용 화장실 설치 기준, 개선이 필요하다 실제 이용상의 어려움 반영해야", 「에이블뉴스」 2021년 12월 15일.

100) 노르웨이는 '유니버설디자인 노르웨이 2025' 정책을 통해 국민 누구에게나 접근성이 뛰어난 환경을 조성하겠다는 장기적 정책을 발표했다. '반 차별 및 접근성 법(The Anti-Discrimination and Accessibility Act)'과 건축계획법(Planning and Building Act)을 기반으로 '유니버설디자인 노르웨이 2025'의 목표와 전략을 구성했다. 미국은 1990년 장애인법을 도입하고 난 후 장애인의 인권보장 및 편의 제고를 위한 기틀을 마련하기 시작했다. 고용, 정부 활동, 대중교통과 공공시설 이용 등에 있어 장애인과 비장애인의 차별을 금지하고자 했다. 특히 장애인의 이용이 편리하도록 건축물 건·개축 기준을 규정했고, 통신 사업자는 청각장애인과 비장애 인간의 통신을 위한 중계 서비스를 24시간 제공하도록 했다. 미국 제도의 지향은 고용, 행정서비스, 공공건물 등의 시설 설치기준 일원화이다("[청년이 외친다, ESG 나와라]소수를 위한 배려, 모두를 위한 디자인", 「주간경향」 1469호 2022년 3월 21일 참조).

101) 대부분의 장애인용 화장실은 1층 홀에 설치된다. 이것은 장애인등편의법의 기준에 따

표2(대상시설별 편의시설의 종류 및 설치기준)의 3.공공건물 및 공중이용시설 중 가. 일반사항의 (7) 장애인등의 이용이 가능한 화장실에 따르면 "장애인 등이 편리하게 이용할 수 있도록 구조, 바닥의 재질 및 마감과 부착물 등을 고려하여 설치하되, 장애인용 대변기는 남자용 및 여자용 각 1개 이상을 설치하여야 하며, 영유아용 거치대 등 임산부 및 영유아가 안전하고 편리하게 이용할 수 있는 시설을 구비하여 설치하여야한다"라고 규정하고 있다. 위 내용 중 "남자용 및 여자용 각 1개 이상"이라는 규정 때문에 대부분이 건물에서는 남녀 각각 1개의 장애인용 화장실만을 설치하고 있으며, 그 1개의 화장실을 접근이 가능한 통로에 연결하여 설치하다보니 주로 1층 홀에 연결하여 설치하고 있는 것이다. 문제는 1층 홀은 냉·난방이 거의 안 된다는 점이다. 장애인용 화장실만 심각한 더위와 추위에 노출되어 있다는 것은 차별의 문제이며, 장애인의 건강을 위협

른 것이다. 장애인등편의법 시행규칙 별표 1(편의시설의 구조·재질 등에 관한 세부기준)의 13. 장애인등의 이용이 가능한 화장실의 가. 일반사항 중 (1) 설치장소에 따르면 "(가) 장애인등의 이용이 가능한 화장실은 장애인등의 접근이 가능한 통로에 연결하여 설치하여야한다"라고 되어 있다. 건축물 공간 측면에서 볼 때, 접근이 가장 편리하고 쉬운 통로는 복도, 그 중에서도 1층 홀이다. 건축에서 홀은 외부와 연결되는 곳이며, 공간이 넓고 외부로 열기와 냉기가 빠져나가 냉방과 난방을 하게 되면 에너지 낭비가 심한 공간이다. 따라서 홀은 대부분 냉·난방을 하지 않는다. 장애인용 화장실은 1층 홀과 연결된 통로에 설치된다. 물론 그곳에는 장애인용 화장실만 설치되어 있는 것이 아니라 대부분 일반 화장실도 같이 설치되어 있다. 그러나 비장애인들은 홀에 있는 화장실이 아닌 다른 층의 화장실을 이용할 수 있다. 문제는 장애인, 특히 휠체어 사용자의 경우 1층의 장애인용 화장실 밖에 이용할 수 없는 경우가 많다는 것이다. 대부분의 건물에는 1층 홀 등 주출입구가 있는 층 1곳에만 장애인용 화장실을 설치하고 있기 때문이다. 이것도 장애인등편의법의 기준을 따른 것이다. 장애인등편의법 시행령 별표2(대상시설별 편의시설의 종류 및 설치기준)의 3.공공건물 및 공중이용시설 중 가. 일반사항의 (7) 장애인등의 이용이 가능한 화장실에 따르면 "장애인 등이 편리하게 이용할 수 있도록 구조, 바닥의 재질 및 마감과 부착물 등을 고려하여 설치하되, 장애인용 대변기는 남자용 및 여자용 각 1개 이상을 설치하여야 하며, 영유아용 거치대 등 임산부 및 영유아가 안전하고 편리하게 이용할 수 있는 시설을 구비하여 설치하여야한다"라고 규정하고 있기 때문이다.

하는 일이다. 장애인용 화장실의 냉난방 설비는 편의의 차원이 아닌 인권의 차원이다. 장애인등편의법 시행령을 개정하여 장애인용 화장실을 2개 혹은 3개층 이상에 분산 설치하되, 홀이 아닌 복도에 설치하여 추위와 더위를 피할 수 있도록 설치해야 한다.[102]

　　장애인의 관점이 고려된 좀더 편리하고 안전한 화장실 설계가 필요하며, 남녀공용으로 설치된 장애인 화장실의 경우 성별을 구분하여 재설치하는 방안을 모색하여야 한다. 추후 설치되는 장애인용 공공 화장실의 경우 반드시 성별을 구분하여 설치될 수 있도록 할 필요가 있다.[103]

---

102) "장애인용 화장실의 설치 위치, 이대로 좋은가? 일반 화장실보다 더 춥고, 더 무더운 현실", 「에이블뉴스」 2021년 12월 8일.

103) 　서울특별시·여성가족재단, 『서울시 지하철 및 지하도상가 여자 화장실 안전 실태』, 2008, 82면.

성소수자와 성중립 화장실

매년 3월 31일은 트랜스젠더 가시화의 날(International Transgender Day of Visibility, TDOV)이다. 이 날은 트랜스젠더의 존재를 세상에 드러내고 관련 의제들을 가시화하기 위한 국제적 기념일이다.

세계 각 나라에서는 의학적 인식의 변화와 함께 유엔 인권이사회 및 조약기구, 유럽평의회 등 국제기구는 트랜스젠더의 성별 정체성을 이유로 한 차별금지에 대한 결의안과 권고안, 일반논평을 발표하고, 각 국가에 트랜스젠더에 대한 혐오와 차별을 예방하기 위한 조치를 취할 것을 권고하고 있다. 그러나 이러한 국제적 흐름에도 불구하고 우리의 경우, 트랜스젠더 인권과 관련한 법과 정책이 마련되어 있지 않을 뿐 아니라, 사회적 편견과 차별로 인해 트랜스젠더는 자신의 존재를 드러내는 데에 많은 위험을 감수해야 한다.

2020년 국가인권위원회의 〈트랜스젠더 혐오차별 실태조사〉 결과에 따르면, 트랜스젠더가 직장에서 자신의 정체성을 알린 경우는 19%에 불과했다. 정부의 각종 통계조사와 실태조사에서도 트랜스젠더의 존재를 찾아보기 어렵다. 방송과 미디어는 트랜스젠더를 우리 사회의 동등한 구성원으로 다루기보다 비극적 존재나 편견의 대상으로 다루고 있어 트랜스젠더에 대한 고정관념과 차별을 오히려 강화하기도 한다. 트랜스젠더가 존재를 드러내기 위해 용기를 내야한다는 것 자체가, 우리 사회의 트랜스젠더에 대한 차별적 인식을 여실히 보여준다. 그러한 실증적 사례가 트랜스젠더로서 자신의 정체성을 드러내며 평등사회를 꿈꿔왔던 극작가 이은용, 음악교사이자 정치인 김기홍, 군인 변희수를 들 수 있다.104)

트랜스젠더를 위한 의료진을 구성하고, 관련 직원교육, 성중립 화장실 등을 마련한 병원이 생기기 시작했고, 의과대학에서 성소수자의 건강권을 다룬 강좌

---

104) "트랜스젠더는 우리 곁에 있습니다"- 트랜스젠더 가시화의 날, 국가인권위원장(최영애) 성명", 국가인권위원회 보도자료 참조(2021.3.31.).

를 개설하기 했다. 종교계, 성소수자 부모, 인권·시민사회단체는 성명을 통해 성소수자에 대한 차별뿐 아니라 모든 형태의 차별금지를 위한 평등법 제정을 요구하고 있다.

국가인권위원회는 국가기관 최초로 트랜스젠더가 겪는 혐오와 차별에 대한 실태를 파악하고 그 개선 방안을 마련하기 위해 2021년 〈트랜스젠더 혐오차별 실태조사〉를 진행하였다.[105)

〈트랜스젠더 혐오차별 실태조사〉 결과 화장실 등 공공시설 이용과 관련한 항목을 보면, 응답자의 40.9%(241명)가 성별정체성과 다른 성별의 시설을 이용하고, 39.2%(231명)가 화장실 가는 것을 피하기 위해 음료를 마시지 않거나 음식을 먹지 않으며, 37.2%(219명)가 멀더라도 남녀공용 또는 장애인화장실, 인적이 드문 화장실을 이용하였고, 36.0%(212명)는 화장실 이용을 포기한 경험이 있다고 응답했다.

화장실은 성별 이분법 규범이 강력하게 작동하는 공간이다. 겉으로 드러나는 성별을 기준으로 '이용 자격'여부가 결정된다. '지워지는'존재가 나오는 건 필연적 귀결이다. 지정 성별(태어날 때 주어진 성)과 다른 정체성을 지닌 채 살아가

---

105) 트랜스젠더 혐오차별 실태조사 연구진은 △성별 정정 및 신분증 △가족생활 및 일상 △학교·교육 △고용·직장 △화장실 등 시설이용 △군대, 구금시설 등 국가기관 △의료적 조치 및 의료접근성 △기타 혐오차별 △건강수준 등 9개 분야에서 트랜스젠더가 경험하는 혐오차별에 대하여 온라인 설문조사를 진행하였다. 그 동안 성소수자 등을 대상으로 한 인권위나 민간의 연구조사에는 당사자들의 참여가 200~300명대로 소수에 그쳤지만, 이번 조사에는 만 19세 이상 트랜스젠더 591명이 설문에 참여했다. 설문조사에서 법적 성별정정을 한 응답자는 8%에 불과했는데, 의료적 조치비용, 법적절차, 건강상 부담 등의 이유로 응답자의 86%는 법적 성별정정을 시도한 적이 없는 것으로 나타났다. 응답자의 65.3%가 지난 12개월 동안 트랜스젠더라는 이유로 차별을 경험한 적이 있으며, 같은 기간 SNS를 포함한 인터넷(97.1%), 방송·언론(87.3%), 드라마·영화 등 영상매체(76.1%)를 통해 트랜스젠더를 혐오하는 발언과 표현 등을 접한 적이 있다고 답했다. 이외에도 응답자들은 교육 및 고용 영역에서 비하발언과 차별대우 경험, 공공시설 이용의 어려움, 군복무 및 형사절차·구금시설에서 부당한 대우, 의료기관 접근의 어려움 등을 경험했다고 답했다.

는 트랜스젠더가 대표적이다. 그들에게 화장실은 차별과 배제의 공간과 다름없다.[106]

일반적으로 트랜스젠더(Transgender)는 출생 시 생물학적으로 타고난 성과 본인이 정신적으로 느끼는 성별정체성이 다른 사람을 말한다. 세계보건기구(WHO)는 2019년 트랜스젠더 정체성이 정신장애가 아님을 공식적으로 선언하고 성별 정체성을 정상과 비정상으로 나눌 수 없다는 것을 분명히 했다.

화장실, 탈의실, 목욕탕 등 사회 곳곳에는 성별에 따라 분리된 시설들이 존재한다. 그리고 이러한 시설들을 이용 시 트랜스젠더는 다양한 어려움을 겪는다. 가령 여성으로 정체화하고 살아가지만 법적 성별이 남성인 트랜스여성이 법적 성별에 따라 남자화장실을 이용할 경우 외모로 인해 트랜스젠더인 사실이 드러나고 다른 이용자들에게 모욕적인 발언, 폭력을 당할 수 있다. 그렇다고 자신의 성별정체성에 따라 여자화장실을 이용할 경우 또 다른 차별과 혐오를 받거나 나아가 법적 성별을 이유로 범죄자로 몰릴 우려가 존재한다. 이로 인해 많은 트랜스젠더들이 남녀로 구분된 화장실 앞에서 어느 곳도 선택하기 어려워한다. 결국 밖에서는 가능한 화장실을 가지 않고 이를 위해 물을 마시지 않는 트랜스젠더들도 다수 존재한다. 2013년 미국의 조사에서는 트랜스젠더 응답자의 58%가 안전한 화장실이 부족하여 외출을 꺼린다고 답하는 등 화장실의 문제는 트랜스젠더를 공적공간에서 배제하는 결과로도 이어진다.[107]

국제인권기준으로 볼 때 성별정체성에 따른 차별은 금지되며, 화장실을 비롯한 시설 이용에 있어 성별정체성에 따른 차별 역시 당연히 금지된다. 성별정체성을 이유로 한 차별금지 원칙에는 트랜스젠더가 성별정체성에 따른 차별 없이 화장실 등을 이용해야 한다는 것이 포함된다. 따라서 성적지향, 성별정체성을 포함한 차별금지법이 제정된 국가와 지역에서는 원칙적으로 트랜스젠더가 자신

---

106) 이종규, "[유레카] 모두의 화장실", 「한겨레신문」 2021년 6월 7일, 26면.
107) 국가인권위원회, 「트랜스젠더 혐오차별 실태조사」 2020년도 인권상황 실태조사 연구용역보고서(발간물 등록번호 11-1620000-000795-01), 2020, 109면.

의 성별정체성에 따라 화장실 등 시설을 이용하도록 보장하고 있다.[108]

남녀 같이 사용하는 성중립 화장실(gender neutral restroom)이 여성의 안전에 위해(危害)를 줄 거라며 설치에 반대하는 목소리가 높다. 서구에서 성중립 화장실 도입에 성소수자 배려가 있는 건 사실이다. 하지만 실제 효용은 이성 보호자를 동반해 화장실을 쓰는 취약자(어린이·장애인)에게도 적용된다. 무엇보다 여성의 대기 시간이 훨씬 줄어든다. 2009년 영국 연구에 따르면 같은 수의 화장실이 있어도 남자의 대기 시간은 40초인 반면 여자는 2분20초에 달했다. 성중립 화장실에선 남녀 공히 1분이다. 일각에서 우려하는 성범죄 증가 등은 통계상으로 나타난 게 없다.[109]

한편 미국에서는 2012년부터 트랜스젠더 학생이 학교에서 자신의 성별정체성에 맞게 화장실을 이용하는 문제와 관련하여 여러 소송들이 제기되어 왔다. 이에 대해 오바마 정부 시절, 미국 법무부와 교육부가 공동 작성한 트랜스젠더 학생에 대한 지침은 위 직업안전위생국 지침과 마찬가지로 트랜스젠더 학생이 성별정체성에 따른 화장실을 이용할 것을 보장하였다. 비록 이 지침은 트럼프 정부 이후 폐기되었으나 관련된 소송에서는 계속해서 이 지침에 부합하는 판결들이 내려지고 있다. 가령 2020년 8월에 제11순회 연방항소법원은 플로리다주 세인트존스 카운티의 앨런 니즈고교가 트랜스젠더 학생이 성별정체성과 일치하는 화장실을 이용할 수 있어야 한다는 하급심 판결이 타당하다고 판결하였다 (US Department of Justice; Department of Education, Dear Colleague Letter on Transgender Students).[110] 미국 캘리포니아 주(州) 공립학교 역시 모든 성전환자 학생들에게 화장실 선택권을 인정함으로써 이들에 대한 차별이 줄어들 것이라는 견해와 프라이버시 침해라는 의견이 팽팽히 대립하고 있다.[111]

---

108) 국가인권위원회, 「트랜스젠더 혐오차별 실태조사」, 111면.
109) "노트북을 열며: 성중립 화장실을 허하려면", 「중앙일보」 2019년 1월 31일, 30면.
110) 국가인권위원회, 「트랜스젠더 혐오차별 실태조사」, 113면.
111) 박진완·박새미, "성전환자의 권리보호에 대한 검토", 「법학논고」 제52집(2015.11),

자신의 성별정체성에 따라 트랜스젠더는 차별 없이 화장실 등을 이용할 수 있어야 한다. 그러나 기본적으로 화장실 등이 남녀 두 가지 성별로만 구분되어 있는 구조에서 논바이너리 트랜스젠더는 어느 쪽 화장실을 이용하더라도 차별을 경험할 수밖에 없다. 또한 트랜스여성/남성의 경우에도 성별에 따라 구분된 화장실을 이용할 때 외적으로 '여성스럽지/남성스럽지' 않다는 이유로 괴롭힘, 폭력을 경험할 수 있다. 따라서 다양한 성별정체성을 지닌 사람들이 동등하게 시설을 이용하기 위해서는 성별구분 없는 성중립 화장실이 설치되는 것이 가장 바람직하다 할 것이다.112) 여기서 이야기하는 성중립 화장실은 기존의 남녀공

67면.

112) "트랜스젠더의 성별정체성에 따른 시설 이용을 보장하거나 성중립적 시설 설치에 대해 이야기할 때, 이것이 여성들의 안전에 해(害)가 된다는 주장들이 나오곤 한다. 그러나 이는 다음과 같은 이유에서 근거가 없다. 첫째로, 트랜스여성과 성범죄의 목적을 갖고 여성화장실에 침입하는 남성들은 구분해야 한다. 트랜스여성은 단지 자신의 성별정체성에 따라 화장실을 이용하려는 것뿐이다. 둘째로, 트랜스젠더의 차별 없는 시설 이용이 위험을 초래한다는 근거는 없다. 2018년 미국 매사추세츠 주에서 성별정체성을 포함한 공공시설차별금지조례가 제정된 전후를 비교한 연구에 의하면, 조례 제정과 화장실 등에서 발생한 범죄율 간에는 어떠한 상관관계도 나타나지 않았다(Amira Hasenbush, Andrew R. Flores and Jody L. Herman, Gender Identity Nondiscrimination Laws in Public Accommodations: a Review of Evidence Regarding Safety and Privacy in Public Restrooms, Locker Rooms, and Changing Rooms, Sexuality Research and Social Policy 16(1), 2019). 2015년 미국에서 트랜스젠더 학생에 대한 차별금지정책을 시행하고 있는 총 17개 교육구(총 6,000명의 학생 관할)를 대상으로 한 조사에서도 이러한 정책 시행 후 화장실이나 탈의실 등에서 괴롭힘 등 어떠한 문제도 발생하지 않은 것으로 나타났다. 마지막으로 분리된 공간이 바로 안전을 담보하지도 않는다. 여성들만의 공간은 남성들의 접근을 쉽게 허용하지 않는다는 점에서 안전한 곳으로 여겨지기도 하지만, 여성들만이 있다는 이유에서 범죄의 표적이 되기도 한다. 또한 범죄를 목적으로 몰래 화장실에 침입하는 것은 성별 구분이 되어 있다 하더라도 발생할 수 있는 일이다. 안전을 위해 필요한 것은 범죄에 대한 단호한 대처와 예방, 그리고 사회 전체의 성평등 인식을 높여 나가는 것이지 공간의 분리 그 자체는 아닌 것이다."(국가인권위원회, 「트랜스젠더 혐오차별 실태조사」, 327-328면).

용화장실과는 다르며, 기본적으로 성별구분을 전제하지 않은 채 모든 사람들이
자유롭고 편안하게 이용할 수 있는 화장실을 말한다.113)114)

한국에서는 「공중화장실 등에 관한 법률」이 일정 규모 이상의 공중화장실은
남녀화장실을 구분하여야 한다고 규정하고 있다(동법 제7조). 만일 이를 어길
경우 시장·군수·구청장은 개선명령, 폐쇄명령, 철거명령 등 필요한 조치를
할 수 있고(동법 제13조), 명령을 위반할 시 과태료가 부여된다(동법 제21조).
결국 법에 의해 화장실의 성별분리가 의무화되고 있는 것이다.115)

현행법상 트랜스젠더가 성별정체성에 따른 화장실을 이용할 경우 범죄자로
내몰리는 경우도 있다. 이는 성적 목적을 위한 다중이용장소 침입행위를 처벌
하는 「성폭력범죄의 처벌 등에 관한 특례법」 제12조에 근거한 것이다.116) 물론

---

113) 국가인권위원회, 「트랜스젠더 혐오차별 실태조사」, 115면.
114) 유럽의 많은 국가들, 스웨덴 등 북유럽 국가의 경우 기본적으로 모든 공중화장실을
     성중립 화장실로 운영하고 있다. 일본의 경우도 도쿄올림픽 스타디움에 성중립 화장
     실을 설치할 계획을 발표한 바 있다. 대만은 2016년 내정부 건축연구소의 위탁으로
     '성중립 화장실 설계정책 연구'가 이루어졌고, 2017년 한 중학교에 시범적으로 성중
     립 화장실이 설치되었으며, 국립대만대학교 내에도 성중립 화장실이 설치되었다. 한
     편 미국의 경우 국제규범위원회(International Code Council, ICC)에서 만든 「국제
     배관코드(International Plumbing Code, IPC)」를 토대로 각 주에서 공용화장실 설
     치규정안을 제정·운영하고 있다. 각 주에서 이 국제배관코드를 채택할 경우 법적
     효력이 발생하며, 현재 미국 50개 주 중 35개 주가 국제배관코드를 채택하고 있다.
     그리고 2018년 국제규범위원회는 국제배관코드를 개정하여, 1인용 화장실(single-
     user bathrooms)의 경우 성별에 상관없이 이용가능하다는 표지를 달도록 하고, 건
     물에 따라 다인용 성중립 화장실(all-gender multi-stall designs)을 설치할 수 있
     다고 규정하였다(국가인권위원회, 「트랜스젠더 혐오차별 실태조사」, 115면).
115) 국가인권위원회, 「트랜스젠더 혐오차별 실태조사」, 116면.
116) 성폭력범죄의 처벌 등에 관한 특례법 제12조(성적 목적을 위한 다중이용장소 침입행
     위) 자기의 성적 욕망을 만족시킬 목적으로 화장실, 목욕장·목욕실 또는 발한실(發
     汗室), 모유수유시설, 탈의실 등 불특정 다수가 이용하는 다중이용장소에 침입하거
     나 같은 장소에서 퇴거의 요구를 받고 응하지 아니하는 사람은 1년 이하의 징역 또
     는 1천만원 이하의 벌금에 처한다.

「성폭력범죄의 처벌 등에 관한 특례법」은 성적 목적을 요구하기에 트랜스젠더가 용변을 보기 위해 법적 성별과 다른 성별의 화장실을 이용한 것만으로는 처벌이 되지는 않는다. 다만 이 조항을 이유로 경찰에 체포되거나 조사를 받는 과정에서 인권침해가 발생할 수 있다.117)

화장실, 목욕탕, 탈의실 등 성별에 따라 분리된 시설들은 트랜스젠더에게 큰 장벽으로 다가온다. 이중에서 특히 화장실은 인간이라면 누구나 가야 하는 공간이며, 민간이 설치한 것이라 해도 공중(公衆)이 이용하도록 개방되어 있는 경우가 많다는 점에서 특히 차별 없는 이용이 보장되어야 한다. 원칙적으로 트랜스젠더가 성별정체성에 따라 화장실 등 성별분리시설을 이용할 수 있도록 보장하고 그 과정에서 혐오와 차별을 받지 않도록 할 필요가 있다. 이를 위해서는 우선 시설 이용에 있어 성별정체성에 따른 차별을 방지하기 위한 법제도 마련이 필요하다. 이러한 법제도에는 성적지향, 성별정체성을 포함하는 포괄적 차별금지법, 지방자치단체 인권조례와 화장실 내에서 일어날 수 있는 증오범죄에 대한 대응 법제 등이 있을 수 있다.118)

국가인권위원회의 연구보고서에서는 우선적으로 정부나 지방자치단체가 공공청사 등에 성중립 화장실119)을 시범적으로 설치하는 사업을 실시할 것을 제안한다. 아직까지 성중립 화장실에 대한 이해가 낮은 현실 속에서 시범사업을

---

117) 국가인권위원회, 「트랜스젠더 혐오차별 실태조사」, 117면.

118) 국가인권위원회, 「트랜스젠더 혐오차별 실태조사」, 324면.

119) "성 중립적 화장실은 장애인이나 유아처럼 화장실을 이용할 때 타인의 도움을 받아야 하는 사람들을 위한 것이기도 하다. 장애인 화장실은 지금도 남녀 구별이 없다. 하지만 비장애인은 남녀를 구별하면서 장애인만 구별하지 않으면 '장애인이 된다는 것은 성적 정체성을 잃는다는 것'이라는 메시지로 해석될 수 있다. 그럴 바에야 모든 화장실을 중성화하는 게 낫다. …중략… 성 중립적 화장실은 그 이용방식 역시 성 중립적이어야 한다. 즉 남녀가 모두 동일한 자세로 화장실을 사용해야 한다. … 한두 평에 불과한 욕실에서 변기 뚜껑을 열고 서서 소변을 보면 미세한 오줌 방울이 99.9%의 확률로 그 옆에 있는 칫솔에 튀게 된다. 이런 이유로 위생에 민감한 많은 가정에서는 이미 화장실의 성 중립적 사용을 실천하고 있다"(김현경, "[세상 읽기] 이순신 장군의 자세", 「한겨레신문」 2017년 11월 2일, 23면 참조).

통해 실제로 성중립 화장실이 어떤 구조의 공간인지 확인하고 이용해보는 경험을 통해 사회적인 인식을 개선할 수 있을 것이다. 국내에서 성중립 화장실 설치를 위해서는 장기적으로는 현행 「공중화장실 등에 관한 법률」 개정이 필요하다. 「공중화장실 등에 관한 법률」제7조는 공중화장실은 남녀로 구분되어야 한다고 규정하고 이를 위반 시에는 지방자치단체장이 개선명령을 내리거나 과태료를 부과할 수 있도록 하고 있다. 시범사업의 경우라면 문제가 없지만 이후 민간에서 성중립 화장실을 설치할 경우에는 지방자치단체장이 개선명령을 내릴 수 있다는 얘기다. 따라서 해당 조항을 개정하여 공중화장실의 남녀 구분을 유지하더라도 예외적으로 성중립 화장실을 설치할 수 있다는 단서 조항을 둘 필요가 있다.[120]

화장실을 비롯하여 성별분리된 시설에서 어려움을 겪는 것은 트랜스젠더만이 아니다. 다른 성별의 활동보조인을 동반한 장애인이나 서로 성별이 다른 가족 등 돌봄이 필요한 경우 역시 성별분리된 시설 이용에 곤란함을 겪고 성중립적인 시설을 필요로 한다. 따라서 이러한 성중립적인 시설이 모든 사람을 위해 필요하다는 것에 대해 좀 더 사회적으로 알리고 인식을 개선하는 것이 필요하다.[121]

장애 유무나 성별 등에 구애받지 않고 누구나 이용할 수 있는 「모두의 화장실」이 국내 대학 중 성공회대에 처음으로 설치됐다. 「모두의 화장실」은 세면대와 양변기 등 화장실에 필요한 기능을 한 공간에 갖춰 장애인과 비장애인, 성소수자, 아이 동반 보호자 등 모두가 사용할 수 있는 화장실을 가리킨다. 별다른 이용 제한을 두지 않는 일반 가정집이나 비행기 내 화장실 개념과 유사하다. 성공회대에 설치된 모두의 화장실은 넓은 공간 전체가 일반 화장실 한 칸처럼 구성됐다. 음성지원과 자동문, 점자블록, 각도 거울 등 장애인 편의기능을 갖췄으며, 유아용 변기 커버와 기저귀 교환대, 소형 세면대, 접이식 의자, 외부 비상

---

120) 국가인권위원회, 「트랜스젠더 혐오차별 실태조사」, 326면.
121) 국가인권위원회, 「트랜스젠더 혐오차별 실태조사」, 327면.

통화 장치 등도 있다. 화장실에 성별 구분을 하지 않아 태어났을 때의 지정 성별과 태어난 후의 성별 정체성이 다른 성소수자도 이용할 수 있다.[122]

성중립 화장실(gender neutral restroom) 문제와 관련하여 미국 워싱턴 시(市)는 이미 공공건물에 '성중립 화장실'을 의무화해 운영하고 있다. 워싱턴 시(市)의 성중립 화장실은 트랜스젠더에게 편안하고 안전한 화장실이라면 모든 사람에게 그 혜택이 미칠 것이라는 전제가 깔려 있다. 워싱턴 시(市)는 성중립 화장실 운영으로 인해 혜택을 입는 사람들에는 첫째, 트랜스젠더와 젠더비순응자(남녀의 젠더 규범 어느 쪽에도 속하지 않거나 성 정체성이 바뀌는 사람)들, 둘째 활동보조서비스를 받는 장애인이나 노인들을 들 고 있다. 셋째로는 성이 다른 어린이를 동반한 어른을 들고 있다. 끝으로 '모든 사람'을 수혜자로 꼽고 있다. 옆 칸이 비어 있는 데도 다른 성을 위한 화장실이라는 이유만으로 사용 중인 화장실 밖에서 기다려왔다. 성중립 화장실은 그런 불필요한 기다림을 피할 수 있게 해줄 것이다. 가장 덜 정치적일 것 같은 생리적 문제를 해결하는 화장실에도 사회의 권력관계가 작동하고 있다. 성중립 화장실 문제에서 무엇보다 중요한 것은 '인권 감수성'이다.[123]

수년 전부터 미국은 대학과 정부기관을 중심으로 성중립 화장실이 설치 운영되고 있다. 대학만 보더라도 캘리포니아주립대학교 어바인캠퍼스에서는 2014년 10월부터 남녀공용 화장실을 설치했고, 웨슬리대학교는 2013년 10월부터 남·여·장애인 모두 사용 가능한 화장실을 설치 운영하는 등 미국 전역 150여 개 대학에서 성중립 화장실을 설치 운영하고 있다.

---

122) "성공회대, '모두의 화장실'설치…누구에게나 열린 공간", 「연합뉴스」 2022년 3월 16일.
123) 손재민, "[Now in 워싱턴] 모두가 안전한 화장실", 「경향신문」 2016년 5월 26일, 14면.

미국사회에서 시대별로 화장실의 인권투쟁과정을 보면, 흑인들도 백인 화장실을 쓰게 해달라고 싸웠던 1950년대, 공장에서 일하는 여성노동자들이 작업장 내 여자 화장실 증설을 위해 싸웠던 1960~1970년대, 비용 때문에 어렵다는 논리를 깨고 장애인의 화장실 접근권을 이뤄낸 것이 1980년대로 구분할 수 있다. 화장실 접근권 투쟁의 역사가 곧 미국 인권 확대의 과정이라고 할 수 있다.[124]

성중립 화장실은 성수소자만을 위한 화장실이 아니다. 우리 사회에서도 성중립 화장실은 모든 사람을 위해 필요하다는 인식의 전환이 필요한 시점이다.

---

124) 손재민, "[Now in 워싱턴] 남녀공용 '인권 화장실'", 「경향신문」 2015년 7월 30일, 6면.

갇힌 사람과 화장실

① 수사 활동과 화장실 인권

(1) 수사와 화장실 인권 문제

국가인권위원회는 수사사무실이 비좁고 주말인 관계로 급식을 제공할 여건이 되지 않았으며, 도주 등 위험발생 방지를 위한 계호 상의 이유가 있었다 해도, 임시로 사용했어야 할 케이블타이로 장시간 동안 피해자들을 함께 묶어 서로 움직이면서 손목에 상처를 입었고, 당시 겨울날씨를 고려하지 않고 차가운 콘크리트바닥에 남녀를 불문하고 아무런 보온 조치 없이 쭈그려 앉히고, 심지어는 2~4명씩 묶은 채로 화장실로 보내 피해자들이 서로 바지 지퍼와 속옷을 내리거나 올리도록 하여 인격적 수치심과 모멸감을 준 것과, 새벽시간에 체포 후 석방되기까지 약 17시간 동안 컵라면 1개만 제공한 것은 「인권보호를 위한 경찰관 직무규칙」 제4조(인권보호 원칙)에서 규정하고 있는 경찰관의 인권보호 원칙의 준수의무 및 인종, 국적, 사회적 신분 등 어떠한 사유로도 차별받지 않도록 평등하게 대우해야 한다는 주의의무를 위반해 「헌법」 제10조 및 제12조에서 연유하고 있는 피해자들의 인격권, 건강권, 그리고 신체의 자유와 안전을 보장받을 권리를 침해한 것으로 판단하기도 했다.

화장실과 관련된 조사 증언에는 수용소 생활 기간 동안 탈북 여성들은 이유 없는 폭력에 시달리거나 배설까지도 간섭받아야 했다. 밤 10시가 되면 머무는 곳의 문을 닫아버리기 때문에 복도에 있는 화장실을 갈 수 없어 휴지통에 배설한 것을 치우려다가 맞는 일도 허다했다. 수용소에서의 생활이 탈북 여성들이 모두 겪는 비슷한 처지라 할지라도, 먹고 입고 배설하는 기본적인 생활을 침해받은 경험은 수치감을 갖게 할 뿐 아니라 자아 존중감을 상실하게 한 역할을 했다.

　　근데 밤에 화장실 봐야 하잖아요. 그러니까 너무 문을 안 열어 주니까, 밤에 저녁에 열시면 마지막 채우거든요. 아침에 여는데, 밤에 화장실 가고픈 사람들 있잖아요. 그럼 저기 구석 쓰레기통에다 소변 보는 거예요. 아침이면 몰래 나가서 화장실에 버리고 청소해서 들어오고 이러는데 만약 우리 있을 때 군대한테 탈났거든요. 내가 봤거든요 몰래 갔다 버리는거. 그랬다고. 그 여자 얼굴을 때리고 사람 취급도 못받는 거지요. 우린 수용소니까 당연히 그러는구나 생각하지요.125)

(2) 유치장 화장실과 인권

　　국가인권위원회가 '교도소인권모임'에 의뢰해 2002년 10월부터 4개월간 유치장 시설환경 인권실태조사126)결과에서 유치장 화장실과 관련된 결과를 보면, '차폐막 높이가 낮거나 매우 낮다'가 83%로 나타났다. 이에 대해 유치인들은 △처음 며칠 동안은 용변을 참고 △어쩔 수 없이 화장실에 들어가면 낮은 차폐막 때문에 몸을 구부려야만 옷을 내릴 수 있고 △유치인보호관과 눈이 마주치면 민망한 생각에 얼른 고개를 돌리고 △용변 보는 소리가 그대로 노출돼 몸서리를 친다는 등의 어려움을 호소했다. 심지어 화장실 배수장치가 유치실 외부에 설치돼 있어 용변을 볼 때마다 유치인보호관이 물을 내려주는 경우도 있었다.127)

---

125) 국가인권위원회, 탈북 여성 인권상황 실태조사 발표- 북한, 제3국, 국내 정착 과정에서의 인권침해 사례 - 보도자료 2010.2.22

126) 이 조사는 유치장 피구금자 (2002년 기준 기 피구금자 80명·조사 당시 피구금자 20명·계 100명) 유치인보호관(10명) 유치주무자(10명) 등을 상대로 한 면접조사와, 서울·경기·인천지역 경찰서 10곳에 대한 시설방문조사로 나누어 진행됐다.

127) 국가인권위원회 「보도자료」 2003년 3월 18일, 「경찰서 유치장은 인권의 사각지대: '교도소인권모임'에 의뢰해 유치장 시설환경 인권실태조사」

② 병원 환자와 화장실 인권

국가인권위원회는 격리실에 입원한 환자에 대한 공동 화장실 이용제한이 필요한 경우, 환자들의 신체부위가 폐쇄회로 TV에 노출되어 인격권 및 사생활이 침해되지 않도록 하고, 세면기와 환기시설이 갖추어진 화장실이 제공될 수 있도록 대안을 마련할 것을 권고했다.[128]

"피해자가 격리실에 입원 중 용변을 보겠다고 하니 피진정인은 양동이를 주며 폐쇄회로 TV(이하 'CCTV'라 한다)가 촬영되는 곳에서 용변을 보도록 하여 수치심이 들었다……. 피해자가 입실된 격리실에는 플라스틱 원형 휴지통이 뚜껑이 제거된 채 용변기로 비치되어있고 CCTV 영상에는 피해자가 용변을 보기 위해 속옷을 포함한 하의를 내리는 과정부터 용변을 보는 과정, 용변 후처리 과정까지 촬영되었다. 용변기로 사용한 휴지통은 침대 하단에 뚜껑이 없는 상태로 방치되고 피해자 퇴실 전 오물처리는 하지 않았다."이에 대해 국가인권위원회는 "또한 피진정인은 별도의 세면기와 화장실이 딸려 있지 않고 CCTV가 설치된 격리실에 피해자를 격리하면서 가림막 등의 보호조치 없이 플라스틱 휴지통에 용변을 보게 하였다. 그리고 피해자가 격리실에 입실한 20××. ×.×. 11:50부터 다음날 15:30분까지 단 한 차례도 배설물을 처리하거나 밀폐하지 않고 격리실 내에 방치하고 같은 장소에서 식사하도록 하는 등 감염병 예방을 위한 지침조차 지키지 않았다. 따라서 이러한 피진정인의 행위는 헌법 제10조 및 제17조에서의 인격권 및 사생활의 비밀과 자유를 침해한 행위로 판단된다."며 피진정인 병원에 권고하였다.

병원화장실은 환자가 안심하고 감정을 발산할 수 있는 밀폐된 공간이어야 하며, 병원 화장실이 안전하고 쾌적한 치유공간이 되도록 개선할 필요가 있다는

128) 국가인권위원회 장애인차별시정위원회결정 2021.12.16 (사건 21진정0327800 응급입원환자에 대한 보호조치 미흡 등)

입장에서 병원화장실을 개선하는 연구단체도 있다.[129)]

병원에서 화장실 시설은 장애인뿐만 아니라 건물을 이용하는 모든 사람에게 적합해야 한다. 장애인에게 적합한 화장실 시설은 성별이 분리된 화장실에 특별하게 설계된 칸막이 형태이거나, 또는 단독으로 이용이 가능한 남녀공용 화장실 형태일 수 있다. 특히 휠체어 사용자의 경우 필요에 따라 성별이 다른 동반자나 보호자가 같이 들어가 도움을 줄 수 있기 때문에 단독으로 이용이 가능한 남녀공용 화장실이 더 바람직한 형태이다.[130)]

③ 유치장, 구치소와 화장실 인권

사람이 사는 곳에는 다양한 일과 다양한 사건이 일어난다. 이유를 떠나 구치소도 사람이 사는 곳이다 보니, 기상천외한 일로 법적 문제를 제기하기도 한다. 그러한 사건 중에는 화장실에서 제기되는 문제들도 있다.

(1) 구치소 보안과에서 수용자로 하여금 화장실 변기에 잔반을 버리지 못하도록 하는 것 등이 청구인의 헌법상 기본권을 침해한다는 취지로 주장하며, 2017년 월 21일 이 사건 헌법소원심판을 청구하기도 한 사건이 있다.

헌법재판소법 제68조 제1항에 의한 헌법소원심판을 청구하기 위해서는 '공권력의 행사 또는 불행사로 인한 기본권침해의 가능성'이 있어야 하는바, 헌법소원의 심판대상인 '공권력의 행사'는 국민의 권리와 의무에 대하여 직접적인 법률효과를 발생시켜야 하고 청구인의 법적 지위를 그에게 불리하게 변화시키기

---

129) 김병훈, 치유를 위한 화장실 연구회, 한국과학기술정보연구원(2011) 전자자료 참조.
130) 『중증장애인을 위한 복합기능 화장실 관련 협의에 대한 정부 답변서』, 국회도서관 국외자료 번역, 2021, 28면.

에 적합해야 한다.[131] 청구인은 수용자로 하여금 화장실 변기에 잔반을 배출할 수 없게 하는 것의 위헌 여부를 다투고 있다. 이 사건에서 헌법재판소는 "구치소의 조치는 청결한 수용 환경 조성 등을 위해 수용자들에게 협조를 구하는 정도의 내용에 불과할 뿐, 청구인의 권리·의무에 대하여 직접적인 법률효과를 발생시킴으로써 그 법적 지위를 불리하게 변화시키는 내용을 포함하고 있지 아니하다. 따라서 청구인이 문제 삼고 있는 대상은 헌법재판소법 제68조 제1항 본문이 정하는 공권력 행사에 해당한다고 볼 수 없다."[132]며 각하결정을 하였다.

(2) 유치장은 경찰관직무집행법 제9조에 의하여 법률이 정한 절차에 따라 체포·구속되거나 신체의 자유를 제한하는 판결 또는 처분을 받은 자를 수용하기 위하여 각 경찰서에 설치할 수 있도록 되어 있는 시설이고 행형법 제68조에 의하여 미결수용실에 준하도록 되어 있으며 유치장에 수용되어 있는 유치인들의 도망과 증거인멸을 방지하는 기능을 한다. 미결수용자들은 격리된 시설에서 강제적 공동생활을 하므로 구금목적의 달성 즉 도주·증거인멸의 방지와 규율 및 안전유지를 위한 통제의 결과 헌법이 보장하는 신체의 자유 등 기본권에 대한 제한을 받는 것이 불가피하다. 그러나 이러한 기본권의 제한은 헌법 제37조 제2항에서 규정한 국가안전보장·질서유지 또는 공공복리를 위하여 필요한 경우에 한하여 법률로써 할 수 있으며, 제한하는 경우에도 자유와 권리의 본질적인 내용을 침해할 수 없다. 무죄가 추정되는 미결수용자의 자유와 권리에 대한 제한은 구금의 목적인 도망·증거인멸의 방지와 시설 내의 규율 및 안전 유지를 위한 필요최소한의 합리적인 범위를 벗어나서는 아니 된다.[133]

차폐시설이 불충분하여 사용과정에서 신체부위가 다른 유치인들 및 경찰관들에게 관찰될 수 있고 냄새가 유출되는 유치실 내 화장실을 사용하도록 강제한 피청구인의 행위로 인하여 기본권의 침해가 있는지 여부의 유치장내 화장실

---

131) 헌재 1994. 8. 31. 92헌마174 등 참조
132) 헌재 2017. 10. 11. 2017헌마1061, [지정재판부]
133) 헌재 1999. 5. 27. 97헌마137등, 판례집 11-1, 653, 661-662 참조

설치 및 관리행위 위헌확인사건에서 "청구인들은 서울 영등포경찰서 유치장에 2000. 6. 18. 09:00경부터 같은 달 20. 02:00경까지 수용되어 있었는바, 이 사건 유치실은 유치장 1층에 위치하였으며, 각 면의 너비 중 후면과 좌·우면이 각 약 5m, 전면이 약 2.3m정도 되는 사다리꼴의 형태로서, 수용적정인원이 8명이다. 이 사건 유치실 좌·우면 및 후면의 각 3개면은 바닥으로부터 천장까지 벽으로 막혀 있으나 출입문이 설치된 유치실 전면에는 22여개의 쇠창살이 8cm간격으로 바닥에서부터 천장까지 세로로 세워져 있을 뿐이어서 유치실 내부 및 유치실 안의 한쪽 구석에 위치한 이 사건 화장실의 모습이 창살의 틈을 통하여 유치실 밖에 있는 같은 층의 경비경찰관들 뿐만 아니라 2층의 경비경찰관에게도 관찰될 수 있게 되어 있고 유치실 밖에는 유치인들의 동태를 감시하기 위해 유치실을 앞쪽으로부터 관찰할 수 있는 감시카메라(CC-TV)가 4대가 설치되어 있었다. 청구인들은 다른 여성유치인들과 함께 이 사건 유치실에 수용되어 있던 중 유치실 밖의 화장실 사용이 허가되지 아니하여 이 사건 화장실에서만 용변을 보아야 했다. 청구인들 유치당시(그 후 이 사건 화장실은 개수되었다) 이 사건 화장실의 구조는 장방형으로서 2개면은 천장까지 이어져 있는 유치실 벽면에 붙어 있고, 나머지 2개면 중 1개면은 그 높이가 거실 바닥으로부터 약 76cm인 차폐벽으로, 유치실 전면에서 정면으로 보이는 나머지 1개면은 같은 높이의 차폐벽과 그 높이가 거실 바닥으로부터 약 74cm인 화장실문으로 가려져 있었고(그러나 화장실 바닥이 거실 바닥보다 약 12cm 더 낮다), 화장실문에는 그 상단으로부터 약 4cm아래의 위치에 가로 약 30cm, 세로 약 10cm의 직사각형의 유리창이 설치되어 있었다. 그리고 차폐벽이나 화장실문의 윗 부분은 거실과의 사이에 차폐시설이 없이 개방된 구조이고, 쪼그려 앉은 자세로 사용하는 방식의 수세식변기가 설치되어 있었으며 이 사건 화장실이나 유치실내에는 창문 등의 별도의 환기시설도 없었다. 이와 같은 상황이었으므로 이 사건 청구인들이 용변을 볼 때는 그 소리와 냄새가 같은 유치실내 거실로 직접 유출될 수 있고, 옷을 벗고 입는 과정에서 둔부 이하가 이 사건 유치실 내의 다른 동료 유치인들에 노출될 수 있으며, 이 사건 유치실 밖에 있는 같은 층의 경찰관들이나 특히 유치실을 앞쪽에서 내려다 볼 수 있는 2층에 있는 경찰관들에게는 옷을

추스르는 과정에서 허벅지 등이 보일 수 있게 되어 있었다."[134]며 헌법재판소
는 청구인들의 주장 사실을 인정하고 있다. 그러면서 헌법재판소는 "보통의 평
범한 성인인 청구인들로서는 내밀한 신체부위가 노출될 수 있고 역겨운 냄새,
소리 등이 흘러나오는 가운데 용변을 보지 않을 수 없는 상황에 있었으므로 그
때마다 수치심과 당혹감, 굴욕감을 느꼈을 것이고 나아가 생리적 욕구까지도
억제해야만 했을 것임을 어렵지 않게 알 수 있다. 이 사건 청구인들로 하여금
유치기간동안 위와 같은 구조의 화장실을 사용하도록 강제한 피청구인의 행위는
인간으로서의 기본적 품위를 유지할 수 없도록 하는 것으로서, 수인하기 어려운
정도라고 보여지므로 전체적으로 볼 때 비인도적·굴욕적일 뿐만 아니라 동시에
비록 건강을 침해할 정도는 아니라고 할지라도 헌법 제10조의 인간의 존엄과 가
치로부터 유래하는 인격권을 침해하는 정도에 이르렀다고 판단된다."[135]며 청
구인들의 인격권을 침해한 것으로 위헌 결정을 했다.

4 외국인 보호시설과 화장실 인권

대한민국이 가입하여 국내법적 효력을 갖는 「시민적·정치적 권리에 관한 국
제규약」(자유권규약) 제7조는 어느 누구도 고문 또는 잔혹한, 비인도적인 또는
굴욕적인 취급 또는 형벌을 받지 아니한다고 규정하고 있고, 이러한 비인도적
처우는 대한민국이 역시 가입하고 있는 「고문 및 그 밖의 잔혹하거나 비인도적
또는 굴욕적인 대우와 처벌의 방지에 관한 협약」(고문방지협약) 제1조의 "고문"
(개인에게 고의로 극심한 신체적 정신적 고통을 가하는 행위)에 해당하는바, 제2
조 제1항에 따라 체약국인 대한민국은 그 방지를 위해 실효적인 입법·행정·사
법 또는 그 밖의 조치를 취해야 한다. 한편, 피구금자 인권보장과 관련하여 국

---

134) 헌재 2001. 7. 19. 2000헌마546, 판례집 13-2, 110 [전원재판부]
135) 헌재 2001. 7. 19. 2000헌마546, 판례집 13-2, 103 [전원재판부]

제사회에서 일반적 원칙으로 널리 인정되고 있는 「피구금자 처우에 관한 유엔 최저기준규칙(United Nations Standard Minimum Rules for the Treatment of Prisoners, 일명 "만델라규칙")」제13조는 "피구금자가 사용하도록 마련된 모든 거주 설비, 특히 모든 취침 설비는 기후 상태와 특히 공기의 용적, 최소건평, 조명, 난방 및 환기에 관하여 적절한 고려를 함으로써 건강 유지에 필요한 모든 조건을 충족하여야 한다."라고 규정하고 있다.

「인도적 지원기관 간 상임위원회의 코로나-19에 관한 임시지침(OHCHR · WHO, IASC Interim Guidance on COVID-19: Focus on Persons Deprived of Their Liberty)」에 따르면, 정부는 교도소 과밀수용 문제를 해결하기 위해 즉각적인 조치를 취해야 하며, 국제법에 의거하여 이주민 구금을 대체할 비구금적 대안을 조속히 마련해야 할 필요가 있다. 2021년 외국인보호시설 방문조사 결과 전체 조사대상기관의 평균적인 수용률은 52.16%로 나타났으나, 방문조사 당일 수용률이 100%가 넘은 시설도 있었다. 이와 같이 적정 수용률을 초과하여 과밀수용에 이르는 보호시설의 처우는 대한민국이 가입하고 있는 자유권규약에서 금하는 '잔혹하거나 비인도적 또는 굴욕적인 대우'에 해당하며 고문방지협약상의 고문에 준하는 상황이라고 볼 수밖에 없다. 따라서 외국인보호시설 내 수용인원을 감소시키는 것이 바람직하며, 이를 위해 보호일시해제 등을 적극적으로 검토할 필요가 있다.[136]

국가인권위원회는 「출입국관리법」상의 행정구금으로 인하여 실질적으로 신체의 자유가 박탈되는 보호외국인에 대한 부당한 처우를 방지하고, 구금 형태의 시설환경을 인권친화적인 보호환경으로 개선하며, 보호외국인의 권리와 처우를 지속적으로 향상시키기 위하여 「국가인권위원회법」 제24조(시설의 방문조사)에 따라 매년 외국인보호시설에 대한 방문조사를 실시하고 있다.

---

136) 국가인권위원회 침해구제 제2위원회 결정문-2021 외국인보호시설 방문조사에 따른 보호외국인 인권 증진을 위한 제도개선 권고, 2022.5.9, 7-8면.

국가인권위원회는 2021년 9월~10월 화성, 인천, 서울, 청주, 여수 소재 외국인보호시설을 대상으로 방문조사를 실시하고, 2022년 5월 9일 법무부장관에게 보호외국인에 대한 인권침해 예방 및 인권 증진을 위하여 관련 제도와 정책을 개선할 것을 권고하였다. 화장실과 관련한 권고 내용은 아래와 같다.

"화장실 및 탈의공간 촬영을 금지하고, 불가피한 경우 차폐시설을 설치할 것과, 영상정보처리기기 설치 위치 및 촬영 범위에 관한 정보를 보호외국인이 이해할 수 있는 언어로 명확히 알려줄 것을 권고하였다."[137)138)]

---

137) "외국인보호시설 방문조사 결과에 따른 인권상황 개선 권고,"국가인권위원회 보도자료, 2022.6.9

138) "「개인정보 보호법」에 의하여 목욕실, 화장실, 탈의실 등 개인의 사생활을 현저히 침해할 우려가 있는 장소의 내부를 볼 수 있도록 영상정보처리기기를 설치·운영하는 것은 원칙적으로 금지된다. '범죄의 예방 및 수사를 위하여 필요한 경우'나 '시설 안전 및 화재예방을 위하여 필요한 경우'라고 하더라도 목욕실 등의 내부를 볼 수 있도록 영상정보처리기기를 설치·운영할 수 없으며, 이는 위의 목적보다는 개인의 사생활을 더 중요하게 생각한 입법 취지가 반영된 것이라 할 것이다. 위원회는 2012년 방문조사를 통해 '사생활의 내밀한 영역이 노출되지 않도록 사생활 보호공간을 보호실 내에 설치할 것'을 권고한 바 있고, 2020년에는 외국인보호소에서 다른 대안들을 고려하지 않고 일률적으로 영상정보처리기기를 설치하여 운영하는 문제를 지적하면서 '전국의 외국인보호소CCTV 설치·운영실태를 점검하고, 피보호인들의 사생활이 침해되지 않도록 대책을 마련할 것'을 권고한바 있다(2020.11.2. 19진정0943400 결정). 따라서 보호외국인이 탈의에 불편을 느끼지 않을 정도와 같이 최소한의 사생활 보호를 위해 영상정보처리기기의 각도를 조절하는 등 일정한 사생활 보호공간을 설치할 필요가 있고, 샤워실과 화장실은 영상정보처리기기 촬영을 금지하여 「개인정보 보호법」에 반하지 않는 방식으로 운용하여야 할 것이다. 청주 외국인보호소의 경우, 공용공간에 한해 주간에만 영상정보처리기기로 촬영을 하는 방식으로 보호외국인에 대한 사생활 침해를 최소화하고 있는바, 다른 외국인보호시설도 같은 방식으로 운용하는 것을 적극적으로 고려할 수 있을 것으로 보이며, 불가피하게 화장실 촬영이 필요한 경우 영상에 하반신이 노출되지 않도록 충분한 높이의 차폐시설이 설치될 필요가 있다"(국가인권위원회 침해구제 제2위원회 결정문 - 2021 외국인보호시설 방문조사에 따른 보호외국인 인권 증진을 위한 제도개선 권고, 2022.5.9, 14-15면).

3

화장실과 사회, 그리고 예술

우리 현대사 속에서 화장실과 관련된 자료를 정리하다 보니, 똥과 관련된 세 가지 사건이 떠오른다. 1978년 「동일방직 똥물사건」과 「국회 인분 투척 사건」이며, 또 다른 사건은 「인분교수 사건」이다.

동일방직 사건은 여성 노동자들이 민주 노조를 요구하며 벌인 대표적인 노동운동 사건이다. 이 사건은 전국섬유노조 동일방직지부 여성노동자들이 민주노조 사수투쟁이다. 그런데 동일방직 사건은 박정희 유신시절 노동조합을 탄압 와해시키기 위해 여성노동자들의 입에까지 똥을 집어넣은 만행의 반인륜 사건이다. 1978년 2월 21일 노조 차기 집행부를 선출하는 대의원 대회가 열리자 회사 측 사주를 받은 남성 노동자들이 대회장을 습격하면서 미리 준비해온 똥물(분뇨)을 투척해 노동조합 선거를 무산시킨 사건이다. 1976년부터 쟁의를 계속해 오던 동일방직 노동조합은 이 일을 계기로 중앙정보부의 공작 대상이 되었다. 중앙정보부가 사측에 노조원 124명의 강제 해고를 지시했고 이로 인해 노동조합은 와해되었고, 해고된 노동자들은 중앙정보부 주도로 작성된 블랙리스트[1])에 올라 재취업을 할 수 없었다. 동일방직 해고 노동자를 포함해 다른 회사 해고 노동자들도 빈번히 취업을 거절당했다. 권위주의 독재시절 중앙정보부와 경찰 등 국가기관이 노동운동을 탄압하고자 블랙리스트를 만들어 배포했다.

---

1) 근로자의 취업을 방해할 목적으로 비밀 기호, 명부를 작성·사용통신하는 행위'. 근로기준법(40조)이 규정한 '블랙리스트' 범죄다. 블랙리스트를 활용해 취업을 금지할 경우 5,000만 원 이하의 벌금, 또는 5년 이하 징역이다. '모든 국민은 근로의 권리를 가진다'는 헌법(32조) 정신에 반하는 범죄다. 국내에서 블랙리스트가 처음으로 문제가 된 건 1970년대 대표적인 노동운동 사업장인 동일방직 사건이다. 여성노동자들이 주도한 민주적 노조 운영에 반감을 품은 사측과 남성 관리자들이 여성노동자들에게 인분(人糞)을 투척한 사건으로도 잘 알려져 있다. 동일방직의 상급단체 섬유노조가 1978년 이 회사에서 부당 해고된 124명의 명단을 '업무 참조 건'이라는 이름으로 전국 방직·피복 공장 관리자들에게 돌린 게 시초다. 이후 등장한 전두환 정권은 '노동 현장으로부터 불순분자를 추방하겠다'며 정보기관을 활용해 공공연히 블랙리스트를 작성하고 배포했다. 민주화 직전인 1986년 무렵 블랙리스트에 오른 명단은 1만 명에 이를 정도였다(이왕구, "지평선 마켓컬리 '블랙리스트'", 「한국일보」 2021년 3월 15일, 26면).

1970-80년대 옛 중앙정보부 등은 노동조합 정화 조치라는 이유로 여러 사업장 노조를 와해시켰고, 사직하거나 해고된 노동자 명단을 블랙리스트 형태로 관련 기관과 사업장에 배포해 재취업을 가로막는 등 노조활동을 탄압했다.[2]

한 신문은 「기억된 사진들」이라는 칼럼 기사에서 동일방직 사건을 다음과 같이 표현하고 있다.

> "1978년 2월 21일, 대의원 회의를 앞두고 회사 측에 매수된 남성 노동자들이 여성 조합원들에게 달려들어 똥물을 뿌렸다. 이른바 「동일방직 똥물사건」, 남성 중심의 어용노조 대신 여성 중심의 민주적 노조로 탈바꿈하자 회사와 정부가 탄압했던 것이다. "그래도 똥물을 먹고 살 순 없다."그럼에도 계속 저항했던 목소리는 절박했다. "결코 당신의 잘못이 아니다."8년 전의 성추행 피해를 고백한 목소리는 단단했다. 수치심 때문에 죽는 인간은, 다시 또 수치심을 겪지 않기 위해 목숨을 걸기도 한다. 세상이 바뀌는 순간이다."[3]

국회 인분 투척 사건은 사카린 밀수와 연관되어 있다. 1964년 삼성 이병철 회장이 일본 차관 자금으로 울산에 한국비료공업㈜을 세웠고, 비료 공장이 완공되기도 전에 사카린을 밀수하여 비자금부터 조성한 것이다. 이에 1966년 국회의원인 김두한(한국독립당, 용산)은 고약한 정경유착(政經癒着) 냄새가 난다면서 국회 제58회 정기회 제14차 본회의에서 특정재벌밀수사건에 관한 질문을 주제로 대정부 질의 도중 "똥이나 처먹어 이 새끼들아!"하면서 앞자리에 앉은 장관들에게 인분을 뿌렸다.[4][5] 정일권 국무총리와 장기영 부총리 겸 경제기획원장관, 김정렴 재무부장관, 민복기 법무부장관 등이 똥물을 뒤집어썼다. 이에

---

2) 한상범·이철호, 『법은 어떻게 독재의 도구가 되었나』, 삼인(2012), 164-167면 참조.

3) "기억된 사진들―부르쥔 주먹과 목소리", 「경향신문」 2018년 2월 9일, 30면.

4) "[차현진의 돈과 세상] [38] 퇴계와 돈", 「조선일보」 2021년 9월 23일, A34면.

5) 김두한 의원은 "내각을 규탄하는 국민의 '사카린'을 맛보라"며 미리 준비해 간 똥물을 끼얹었다. 사회를 보던 이상철 국회부의장은 부랴부랴 산회를 선포했다. 이효상 국회의장이 국회법 제146조 제1항의 규정을 들어 김두한 의원을 징계를 추진했다. 김두한 의원은 징계전 의원직을 자진 사퇴했다.

항의해 국무총리 이하 내각이 일괄 사표를 제출하였고, 박정희 대통령은 나흘 뒤인 9월 26일 민복기 법무부장관과 김정렴 재무부장관을 삼성밀수사건과 관련해 해임하면서 나머지 국무위원들의 사표는 반려했다.

인분교수 사건은 2012년 2월부터 2년여 동안 제자에게 인분을 먹이고 폭행하는 등 잔혹하고 엽기적인 가혹 행위를 한 사건이다. 2013년 초부터 2년여 간 자신의 회사에서 일하던 제자 A씨를 때리고 인분을 먹이고 알루미늄 막대기와 야구방망이, 최루가스 등으로 수십 차례 폭행 등 엽기적인 학대를 가해 사회적 공분(公憤)을 산 사건이다.6)

---

6) 대법원은 2016년 8월 30일 전직 대학교수인 장 씨에 대해 징역 8년을 선고한 원심판결을 확정했다.

화장실과 사회

1 화장실과 범죄

사람이 사는 곳이면 나라 안이든 나라 밖이든 화장실에서 범죄가 발생한다. 미국 화장실에서 발생한 범죄의 한 단면을 다음과 같이 서술하고 있다.

> 발목까지 끌어내리거나, 아니면 치마를 허리 위로 들어 올리고 변기 위에 앉아 있는 사람이 자신을 방어하기 위해 취할 수 있는 행동은 별로 없다. 도둑들은 바로 이 점에 착안하여, 여자들이 화장실에 있을 때 문고리에 걸어놓은 핸드백에서 지갑을 낚아채서 달아난다. 미국 뉴저지 주 경찰은 화장실에서 지갑 절도 사건이 자주 일어나는 것을 막기 위해 화장실 칸막이 문에 달린 옷걸이들을 모두 빼버렸다. 하지만 도둑들은 즉시 대책을 마련했다. 그들은 자기들이 직접 옷걸이를 화장실 문에 달아놓고는 계속 지갑을 도둑질했다."[7]

출판사 대표인 김홍민은 화장실에 숨어 있다가 약하고 만만한 상대를 짓밟는 인간들의 머릿속은 대관절 어떻게 생겨 먹었는지 고찰한 소설인 대만 작가 저우둥이 쓴 《무차별 살인법》이란 책을 소개하면서, "공중화장실에 대한 신뢰로 이어질 것 같진 않은데(한숨). 오직 싸는 데만 집중할 수 있게 되는 날이 올 때까지는 지인들에게 열심히 '몰가드(불법촬영탐지카드)'를 선물하는 것이 내가 할 수 있는 최선인 듯하여 쓸쓸할 따름이다."[8]라며 자조 섞인 목소리로 범죄의 온상이 돼버린 화장실을 말하고 있다. 이처럼 어느 순간부터 우리 사회에서도 화장실이 원초적 생리현상을 해결하는 장소에서 범죄의 온상이 되어버렸다.

---

7) 줄리 L. 호한(남경태 옮김), 『1.5평의 문명사』, 푸른 숲(1996), 266면.

8) 김홍민, "범죄의 온상 돼버린 화장실…묻지마 살인자의 뇌 속 해부", 「문화일보」 2022년 9월 23일, 19면.

경찰청 자료에 따르면 2019년 전국의 공중화장실에서 일어난 살인·강도·폭력·절도 등 4대 강력범죄는 총 1664건이다. 이 가운데 절도가 1083건으로 가장 많았고 폭력이 580건, 강도는 1건이었다. 2019년 1664건은 2015년 공중화장실에서 발생한 4대 강력범죄 692건의 2.4배에 달한다. 2015년 당시에는 절도가 483건, 폭력이 203건이었고 강도와 살인은 각각 4건과 2건이었다. 4년 사이 강도와 살인은 줄었지만 폭력은 2.8배, 절도는 2.2배 늘었다. 공중화장실 내 4대 강력범죄는 2015년 692건에서 2016년 676건으로 다소 줄었지만 이후 2017년 747건, 2018년 1523건, 지난해 1664건으로 꾸준히 증가하는 추세다. 공중화장실 내 성범죄는 최근 수년간 증감을 반복하고 있다. 2015년 150건, 2016년 160건, 2017년 127건, 2018년 167건, 2019년 156건이다.[9]

화장실에서 불법 카메라를 설치하여 범죄를 저지르는 주체 또한 다양하다. 이주노동자를 고용한 사장, 학생, 회사원, 개그맨, 학교현장의 선생님이나 학교 관리자인 교장선생님마저도 화장실 등에서 불법 촬영을 저지르고 있다.

국제 인권 단체 휴먼라이츠워치(Human Right Watch)는 한국의 디지털 성범죄를 주제로 한 90쪽짜리 보고서를 펴냈다. 휴먼라이츠워치(HRW)의 여성권리국 공동디렉터를 맡고 있는 헤더 바(Barr)는 한 신문과의 인터뷰에서 다음과 같이 말하고 있다.

"공중 화장실이나 여자 탈의실 '몰카(몰래카메라)'가 유행하는 곳은 전 세계에서 한국이 유일했습니다. 그런 걸 담은 촬영물을 판매하는 시장이 형성돼 있는 국가도 한국 말고는 본 적이 없어요."[10]

휴먼라이츠워치(Human Right Watch)가 작성한 보고서에 대한민국 정부

---

9) "공중화장실 강력범죄⋯4년 만에 '2.4배 급증'", 「경향신문」 2020년 8월 17일, 8면.
10) "[인터뷰] 女화장실 불법 촬영해 사고파는 나라는 한국뿐", 「조선일보」 2021년 7월 22일, A25면.

는 불법 촬영물이 영구적으로 남을 수 있다는 점을 이해하고 근본적인 해결책을 찾는 대신, 목전의 촬영물 삭제에만 초점을 맞춰왔다는 것이다.11) 이러한 문제제기에 우리 사법당국을 비롯한 관계기관은 올바른 해법을 제시해야 한다.

(1) 촬영기기의 소형화와 '카메라등이용촬영죄'

급격한 기술의 발전에 힘입어 카메라 등 촬영기기의 성능이 고도화, 소형화 되었고, 카메라 성능 못지않은 촬영기능을 가진 휴대전화가 일반화되었으며, 언제 어디서나 즉시 인터넷에 접속하여 위와 같은 기기를 이용한 촬영물을 손쉽게 다른 사람들에게 전달할 수 있게 되었다. 이로써 카메라등이용촬영죄의 피해자로서는 자신도 모르는 사이에 자신의 자유를 침해당하는 상황에 처하게 되고, 급격한 전파 가능성 등에 비추어 그로 인한 피해는 매우 심각하다. 카메라등이용촬영죄는 성적 욕망을 유발하거나 만족시킬 목적으로 타인의 신체를 몰래 촬영하는 이른바 '몰래카메라'의 폐해가 사회문제화 되고, 그 촬영물들이 인터넷 등에 유통되는 현상이 증가하면서, 그러한 촬영행위를 처벌하기 위하여 1998년 12월 28일 법률 제5593호로 개정된 구 '성폭력범죄의 처벌 및 피해자보호 등에 관한 법률'에서 신설되었다(제14조의2).

카메라등이용촬영죄의 처벌 조항이 신설될 당시에는 촬영대상자의 의사에 반한 촬영행위에 대한 처벌규정만 두고 촬영물의 반포 등 행위는 처벌하지 않았는데, 2006년 10월 27일 법률 제8059호로 구 '성폭력범죄의 처벌 및 피해자보호 등에 관한 법률'을 개정하여 본인 의사에 반하여 촬영한 촬영물을 반포·판매·임대 또는 공연히 전시·상영한 자를 처벌하는 규정을 신설하였고(제14조의2 제1항 후단), 영리목적으로 위 촬영물을 정보통신망을 이용하여 유포한 자를 가중처벌하는 규정도 신설하였다(제14조의2 제2항). 구 '성폭력범죄의 처벌 및 피해자보호 등에 관한 법률' 중 성폭력범죄의 처벌에 관한 사항을 분리하여 2010년 4월 15일 법률 제10258호로 '성폭력범죄의 처벌 등에 관한 특례법'

---

11) "[인터뷰] 女화장실 불법 촬영해 사고파는 나라는 한국뿐", 「조선일보」 2021년 7월 22일, A25면

이 제정되었다. 위 법 제13조는 구 '성폭력범죄의 처벌 및 피해자보호 등에 관한 법률' 제14조의2에서 규정하고 있던 카메라등이용촬영죄에 관한 내용을 그 표현만 이해하기 쉽게 변경하여 그대로 규정하였다.

2012년 12월 18일 법률 제11556호로 전부개정된 '성폭력범죄의 처벌 등에 관한 특례법'은 카메라등이용촬영죄 조문의 위치를 제13조에서 제14조로 옮기고, 촬영물의 반포·판매·임대에 더하여 '제공'이라는 구성요건을 추가하였으며, 촬영 당시에는 촬영대상자의 의사에 반하지 아니하였으나 사후에 그 의사에 반하여 촬영물을 반포·판매·임대·제공 또는 공공연하게 전시·상영하는 행위까지 처벌하도록 하였다(제14조 제2항). 성폭력처벌법은 성폭력범죄 피해자의 생명과 신체의 안전을 보장하고 건강한 사회질서를 확립하는 것을 그 목적으로 하고(제1조), 카메라등이용촬영죄는 이른바 '몰래카메라'의 폐해가 사회문제화 되면서 촬영대상자의 의사에 반하는 촬영 및 반포 등의 행위를 처벌하기 위한 조항이다. 따라서 심판대상조항은 개인의 초상권 내지 명예권과 유사한 권리로서 일반적 인격권에 포함된다고 볼 수 있는 '자신의 신체를 함부로 촬영당하지 않을 자유'와 '사회의 건전한 성풍속 확립'을 보호하기 위한 것이라고 볼 수 있다.[12]

(2) 화장실에서 몰래카메라 범죄

청구인 오○○은 2015년 10월 7일 서울 관악구(주소 생략) 여자화장실에서 화장실 칸막이 아래 틈으로 자신의 휴대전화 카메라 기능을 이용하여 피해자의 용변 보는 모습을 촬영하려다, 피해자에게 발각되는 바람에 그 뜻을 이루지 못하였다. 청구인 오○○은 성폭력범죄의처벌등에관한특례법위반(카메라등이용촬영)죄(이하 '카메라등이용촬영죄'라 한다) 등으로 기소되어 서울남부지방법원에서 2016년 8월 26일 징역 6월 및 40시간의 성폭력 치료프로그램 이수명령을 선고받았고(2016고단1960), 항소 및 상고하였으나 모두 기각되었다(서울남부

---

12) 헌재 2017. 6. 29. 2015헌바243, 판례집 29-1, 263 [전원재판부]

지방법원 2016. 12. 22. 선고 2016노1711 판결, 대법원 2017. 3. 16. 선고 2017도594 판결). 청구인 오ㅇㅇ은 상고심 계속 중 '성폭력범죄의 처벌 등에 관한 특례법'(이하 연혁에 관계없이 '성폭력처벌법'이라 한다) 제14조 제1항, 제15조에 대하여 위헌법률심판제청을 신청하였으나 2017년 3월 16일 기각되자(대법원 2017초기257), 2017년 4월 6일 이 사건 헌법소원심판을 청구하였다.

  이 사건에 대하여 헌법재판소는 "헌법재판소는 카메라등이용촬영죄 조항과 실질적인 내용이 같은 구 성폭력처벌법 제13조 제1항 중 '카메라나 그 밖에 이와 유사한 기능을 갖춘 기계장치를 이용하여 성적 욕망 또는 수치심을 유발할 수 있는 다른 사람의 신체를 그 의사에 반하여 촬영한 자'에 관한 부분이 헌법에 위반되지 않는다고 결정한 바 있다(2017. 6. 29. 2015헌바243). 이 사건에서 위 선례와 달리 판단해야 할 사정 변경이 나 필요성이 있다고 할 수 없으므로, 카메라등이용촬영죄 조항은 죄형법정주의의 명확성원칙, 과잉금지원칙 및 평등원칙에 위배되지 아니한다. 미수범처벌 조항에 있어 실행의 착수란, 성적 욕망 또는 수치심을 유발할 수 있는 다른 사람의 신체에 대한 영상정보를 카메라나 그와 유사한 기능을 갖춘 기계장치의 필름 또는 메모리 장치 등에 입력하기 위한 구체적이고 직접적인 행위가 개시되는 것을 의미한다고 볼 수 있다. 건전한 상식과 통상적인 법감정을 가진 사람이라면 이러한 내용을 충분히 파악할 수 있으므로, 미수범처벌 조항은 죄형법정주의의 명확성원칙에 위배되지 않는다. 최근의 급격한 기술발전에 따라 카메라등이용촬영죄의 피해자가 입는 피해는 매우 심각하다. 미수범을 처벌하지 않는다면 개인의 사생활 보호가 필요한 공간을 출입하는 사람을 촬영하기 위해 미리 몰래카메라를 설치해두는 행위 등을 처벌하는 데 한계가 발생한다. 미수범처벌 조항에 의하더라도 단순히 촬영 준비에 불과한 행위만을 하였을 경우에는 처벌 대상에서 제외되고, 형법은 미수범을 기수범보다 경하게 처벌하는 길을 열어두고 있으며, 법관은 제반 사정을 고려하여 책임에 부합하는 형벌을 선고할 수 있다. 따라서 미수범처벌 조항은 과잉금지원칙을 위반하여 일반적 행동자유권을 침해하지 아니한다."13)고 합헌결정을 하였다.

(3) 공중화장실과 성적목적공공장소침입죄

2012년 12월 18일 법률 제11556호로 전부개정된 성폭력특례법 제12조는 자기의 성적 욕망을 만족시킬 목적으로 공공장소에 침입하거나 같은 장소에서 퇴거의 요구를 받고 응하지 아니하는 사람을 1년 이하의 징역 또는 300만 원 이하의 벌금에 처한다고 규정하여, 성적목적공공장소침입죄를 신설하였다.[14]

공공장소란 '공중화장실 등에 관한 법률'에 따른 공중화장실, 개방화장실, 이동화장실, 간이화장실 또는 유료화장실, 공중위생관리법에 따른 목욕장업의 목욕장, 모자보건법에 따른 모유수유시설로서 임산부가 영유아에게 모유를 먹일 수 있도록 설치된 장소, '체육시설의 설치·이용에 관한 법률'에 따른 체육시설에 설치된 탈의실 또는 목욕실, 유통산업발전법에 따른 대규모점포에 설치된 탈의실 또는 목욕실 중 어느 하나에 해당하는 장소를 말한다(성폭력특례법 시행령 제1조의2).

성적목적공공장소침입죄는 성폭력특례법상 "성폭력범죄"에 해당하고(성폭력특례법 제2조 제1항 제5호), 아동·청소년을 대상으로 할 경우 청소년성보호법상 "아동·청소년대상 성폭력범죄"에 해당한다(청소년성보호법 제2조 제3호). 따라서 성적목적공공장소침입죄로 유죄판결이 확정된 자는 신상정보 등록대상

---

13) 헌재 2019. 11. 28. 2017헌바182 등, 판례집 31-2상, 431 [전원재판부]

14) 서울 양천구의 한 건물 여자 화장실에서 휴대전화로 불법촬영을 한 10대가 경찰에 붙잡혔다. 미성년자가 불법촬영을 한 사건이 최근 잇달아 발생한 가운데, 최근 5년간 성폭력을 저지른 소년범죄자는 꾸준히 증가한 것으로 나타났다. 미성년자가 불법 촬영을 하다 적발되는 사건은 빈번히 일어나고 있다. 2021년 6월 14일 인천 계양구에서 10대 B 군이 상가 건물 여자화장실에서 휴대전화로 옆 칸에 있던 여성을 불법촬영하다가 성폭력범죄의 처벌 등에 관한 특례법 위반 혐의로 입건됐다. 대검찰청 통계에 따르면 2015~2019년 성폭력 혐의로 검찰에 접수된 소년범죄자 사건은 꾸준히 증가했다. 접수된 사건은 2015년 1962건에서 2019년 2887건으로 늘었다. 이 중에서 소년보호송치 처분을 받은 사건은 2015년 667건에서 2019년 1027건으로 증가했다. 만14~19세 미만인 범죄소년이 중범죄를 저질러 기소된 성폭력 사건은 2015년 428건에서 꾸준히 늘어 2019년 520건을 기록했다("여자화장실 몰카 10대 청소년, 같은 장소서 8건 더 불법촬영", 「문화일보」 2021년 6월 18일, 8면).

자가 되고(이 사건 등록조항), 형 집행 종료 후 10년 동안 아동·청소년 관련기관 등을 운영하거나 아동·청소년 관련기관 등에 취업하거나 사실상 노무를 제공할 수 없으며(청소년성보호법 제56조 제1항), 법원의 명령에 따라 신상정보 공개·고지대상자가 될 수 있다(청소년성보호법 제49조 제1항 제2호, 제50조 제1항 제2호).

② 화장실과 갑질

갑질(Gapjil, power harassment)[15]은 '직장 내 괴롭힘'이라 할 수 있다. 즉, 상대적으로 우위에 있는 사람이 상대방에게 오만하고 무례하게 행동하거나 이래라 저래라 하면서 제멋대로 구는 행동 또는 갑을(甲乙)관계에서 갑(甲)에 어떤 행동을 뜻하는 접미사인 '질'을 붙여 만든 단어로, 권력의 우위에 있는 갑이 권리관계에서 약자인 을(乙)에게 하는 부당행위(不當行爲)를 통칭하는 개념이라고 하겠다.

우리 근로기준법은 직장 내 괴롭힘에 대하여 "사용자 또는 근로자는 직장에서의 지위 또는 관계 등의 우위를 이용하여 업무상 적정범위를 넘어 다른 근로자에게 신체적·정신적 고통을 주거나 근무환경을 악화시키는 행위를 하여서는 아니 된다"규정하고 있다(근로기준법 제76조의2). 사용자는 직장 내 괴롭힘

---

15) 세계에서 가장 권위 있는 사전의 하나인 옥스퍼드 영어사전(Oxford English Dictionary)에 등재된 한국어 단어들은 한글, 김치, 온돌, 태권도, 시조 등이다. 대부분 한국 고유의 것들을 나타내는 긍정적인 표현이다. 그러나 한편으로는 부정적이고 반사회적인 단어도 많이 소개 등재되고 있다. 내로남불, 반지하, 꼰대, 재벌(Chaebol), 갑질 등이 이런 부정적이고 반사회적인 단어라고 하겠다. 미국 뉴욕타임스는 2018년 한 재벌 일가의 특권 의식을 보도하며 갑질(Gapjil)이라는 단어를 한국어 표현 그대로 소개한 바 있다. 뉴욕타임스는 갑질을 '중세시대 영주처럼 임원들이 부하 직원이나 하도급업자를 다루는 행위'라고 설명했다.

발생 사실을 신고한 근로자 및 피해근로자 등에게 해고나 그 밖의 불리한 처우를 하여서는 아니 된다(근로기준법 76조의3 제6항).이를 위반한 자는 3년 이하의 징역 또는 3천만원 이하의 벌금에 처한다(근로기준법 제109조 제1항).

사장님과 직원은 대표적인 갑을(甲乙)관계이다 보니 사장님의 재미없는 썰렁한 유머이지만, 웃을 수밖에 없는 직원들의 서글픈 현실을 반영한 유머가 있다. 유머를 통하여 아래처럼 갑을관계를 명쾌하게 표현하고 대변해 주는 것이 어디 있으랴.16)

> 사장이 직원들과 식사하는 자리에서 자기가 들은 유머를 얘기했다. 그러자 한 여직원만 빼고 모두가 재미있다며 크게 웃었다.
> 여직원의 태도에 기분이 상한 사장은 그 여직원에게 물었다.
> "자넨 유머 감각도 없나?"
> 그러자 여직원이 하는 말.
> "전 안 웃어도 돼요. 이번 금요일에 회사 그만두거든요."

화장실을 두고서도 갑질은 존재한다. 화장실 갑질은 사람 사는 곳이라면 어디에나 있기 마련인가 보다.

도널드 트럼프 미국 대통령의 장녀인 이방카와 재러드 쿠슈너 백악관 선임고문 부부가 자택을 경호하는 비밀경호국 요원들에게 화장실을 쓰지 못하게 하는 바람에 경호 요원용 화장실을 따로 빌리기 위해 혈세를 쓰게 했다고 한다. 이방카 부부는 대통령 가족이어서 국토안보부 산하 비밀경호국의 24시간 경호를 받았다. 이 집엔 화장실이 6개의 화장실이 있음에도 이방카 측이 경호원들의 화장실 사용을 금지했다는 것이다. 통상 경호 요원들은 경호 대상과의 거리 때문에 자택 화장실을 이용한다. 화장실 이용을 금지당한 이방카의 경호 요원들은 근무 중 1.6㎞ 떨어진 마이크 펜스 부통령 관저나 버락 오바마 전 대통령의 사

---

16) 이철호, 『경찰과 유머』, 도서출판 21세기사(2018), 14면.

저로 운전해서 갔다 오거나 달려가 용변을 해결하는 등 큰 불편을 겪었다고 한다. 비밀경호국은 임시 화장실을 집밖 길거리에 간이화장실을 설치해 사용했지만, 이 역시 주민들의 불편 호소로 곧 철거해야 했다고 한다. 결국 비밀경호국은 2017년 9월부터 이방카 집 근처에 화장실 한 칸이 딸린 지하 원룸을 월 3,000달러(330만원)에 임차했다. 오직 이방카 경호원들의 용변을 해결하기 위해 빌린 방으로 다른 용도는 없었다. 이 '화장실 방'은 2021년 9월까지 계약돼 있었으며, 예산은 총 14만4000달러(1억6000만원)가 소요된 것이다.17)

화장실 갑질은 미국에만 있는 건 아닌가 보다. 2020년 청와대의 'KT&G 사장 인사 개입, 국채 조기상환 외압, 4조원 국채 발행 압력'의혹 등을 폭로했던 신아무개 전 기획재정부 사무관이 재직 중 직접 겪었던 기재부 간부들의 부적절한 행태를 비판했는데, 그 중 "갑 중의 갑인 기재부 안 뒷얘기"라며 "해외 출장 때 부하 사무관에게 비데를 챙기게 한 간부가 있었다."18)공개하기도 했다.

---

17) "이방카 부부, 4년간 경호원들 화장실 사용금지시켜...차타고 갔다와", 「아시아경제」 2021년 1월 15일; "이방카의 '화장실 갑질' 자택 경호 요원들에게 화장실 사용 금지시켜", 「조선일보」 2021년 1월 16일, A17면. 비밀경호국 경호원은 생리 현상 해결을 위해 근처 다른 집에 요청하거나 사무용 건물로 뛰어 들어가기도 했다. 비밀경호국은 임시 화장실을 길거리에 설치했지만 주민들의 항의로 철수됐다. 이 지역에는 마이크 펜스 부통령과 버락 오바마 전 대통령 등 고위 인사들이 거주하는데 일반적으로 사저 내부의 화장실을 경호원이 쓰기 곤란하면 차고나 별채를 개조해 화장실이 딸린 휴게실로 만들지만 이방카 부부는 이런 조치도 하지 않았다는 이야기다("감히 경호원이..." 트럼프 장녀 이방카, 화장실 사용금지 '갑질' 논란, 「한국일보」 2021년 1월 15일).

18) "해외출장 때 비데 챙기게 한 기재부 간부", 「중앙일보」 2020년 3월 23일, 18면.

③ 군대와 화장실

　군대도 사람 사는 곳이기에 화장실과 관련된 사연이 많을 수밖에 없다. 과거부터 군대 전투기 조종사들은 늘 수분이 적고 높은 열량을 내면서도 부피가 작은 음식을 먹었다고 한다. 비행 대기 상태에선 수시로 화장실도 다녀와야 하기 때문이란다. 그래서 비행기 조종사들은 과거엔 아예 소변을 참았다. 그렇지만 참다못해 '사고'가 잇따르자 미국 공군은 성인용 기저귀를 차게 했다고 한다. 하지만 기저귀를 사용해도 조종사들의 만족도는 그다지 높아지지 않았다. 기저귀를 사용하는 것 자체가 주변에 얘기하기 민망한 일이었고, 소변을 봐도 쾌적한 느낌이 들지 않았기 때문이다. 그래서 조종사들은 또 소변을 참았다고 한다. 이런 조종사들의 불편을 감안해 개발된 것이 휴대용 소변기[19]란다.[20]

　세상에 쉬운 일은 없다. 빨간마후라로 상징되는 전투기 조종사가 지상 사람들이 부러워하는 직업이지만, 우리가 알지 못하는 고충을 가지고 있다. 이런 면에서 군 전투기 조종사도 '극한 직업'중의 하나임에 틀림없다.

　국방부는 신세대 장병의 특성을 고려하고 훈련여건을 보장하기 위하여 전국의 야외 훈련장에 설치 완료된 환경 친화적인 자연발효식 화장실과 트레일러형 이동식 화장실을 2018년부터 전면 운영하고 있다. 우리나라에 수세식 화장실이 보급된 지 40년이 지났고, 군에서도 장병 통합 생활관에 비데가 구비된 양변기도 많이 설치되어 있으나, 야외 훈련장은 대부분 야지에 위치하고 있고, 급수시설이 원활하지 않아 누수, 악취 등으로 지역 급수원 오염의 우려와 주민들의

---

19) 미 공군에서 이 휴대용 소변기는 '튜브백 시스템'이라 부른다. 즉 '방광 완화 장치'란다. 몸에 부착된 소변 흡수장치와 '릴리프 백'으로 불리는 소변 주머니를 긴 관으로 연결한 것을 말하며, 소변이 역류하지 않도록 흡수 기능도 있다고 한다. 사용한 소변 주머니는 비행 뒤 버리면 되며, 요즘엔 성능이 계속 개선돼 '휴대용 화장실'이라고 해도 무방할 정도란다.

20) "전투기 조종하다 '화장실' 급하면 어떻게 할까", 「서울신문」 2021년 12월 5일.

민원이 야기되고 있었던 것이 현실이었다. 특히, 별도의 여성 화장실이 마련되어 있지 않아 여군들이 훈련장에서 생리현상 해소의 어려움을 토로해왔다. 실정이 이렇다 보니 일부 부대에서는 개인용 화장실을 별도 구매하거나, 심지어는 훈련기간 중 물을 마시지 않는다는 여군도 있어 인권차원의 문제도 대두되었다. 국방부는 2017년 예산에 야외 이동식 화장실 개선에 필요한 전체 소요예산 189억원을 반영하여, 자연발효식 및 트레일러형 견인식(수세식) 화장실 898동을 전국 훈련장에 설치하였다.[21]

국방부 규정에 따르면 병사 1인당 생활공간은 최소 6.3㎡(약 2평)가 돼야 한다. 특히 화장실은 남자가 대변기 1대당 18명, 소변기 1대당 18명까지만 수용하도록 설치해야 하는 데 반해, 여자 화장실은 대변기 1대당 4명까지 수용할 수 있게 지어야 한다고 규정하고 있다. 이 기준에 따라 막사를 건립하려면 적지 않은 비용이 들어갈 것으로 전망된다.[22]

4 여성경찰관 증가와 화장실 문제

경찰조직에는 여성 경찰관이 해마다 증가하고 있지만, 경찰관서 내 여성용 화장실이나 샤워실 등 여경을 위한 편의시설은 턱없이 부족한 것으로 나타났다. 특히 일반 시민과 민원인이 자주 드나드는 일선 지구대와 파출소의 경우 여성용 화장실이 따로 설치돼 있지 않은 곳이 20%에 달했다.

---

21) 국방부 보도자료(교육훈련정책과) 「軍 훈련장이 환경 친화적으로 새롭게 단장된다. - 자연발효식, 트레일러형 견인식, 여군 전용 화장실 등 설치-」 2018년 1월 4일 참조.
22) "'여장부 한목숨' 울려 퍼질 연병장…女 병장・男 이등병 커플도 나올까?", 「조선일보」 2021년 5월 1일, B3면.

최근 3년간(2018-2020) 여성경찰관 현황을 보면, 2018년 13,582명, 2019년 15,092명, 2020년 8월말 기준 16,086명으로 계속 증가하고 있음을 알 수 있다. 또한, 일반직 여성직원수도 3,100-3,300명을 사이에서하 근무하고 있다.

〈최근 3년간 여성경찰관 현황〉

(단위: 명, 매년 말 기준)

구분	'18년	'19년	'20년 8월
전체	120,448	124,303	126,681
여경	13,582	15,092	16,086
비율	11.3%	12.1%	12.7%

〈최근 3년간 일반직 여성직원 수(+비율)〉

구분	2018년	2019년	2020년 8월말
여성직원수 (비율)	3,119명 (69.6%)	3,314명 (68.9%)	3,242명 (68.8%)

* 경찰청 자료(국회의원 이명수 의원 요청 자료)

오래전 통계이지만, 2015년 기준 전국 1979개 지구대・파출소 가운데 여성용 화장실이 따로 없는 곳은 408곳(20.6%)에 이른다. 전체 경찰 대비 여경 비율이 2011년 6.8%에서 2013년 7.5%, 2015년 9.0% 등으로 꾸준히 높아지는 추세를 고려하면, 여경을 위한 최소한의 필요시설 마련 없이 여경 비율 늘리기에만 급급했던 것 아니냐는 지적이 나온다.[23] 또 서울 시내 31개 경찰서의 경

---

23) 서울 광진구의 한 파출소의 경우 별도의 여성용 화장실 없이 남녀 공용 화장실만 설치돼 있었다. 특히 이 파출소 화장실 안에는 남성용 소변기와 좌변기가 칸막이도 없이 함께 놓여 있었다. 한 여경은 "볼일을 볼 때 소리가 바깥으로 새나갈 것 같고, 누가 들어올지도 모른다는 불안감 때문에 파출소 공용화장실은 진짜 급할 때 아니면 쓰지 않는다"고 말했다. 남녀 공용 화장실 때문에 불편하기는 남성 경찰관도 마찬가지다. 성동구의 한 파출소에 근무하는 남성 경찰관은 "혹시라도 여성이 화장실 안에 있지는

우 여성용 샤워실은 있지만, 공간이 비좁고 시설이 열악해 여경들이 이용을 꺼리거나, 있다는 사실조차 모르는 경우도 많은 것으로 확인됐다.[24)25)]

여자경찰이 늘어나는 추세에 맞춰 수요 및 예산 등을 고려해 화장실이나 샤워실 등 여성경찰 맞춤형 편의시설 등을 확대해 나가야 한다.

_____

않을까 불안해서 남자 경찰관들은 근처에 얼씬도 못 한다"는 입장이다("女警 계속 늘어나도…파출소엔 女화장실이 없다", 「문화일보」 2016년 9월 22일, 10면).

24) "女警 계속 늘어나도… 파출소엔 女화장실이 없다", 「문화일보」 2016년 9월 22일, 10면.

25) 아래는 한 방송국 뉴스에서 방송된 여자경찰의 근무 환경 중 화장실과 샤워실에 관한 보도이다.

"직원용 화장실을 남녀가 공용으로 사용하고 있습니다. [지구대 관계자] : "일하는 직원이 화장실 하나를 같이 동시에 쓰게 되면 위층으로 올라가서 쓰기도 해야 하니까요. 급하니까 (공용화장실로 만든 거죠.)" 하나뿐인 샤워실도 역시 공용입니다. 또 다른 지구대는 직원의 20%, 10명이 여경이지만 샤워실은 따로 없습니다. 남성 샤워실은 건물 안에 두 곳이나 있지만, 여성용은 화장실 안에 있습니다. [여자 경찰/지구대 근무] "워낙 처음부터 그렇게 생활해서 그런지 좋은 데에 있다가 나쁜데에 오면 이런 점이 불편하다라고 말씀을 드리겠는데…" 서울 시내 지구대와 파출소 240곳 중에 열 곳을 제외한 230곳에서 여경이 근무합니다. 여경을 위한 별도의 샤워실이 없는 곳이 48곳, 화장실 없는 곳은 6곳이었고 밤샘 근무를 하는데도 숙직실마저 없는 곳도 있었습니다. 경찰서도 사정이 크게 다르지 않아, 여성용 샤워실은 화장실 칸막이 옆에 설치된 경우도 있습니다. 여성 경찰 비율은 매년 꾸준히 증가해 올해 11.2%까지 올랐습니다(4명 중 1명 여경 뽑는데…화장실·샤워실 "공용 써라", 「MBC뉴스」 2018년 10월 8일 보도).

화장실과 예술

① 화장실과 건축, 예술작품

「세계사 개념사전」에는 전 세계 화장실의 역사를 쓴 흥미로운 이야기들이 등장한다. 거기엔 아름답기로 이름 높은 프랑스 베르사유 궁전에는 화장실이 없었다는 사실과 함께 "베르사유 궁전을 드나들던 여자들은 선 채로 화려한 여러 겹의 드레스 안에서 볼일을 보았고, 남자들은 기둥과 커튼 뒤에서 배설을 해결했다. 결국 지독한 냄새를 없애기 위해 인테리어를 자주 바꾸고 향수를 사용하게 된 것"이라는 에피소드가 나온다. 예술과 문화에 대한 자긍심이 어느 나라보다 높은 프랑스. 최상류층이 무도회와 파티를 열던 17세기 베르사유 궁전에는 없던 화장실이, 그것도 수세식 화장실이 우리나라 신라 동궁과 월지에는 7세기 무렵부터 존재했다.[26]

행정안전부는 화장실문화시민연대와 함께 매년 「아름다운 화장실 대상」 공모전을 개최 시상하고 있다. 2021년 대상은 국토교통부 산하 에스알이 운영하는

---

26) 목간은 무언가를 기록해 후대에 남기고자 하는 고대인의 욕망을 해소시켜줬다. 바로 그 목간을 〈한국 고고학사전〉은 아래와 같이 정의하고 있다. "문서나 편지 등의 글을 일정한 모양으로 깎아 만든 나무 또는 대나무 조각에 적은 것으로, 나무에 새긴 것을 목독(木牘), 대나무에 새긴 것을 죽간(竹簡)이라고 한다. 두 가지를 구별하지만 한국에선 아직 죽간이 발견된 사례가 없어 총칭해 목간이라 한다. 주로 종이가 발명되기 이전 또는 널리 쓰이기 이전에 사용됐다. 따라서 목간의 사용과 소멸은 종이와 밀접한 관련이 있다. 목간은 중국의 고대 유적을 비롯해 일본의 고대 유적, 인도나 로마시대 유적에서도 발견된다. 목간은 단편적이기는 하지만 당대의 정치·사회상이 기재돼 있기에 사료적 가치가 매우 크다."(베르사유 궁전엔 없는 화장실, 여긴 있었다 [동굴과 월지, 신라의 정원을 거닐다] 통일신라 목간을 통해 살펴본 당대의 식생활, 오마이뉴스, 2022년 2월 26일 참조).

'SRT 수서역 여객 화장실'이 선정됐다. 국무총리상에는 한국수자원공사에서 운영하는 '시화나래휴게소'가 선정됐으며 행정안전부 장관상은 전남 무안군 '오룡중앙공원'등 15개소, 특별상은 '하남풍산역 화장실'등 10개소가 선정됐다.

경북 군위군은 지역 특산물인 대추를 알리겠다며 2016년 의흥면에 대추정원을 만들고 그 한가운데 7억원짜리 대추 모양 공중 화장실을 세웠다. 화장실 이용객은 하루 평균 5명 정도로 찾는 사람이 거의 없는 시설로 전락했지만 관리비로 매년 4,000만 원 이상 들어간다.[27] 대추공원 내 대추 모양 화장실은 공원 조성 총사업비 20억원 중 7억원이 화장실 건설에 사용된 것으로 알려져 준공 직후부터 낭비란 지적이 끊이지 않았다.

한 신문은 "대추화장실은 화장실만 청소하는 청소아줌마 별장?"이라는 제목으로 대추화장실을 비판하고 있다.[28]

---

27) "선거만 끝나면 바뀌는 '이것', 국민 세금만 줄줄 샌다", 「조선일보」 2022년 8월 27일, B4면.

28) "1층은 화장실천정에서 에어컨이 시원하게 작동되고 있었고, 계단을 밟고 이층으로 올라가면 정부가 권장하는 여름철 에어컨 최적의 설정온도 26~28도로 권장, 또, 50~60%를 실내 적정 습도로 권장하며 이는 에너지절약 기준 설계에 따라 정한 기준이다. 화장실 별장 에어컨 온도는 21도였다. 정부가 권장하는 여름철 에어컨 최적의 설정온도 26~28도로 권장, 또, 50~60%를 실내 적정 습도로 권장하며 이는 에너지절약 기준 설계에 따라 정한 기준이다.하지만, 대추 화장실 내부 에어컨은 21도를 가리키며 시원하다 못해 춥기까지 했는데 아줌마는 미니 선풍기까지 틀어놓고 있었다, 2층 공간은 아무것도 볼게 없고 스텐드형 에어컨 박스부스와 버튼을 누르면 하늘이 열리는 작동 스윗치장치 하나뿐, 넓이 90cm정도되는 둥근 유리창으로 밖을 내다보는 게 전부이다. 맞은편 장애인 화장실은 취재진이 몇 번을 가서 봤지만 매일한다는 화장실 개방시간은 지키지 않은 상태였다. 정해진 화장실 개방은 공무원 근무 시간대와 똑같은데 의흥면에 소속된 청소하는 분을 1일 1회 순회하면서 관리해도 충분한데 왜 하필 청소아줌마를 두고 예산을 펑펑 낭비해야 하는지 의심스럽다"("군위군, 대추화장실은 화장실만 청소하는 청소아줌마 별장?", 「중앙뉴스」(http://www.ejanews.co.kr) 20220년 8월 24일자).

변기는 정치적 메시지로도 쓰인다. 2010년 미국의 한 조각가는 조지 부시 전 대통령의 얼굴 형상을 한 소변기를 만들어 논란이 됐다. 박근혜 당시 대통령의 방문 당시 인천시청의 시장실 변기가 통째로 교체됐다는 폭로가 나왔던 2016년 엔 인터넷에 대통령 봉황이 새겨진 변기 사진이 넘쳐났다. 2019년 9월 영국 옥스퍼드셔 블레넘궁(처칠 생가)에서 전시 중 도난당한 이탈리아 조각가 마우리치오 카텔란(Maurizio Cattelan)의 작품 〈아메리카〉[29]는 미국의 빈부격차와 '아메리칸드림'을 비꼬기 위해 18K로 만든 황금변기이다.[30]

예술작품으로서 변기를 거론하면 현대미술의 선구자 마르셀 뒤샹(Henri Robert Marcel Duchamp, 1887~1968)을 떠올리게 된다. 화장실에 있어야 할 남성용 소변기를 예술의 반열로 올려놓은 현대미술의 선구자가 마르셀 뒤샹이다. 그의 소변기의 작품명은 '샘'이다. 소변기 작품 샘은 영국미술가 500명이 '지난 20세기 100년간 후대에 가장 영향을 많이 끼친 20세기 작품'1위로 뽑은 작품이며, '이게 작품이냐'며 쓰레기 취급됐던 소변기 작품은 1999년 뉴욕 소더비 경매에서 무려 1700만 달러에 낙찰됐다.

작가 김선지는 한스 홀바인(Hans Holbein the Younger)이 그린 '헨리 8세 초상화'를 통하여 변기보좌관을 얘기하고 있다. 이 초상화는 헨리 8세의 네 번째 결혼을 기념해 그렸다고 한다.

16세기에서 20세기 초까지 영국 왕실에는 왕의 배변 행위를 돌보는 변기 보좌관(groom of the stool)이 있었다. 헨리 7세 때 처음 등장한 이 일은 역사상 가장 이상한 직업 중 하나일 것이다. 왕은 '스툴(stool)'이라고 하는 변기 의자

---

29) "디자이너 마우리치오 카텔란(Maurizio Cattelan, 1960~)의 '아메리카'라는, 18캐럿 금으로 만든 황금 변기이다. 황금만능주의를 풍자한 작품이자 실제로 쓸 수도 있는 변기여서, 구겐하임미술관은 약 1년간 5층 전시실 화장실에 그 작품을 '전시'해 관람객이 이용하도록 했다"(「기억할 오늘」반 고흐? 황금 변기는 어때?, 「한국일보」 2020년 9월 15일, 26면).
30) 김영희, "[유레카] 변기와 풍자", 「한겨레신문」 2019년 9월 18일, 26면.

에 앉아 볼일을 보았는데, 이를 시중드는 변기보좌관은 왕이 끝마쳤을 때 수건과 물이 담긴 대야를 가져다주었다. 또, 대변을 세심하게 관찰하고 그날그날 상태에 대해 의사와 상의함으로써 왕의 건강을 보살폈다. 역사학자들 사이에서 변기 보좌관이 엉덩이 닦아주는 일까지 했느냐에 대해서는 의견이 분분하지만 가능성은 충분하다.[31] 우리나라에도 매화틀이 있었고, 왕의 뒤를 닦아 주던 궁녀도 있지 않았던가.

건축이나 예술작품은 아니지만, 화장실을 서술하다 보니 전두환 기념석(記念石)이 떠오른다.

11공수여단 정문 앞에 있던 「전두환 기념석」이 광주광역시 5・18자유공원 주변의 화장실 앞으로 옮겨졌다. 이 기념석은 1983년 11공수여단이 전남 담양으로 부대를 이전하면서 세워진 것으로 이 준공 기념석에는 '선진조국의 선봉'이라는 글과 함께 '대통령 전두환'이 적혀있다. 당초 이 기념석은 5・18 자유공원 내에 놓일 예정이었으나, 5월 단체 회원들이 "전두환 이름이 적힌 비석이 자유공원 안으로 들어오는 것은 용납할 수 없다"고 항의하면서 공원 밖 화장실 앞에 위치하게 된 것으로 알려졌다. 일각에서는 기념비를 눕혀 놔 시민들이 밟을 수 있도록 한 것은 무고한 시민을 학살하고 헌정 질서를 파괴한 전두환과 신군부에 대한 분노의 의미로 해석된다고 내다봤다. 그러나 신문보도에 의하면, 광주광역시는 기념석을 뒤집어 설치한 사실에 대해서 "일부러 뒤집어 놓은 것이 아니고, 기념석의 아래 면이 좁아 안전을 위해 거꾸로 눕혀 놓았다"고 밝혔다.[32]전해진다.

남산 '기억의 터'에는 경술국치의 치욕을 기억하기 위해 광복 70년을 맞는 해에 일제강점기 주한 일본공사 하야시 곤스게(林權助)[33]의 동상 잔해를 모아 거

---

31) "김선지의 뜻밖의 미술사— '왕의 남자', 헨리 8세의 변기 보좌관", 「한국일보」 2022년 6월 17일, 25면.

32) "11공수여단 '전두환 기념석' 5・18공원 화장실 앞에 옮겨", 「조선일보」 2019년 5월 18일, A6면.

꾸로 세워 욕스러움을 기리고, 역사적 교훈을 새기며 역사적으로 응징을 하고 있다. 이와 같이 전두환이나 그 추종세력들이 당시에 남긴 비석 등의 상징물을 거꾸로 설치하는 방법이나 5·18자유공원 등의 화장실 앞에 묻어 설치하는 등의 방법으로 그의 잘못된 행적을 꾸짖고 역사적으로 응징하며 미래세대에 교육하고 기억하게 해야 한다.[34]

② 문학 속의 화장실

똥 자체가 풍자문학의 대상이 되기도 했다. 남정현의 소설 「분지」, 김지하의 담시 「똥바다」가 그 대표적 예이다. 차창룡은 똥과 변소를 소재로 한 시를 썼는데, 자기 소유의 변소가 없어서 주인집 변소나 공중변소를 이용해야 하는 변두리 인생들의 애환을 묘사했다. 그는 「똥은 계급의 첨예한 반영이다—그들의 사당동」에서 "똥은 계급의 날카로운 거울"이라고 했다.[35]

한국문학에서 똥에 관한 묘사는 제법 꾸준히 이어져 왔다. 문학 속에 똥이나 화장실을 다룬 것으로는 김동인의 단편 'K 박사의 연구'를 필두로, 소설가 김훈의 산문집 〈연필로 쓰기〉에 실린 '밥과 똥', 장편 〈내 젊은 날의 숲〉, 단편 '화장'이다. 하근찬의 단편 '분'(糞), 최진영의 소설 〈내가 되는 꿈〉, 김지하 담시 '똥바다', 양귀자의 단편 '지하 생활자', 이창동의 중편 '녹천에는 똥이 많다', 장정일의 소설 〈아담이 눈뜰 때〉, 김소진의 〈눈사람 속의 검은 항아리〉,[36] 박연

---

33) 하야시 곤스케(林權助)는 고종 황제와 대신들을 겁박하여 을사늑약을 강요하는 등 병탄의 발판을 닦은 자이다. 일제는 그 공으로 남작 작위를 내리고 대한제국이 국치를 당한 남산의 한국통감관저에 동상을 세웠다. 그 동상이름은 「남작하야시곤스케상」이다.

34) 이철호, "독재시대 인권탄압 건축물의 보존 문제", 「경찰법률논총」 제11호(2020), 141면.

35) 강준만, "한국 화장실의 역사: 똥은 계급의 첨예한 반영인가?", 「인물과 사상」 2006년 10월호, 87면.

구의 '소변考', 박완서의 '그 많던 싱아는 누가 다 먹었을까'[37] 등을 들 수 있다.

최진영의 소설 〈내가 되는 꿈〉에는 복수를 위해 똥을 누는 행위가 묘사되어 있다. 주인공인 맹랑한 소녀 태희는 질 나쁜 선생님의 자동차 보닛 위에 똥을 누는 것으로 초등학교 졸업 의식을 대신한다. "내 똥이나 처먹으라고 외치고 싶었다"는 태희의 심사는 '분' 마지막 장면에서 덕이네가 품는 안쓰러운 소망으로 이어진다. 김소진의 사후에 나온 소설집 〈눈사람 속의 검은 항아리〉의 표제작에서 주인공 민홍은 재개발을 위해 철거 중인 옛 동네를 찾아갔다가 갑자기 변의를 느껴 반쯤 부서진 집의 "세로로 절반쯤 깨진 큼직한 항아리" "안으로 엉덩이를 비집고 들어가 벽돌과 깨진 장독 쪼가리를 디디고" 앉아 똥을 눈다. 양귀자의 '지하 생활자'에는 화장실이 없는 연립주택 지하방에 사는 인물이 나온다. 계약할 때 1층에 사는 주인 여자는 언제든 제집 화장실을 사용하라고 했지만, 막상 1층으로 올라가면 문을 열어주지 않고, 주인공은 골목에 주차된 차 뒤에서 볼일을 보고는 한다. "똥 쌀 데가 없으면 처먹질 말아야지!"라는 이웃 주민의 일갈은 밥과 똥의 끊을 수 없는 관계를 날카롭게 포착한다.[38]

박연구는 '변소考'에서 "변소가 없는 곳에 사는 것처럼 따분한 생활도 없을 줄 안다. 변두리로만 돌다보니 결국은 수재민 정착지라는 P동에 셋방을 얻었는데 변소가 없다. 변소 하나 용납을 못할 만큼 좁은 대지를 분배해주었던 까닭에 공중변소를 이용하기 마련이다. 이곳 사람들은 먹어야 하는 일도 걱정스러웠지만 또 그것을 배설해야 하는 일도 고역스러운 것이 아닐 수 없다. 대개들 아침에 일어나면 먼저 들러야 하는 곳이 변소인지라 그 무렵의 공중변소 주변은 그

---

36) 최재봉, "[최재봉의 탐문] 22. 똥 : 인간은 먹은 만큼 배설해야 한다", 「한겨레신문」 2022년 10월 12일, 24면.

37) 기록문학가인 이지누는 소설가 박완서가 '그 많던 상아는 누가 다 먹었을까'에서 이야기하는 변소를 "지금껏 뒷간을 이토록 아름다운 문학적 표현으로 갈무리한 글을 읽은 적이 없는 탓이다. … 그 글을 읽으면서 뒷간, 그곳에 가고 싶다는 생각을 멈출 수가 없다"(이지누,「이지누의 집이야기」, 삼인, 2007, 80면)표현하고 있다.

38) 최재봉, 위의 글, 24면.

야말로 진풍경을 이룬다. 이른바 〈화장실〉이라야 어울리는 〈신사〉 〈숙녀〉의 구별이 되어 있지만 지켜질 일이 못된다. 남녀노소 할 것 없이 한줄로 서서 차례를 기다려야만 된다. 평소에도 미장원을 잘 모르고 사는 빈민가의 여인들이라 머리를 매만지지도 않고 그냥 나온 까닭에 그런 여자 뒤에라도 서게 되는 아침이면 그날 하루 기분은 잡치게 마련이다. 시아버지와 며느리가 섞여 서서 기다리는 때도 없지 않을 것이지만 어쩌다 부부간에라도 변소 앞에서 같이 차례를 기다려야 하는 것처럼 쑥스러운 일도 흔하지 않을 것이다. …중략… 시청 앞 지하상가 유료화장실이 10원 하는 것에 비하면 관리 유지비로 받는다는 2원이 많다고 할 수는 없지만 설사라도 났을 때 하루에 십 여번 출입하면서 몇 십 원을 주고나면 아까운 생각이 아니 날 수가 없었다."[39] 표현하고 있다.

여행작가 전혜진은 물의 고마움과 소중함을 칠레에서 볼리비아까지 이어지는 고원의 사막지대의 경험을 다음과 같이 표현하고 있다.

"황량한 고원에 얼기설기 지은 숙소에는 찬바람이 숭숭 스며들었고, 찝찔한 소금기를 씻어낼 샤워는 고사하고 양치할 물조차 호사였다. 늘 물이 끊겨 있는 화장실 사용은 내 용변으로 남의 용변을 밀어내야 하는 곤혹스러운 일이었다. 물기가 남은 물티슈 한 장이 한없이 귀하게 느껴지던 날이었다."[40]

필자에게는 물의 소중함도 소중함이지만, ─뭐 눈에는 뭐만 보인다고─ 화장실의 곤혹스러움이 눈에 먼저 읽혔다. 우리가 일상에서 물의 고마움도 너무 쉽게 잊고 살고 있지만, 더욱이 화장실의 소중함도 잊고 살고 있다.

작가의 말처럼, 화장실에서 물이 없는 용변을 상상해 보라. 일상에서 화장실이 없다면 얼마나 고통의 시간이겠는가. 그런데 우리 주위에는 일터에 화장실

---

39) 박연구, 변소考, 『한국수상록(29)』, 금성출판사(1991), 115면.

40) 전혜진, "[삶과 문화] 우유니 소금사막이 알려준 물의 고마움", 「한국일보」 2022년 3월 18일, 27면.

이 없는 노동자가 있으며, 화장실이 있어도 관리자의 눈치를 보아야 하고, 허락을 받아야 갈 수 있는 현실이다.

한 시인은 우리나라 화장실과 관련하여, "다른 나라 같으면 남자들의 전용 화장실 전봇대(?) 말고는 화장실 찾기도 곤욕이겠지만 우리나라는 어디나 청결한 화장실과 편의시설"41)이라고 표현하고 있다.

오래전 교육을 얘기할 때 자주 회자(膾炙)되는 표현이 '19세기 교실에서, 20세기 선생님이, 21세기 아이들을 가르치고 있다.'였다. 교육 현장이 아이들의 수준을 따라가지 못하고 뒤쳐져 있는 현실을 표현한 것이다. 이와 같은 이치로 우리 사회가 복지를 얘기하고, 문화선진국 사회를 얘기하지만, 한 곳에서는 가장 아름다운 화장실을 선정 홍보하고 있으면서, 또 다른 우리 사회 한 곳에서는 인간 생존의 가장 기본적인 욕구인 용변, 배뇨와 직결되는 화장실 문제가 괴리 현상으로 나타나고 있다고 하겠다.

세계적으로 우리의 화장실 건축이나 시설은 최신식 시설물로 각광(脚光)을 받고 있지만, 화장실과 관련한 인권 문제 앞에서는 시설과 의식이 너무나 큰 간극이 존재한다.

③ 화장실과 표현의 자유

하루 30분 남짓 머물게 되는 화장실이, 화급한 욕구를 해소하기에 바쁜 현대인에게 그 날의 뉴스와 교양 상식을 보충하는 데 요긴한 장소로 활용되는 것은 사실이다. 화장지가 귀해서 낡은 책이나 신문지로 대용하던 예전이나, 읽을거리가 하도 흔해서 공중화장실 치고 무가지 한 장 없는 곳이 드문 요즈음이나, 우리가 직접적인 생계 활동과 무관하게 지식이나 정보를 전하는 활자를 접하게

---

41) "임의진의 시골편지-티라미수", 「경향신문」 2021년 6월 17일, 26면.

되는 드문 공간이 화장실이다. 한때는 그 공간을 '집필'의 장소로 활용하는 이들도 있었지만, 불가사의하게도, 근년 들어 화장실 낙서는 표나게 줄어들었다. 그게 '시민의식 선진화'라는 관급 구호의 효력인지 아니면 비정규적 노동자들의 헌신 덕인지는 알 수 없지만, 아무튼 그 비리도록 고독한 욕망의 대자보들도 화장실에서만 볼 수 있는 읽을거리였다. 화장실 낙서를 동물들의 일반적 습성, 즉 배설물로 제 지위나 힘을 과시하고 영역을 표시하는 수단으로 활용하는 기회를 빼앗긴 인간이 그 상실감을 벌충하려는 흔적이라는 해석도 있다.[42]

과거 화장실 낙서는 "대개는 유치한 춘화투성이다. 여자의 음호 부분을 그려 보는 것으로 해서 어떤 카타르시스를 하게 되는 것이다. 거기에 걸작은 「낙서는 문하인의 수치다」라는 낙서였다. 변소에 그린 춘화치고 잘된 것 없고 낙서치고 다 졸필이다. 정말 〈문하인(門下人)〉이 쓴 것이다."[43]라고 화장실 낙서를 평가하기도 한다.

공중변소는 아주 오랫동안 생리적 배설 장소일 뿐 아니라 심리적 배설 장소이기도 했다. 공중변소의 문과 벽은 모두의 낙서장이었다.[44] 개인의 말할 자유가 극도로 억압되었던 유신시대(維新時代)의 긴급조치 상황에서 국민들은 폐쇄된 밀실로 들어가 욕구를 쏟아내었다. 바로 화장실이다. 공중 화장실 벽면에 여러 가지 낙서를 통해 억압된 비판 욕구를 분출하였다. 특히 유동 인구가 많은 지역의 공중 화장실은 거의 예외 없이 낙서로 도배가 되다시피 했다. 대학가의 화장실도 마찬가지였다. 유신 시절 대학의 화장실은 불온낙서 게시판이나 마찬가지였다. 학교는 이 때문에 골치를 앓으면서 '낙서 금지'라는 팻말을 걸기도 했지만 이로써 학생들의 커뮤니케이션 욕구를 막을 수는 없었다.[45]

---

42) "[최윤필의 공간엿보기] 〈14〉 화장실-애착과 배척이 공존하는 공간", 「한국일보」 2012년 8월 25일, 19면.

43) 박연구, 변소考, 『한국수상록(29)』, 금성출판사(1991), 116면

44) 전우용, "현대를 만든 물건들 공중변소", 「한겨레신문」 2017년 3월 9일, 25면.

45) 채 백, "박정희 정권의 긴급조치와 개인의 언론 자유", 「언론정보연구」 53권 1호 (2016), 207-208면.

낙서를 하다 붙잡혀 즉심에 넘어간 사람이 꽤 있었다. 1976년 11월 24일자 동아일보에는 학교 화장실에 선동낙서를 쓴 혐의로 기소되었다가 반공법 위반 혐의로 1, 2심에서 유죄 선고를 받은 전북대생에게 대법원이 무죄를 선고한 기사가 실려 있다. 수사기관이 낙서 글씨와 비슷하게 고문까지 하며 필적 연습을 시킨 뒤 감정서를 제출했는데 대법원은 필적조작 의혹을 문제 삼아 무죄를 선고한 것이다.46)

화장실에서 사용하는 청소도구의 하나인 변기 청소용 솔이 시위 현장에 등장했다. 2021년 1월 러시아의 군중이 블라디미르 푸틴 대통령의 철권통치에 항의해 '황금색 변기솔'을 들고 나왔다. 야권 지도자 알렉세이 나발니가 감금된 후 전국 100여개 도시에서 그의 석방을 촉구하는 시위가 열렸다. 이들 시민의 손에는 황금색 스프레이 물감을 칠한 플라스틱 변기솔이 하나씩 쥐어져 있었다. 황금색 변기솔은 푸틴 대통령의 호화 궁전을 풍자하기 위한 상징물이다. 나발니는 푸틴이 소유한 1조원대 대저택에 개당 95만원짜리 황금 변기솔이 비치돼 있다고 폭로했다. 러시아에서 최저 생계비 이하로 생활하는 극빈 인구는 1000만 명에 이른다.47)

---

46) 전병길, 『대한민국, 활명수에 살다』, 생각비행(2015), 248면.
47) "[설왕설래] 황금 변기솔 시위", 「세계일보」 2021년 2월 4일, A27면.

닫는 글

우리 헌법 제10조는 "모든 국민은 인간으로서 존엄과 가치를 가지며, 행복을 추구할 권리를 가진다. 국가는 개인이 가지는 불가침의 기본적 인권을 확인하고 이를 보장할 의무를 진다."고 규정하여 인간의 존엄과 가치 및 행복추구권을 보장하고 있다. 헌법 제10조에서 규정한 인간의 존엄과 가치는 헌법이념의 핵심으로, 국가는 헌법에 규정된 개별적 기본권을 비롯하여 헌법에 열거되지 아니한 자유와 권리까지도 이를 보장하여야 하며, 이를 통하여 개별 국민이 가지는 인간으로서의 존엄과 가치를 존중하고 확보하여야 한다는 헌법의 기본원리를 선언한 조항이다. 또한 행복추구권은 그 구체적 표현으로서 일반적 행동자유권과 개성의 자유로운 발현권을 포함하는바, 일반적 행동자유권의 보호영역에는 개인의 생활방식과 취미에 관한 사항도 포함되며, 여기에는 위험한 스포츠를 즐길 권리도 포함된다.[1]

인류가 시작되면서 화장실은 노천 배변, 임시 구덩이 화장실, 고정 구덩이 화장실, 배기관 구덩이 화장실, 잿간 발효 화장실, 수세식 화장실, 바이오가스 화장실, 진공화장실, 우주선 화장실 등으로 변천했다.[2]

화장실은 인간의 건강·존엄·안전 문제와 직결돼 있다. 세계적으로 해마다 34만 명 이상의 5세 미만 영아가 물·위생 관련 설사로 사망하는데, 화장실만 제대로 갖춰도 사망률을 대폭 줄일 수 있다. 또 위생적인 화장실 없이 인간의 존엄(尊嚴)을 논하긴 어렵다. 또한 화장실이 어느 정도 편안한 곳이냐는 그 사회의 문명 수준을 가늠하는 중요한 척도다.[3]

화장실은 다양한 인권문제와 직결되어 있다. 억압적이고 권위적인 독재권력의 지배시기에는 언론의 자유를 철저히 억압했던 바, 표현의 자유를 내밀한 화장실에서 억압된 비판을 표출하기도 했다. 오늘날에는 성중립 화장실 문제라든가, 특정성(性)에 대한 혐오문제로 까지 비화되고 있다.

---

1) 헌재 2003. 10. 30. 2002헌마518, 판례집 15-2하, 185, 199-200.
2) 김성원 외, 『똥의 인문학』, 역사비평사(2021), 157면.
3) 황성준, "오후여담-세계 화장실의 날", 「문화일보」 2016년 11월 18일, 38면.

경비원과 같은 감시·단속적 근로자는 장시간 근무 및 반복적 야간근무를 해야 할 경우가 많아 휴게, 식사, 수면 등을 위한 휴게시간 및 적절한 시설이 보장돼야 한다. 그러나 서울 소재 한 아파트의 경비원들이 비좁은 경비실 공간 문제로 재래식 화장실에서 숙식을 해결하는 등 열악한 인권상황에 놓여있는 것으로 보도돼 충격을 주었다. 또한 다른 아파트에서 숨진 채 발견된 경비원의 경우도 화장실에서 식사를 한 것으로 알려졌다.

3~4시간 이상 운전대를 잡아야 하는 철도·지하철 기관사와 버스 기사, 대형 마트 캐셔, 자동화된 대형 공장의 생산직 노동자 등은 업무·직장 특성이나 근무 형태 등 때문에 어쩔 수 없이 장시간 대·소변을 참아야 하는 남모를 고통에 시달리고 있다. 지하철 기관사나 시내버스기사 등의 '용변권'으로 표현할 수 있는 '오줌 눌 권리'나 '똥 쌀 권리'는 인권의 문제인 동시에 일반 시민의 안전과 관련한 인권의 문제이다. 따라서 철도·지하철 기관사나 버스기사(택시기사 포함)등의 화장실 이용문제는 개인의 문제가 아닌 우리의 안전(安全)에 관한 문제로서 '인권'의 시각으로 접근 해결해야 한다.

화장실은 어른들만의 문제가 아니다. 미래의 주인공들인 초등학생들도 화장실 문제로 스트레스를 받고 있는 것으로 나타났다. 저학년 초등학생들의 경우, 집에서는 본 적이 없는 '동양식 변기'로 용변을 보는 이른바, 재래식 변기4)가 학교 화장실 대다수를 차지하고 있어 용변을 참거나 그런 화장실을 안가려고 물을 잘 안 마시는 아이들도 있다고 한다.

본래 인간이 용변(用便)을 본다는 것은 지극히 자연스러운 일이며, 우리 몸이 보내는 용변의 신호는 우리의 의지로 조절할 수 있는 것이 아니다. 그러니 하늘

---

4) 공중화장실 등에 관한 법률에서 쪼그려 앉아서 용변을 보는 변기를 "동양식 변기", 걸터 앉아서 용변을 보는 변기를 "서양식 변기"라고 규정하고 있다(동법 시행령 제6조 제3항[별표]비고 2).

을 나는 비행기에, 휴게소에 서지 않는 기차에 화장실이 있는 것이다.5) 특히 시험장과 같은 곳에서 긴장하면 더더욱 의지로 조절할 수 없다. 수험공간에서 '소변 봉투'로 생리적 현상을 해결하라는 것은 헌법 제10조에서 보장하고 있는 인격권을 침해하는 것이다.

  노벨경제학상 수상자인 조지프 스티글리츠(Joseph Stiglitz)는 "화장실과 전기는 우리의 건강을 증진하면서 생활 기준을 본질적으로 바꿨기에 화장실이 페이스북(Facebook)보다 훨씬 중요한 발명품이라고 평했다."6) 화장실이 일상생활에서 그만큼 매우 중요하다는 의미일 것이다.

  영화 '히든 피겨스'(Hidden Figures)에서 주인공이 800미터나 떨어진 화장실을 가기위해 정신없이 화장실을 향해 내달리던 장면이 잊히지 않는다. 이 영화의 배경이 되었던 1960년대 미국은 흑백 인종차별이 견고하던 시절이었다. 우리의 고속터미널, 기차역, 고속도로 휴게소 등 다중이 이용하는 화장실은 전반적으로 호텔 화장실 이상의 수준으로 개선·발전하고 있다. 하지만 대한민국은 화장실 문제 앞에서 차별이 일상화되어 가고 있다. 또한 화장실 앞에서 인권(人權)은 멈춰 있다. 화장실과 관련한 인권문제는 우리가 생각하고 있는 그 이상으로 다양한 문제를 안고 있다.

  학교를 비롯한 노동현장 등에서 학생들과 노동자들의 화장실 이용 실태에 관한 전수조사를 조속히 실시해야 한다. 인권친화적인 화장실 개조도 중요하지만, 노동 현장이나 학교 등에서 화장실 문제를 인권문제로 인식하는 변화로 이어져야만 화장실로 제기되는 인권문제를 해결할 수 있다.

---

5) 목서윤, "화장실마저 포기한 N포세대", 「새전북신문」 2016년 6월 28일.
6) 「경향신문」 2017년 2월 15일, 23면.

부록

헌 법 재 판 소

제2지정재판부

결   정

사   건   2020헌마334   공공화장실 남녀분리 위헌확인

청   구   인   진○○

결   정   일   2020. 3. 24.

주   문

이 사건 심판청구를 각하한다.

이   유

청구인은, 공중화장실의 남녀화장실 구분이 위헌이라고 주장한다. 그러나 공중화장실의 남녀화장실 구분은 공중화장실 등에 관한 법률이 2004. 1. 29. 법률 제7129호로 제정되어 2004. 7. 30. 시행될 당시부터 있던 내용이므로, 이 사건 심판청구는 청구기간을 준수하지 못하였다.

그렇다면 이 사건 심판청구는 부적법하므로 이를 각하하기로 하여, 관여 재판관 전원의 일치된 의견으로 주문과 같이 결정한다.

재판장 재판관 이선애
재판관 이종석
재판관 문형배

헌 법 재 판 소

제3지정재판부

결　　　정

사　　　　　건	2020헌마1322	기본권 침해 위헌확인
청　　구　　인	안○○	
결　　정　　일	2020. 10. 27.	

주 문

이 사건 심판청구를 각하한다.

이 유

헌법재판소법 제68조 제1항에 의한 헌법소원심판은 공권력의 행사 또는 불행사로 인하여 헌법상 보장된 기본권을 침해받은 자가 청구할 수 있으므로, 청구인은 자신의 기본권에 대한 공권력 주체의 제한 행위가 위헌적인 것임을 어느 정도 구체적으로 주장하여야 한다. 따라서 청구인이 기본권침해의 가능성을 확인할 수 있을 정도의 구체적 주장을 하지 않고 막연한 주장만을 하는 경우에는 그 심판청구는 부적법하다(헌재 2005. 2. 3. 2003헌마544등 참조).

그런데 청구인은 성소수자를 위한 제3의 화장실 설치를 강제해야 한다는 취지로 막연한 주장을 하고 있을 뿐 달리 청구인의 기본권 침해 가능성을 확인할 수 있는 구체적인 주장을 아니하고 있으며, 이 사건 기록을 살펴보더라도 청구인의 기본권이 현재 그리고 직접적으로 침해되었다는 구체적인 사정을 발견할 수 없으므로 기본권 침해의 법적관련성을 인정할 수 없다.

이 사건 심판청구는 부적법하므로 헌법재판소법 제72조 제3항 제4호에 따라
이를 각하하기로 하여, 관여 재판관 전원의 일치된 의견으로 주문과 같이 결정
한다.

재판장 재판관 이은애
재판관 이석태
재판관 이미선

유치장내 화장실설치 및 관리행위 위헌확인

(2000헌마546)

【판시사항】

1. 헌법소원의 대상이 된 침해행위가 종료되었어도 심판청구의 이익이 있다고 인정한 사례
2. 유치인으로 하여금 유치실 내 화장실을 사용하도록 강제한 피청구인의 행위가 헌법재판소법 제68조 제1항의 공권력의 행사 또는 불행사에 해당하는지 여부(적극)
3. 미결수용자 특히 유치인의 기본권 제한의 한계
4. 차폐시설이 불충분하여 사용과정에서 신체부위가 다른 유치인들 및 경찰관들에게 관찰될 수 있고 냄새가 유출되는 유치실 내 화장실을 사용하도록 강제한 피청구인의 행위로 인하여 기본권의 침해가 있는지 여부(적극)

【결정요지】

1. 청구인들에 대한 침해행위는 이미 종료되어 이 사건 심판대상행위에 대하여 위헌확인을 하더라도 청구인들에 대한 권리구제는 불가능한 상태이어서 주관적 권리보호의 이익은 소멸되었다고 할 것이다. 그러나 전국의 다수 유치장 화장실의 구조와 사용실태가 이 사건에서의 그것과 유사하여 청구인들에 대한 이 사건 심판대상행위와 동종의 조치로 인한 기본권침해행위는 여러 사람에 대하여, 그리고 반복하여 일어날 위험이 있다고 보여지므로, 심판청구의 이익이 인정된다.
2. 이 사건 심판대상행위는 피청구인이 우월적 지위에서 일방적으로 강제하는 성격을 가진 것으로서 권력적 사실행위라 할 것이며, 이는 헌법소원심판청구의 대상이 되는 헌법재판소법 제68조 제1항의 공권력의 행사에 포함된다.

3. 무죄가 추정되는 미결수용자의 자유와 권리에 대한 제한은 구금의 목적인 도망·증거인멸의 방지와 시설 내의 규율 및 안전 유지를 위한 필요최소한의 합리적인 범위를 벗어나서는 아니 된다. 또한 미결구금은 수사 및 재판 등의 절차확보를 위해 불가피한 것이기는 하나 실질적으로 형의 집행에 유사한 자유의 제한을 초래하는 폐단이 있다는 것은 널리 인식되어 있는 사실이다. 미결수용자들은 구금으로 인해 긴장, 불안, 초조감을 느끼는 등 심리적으로 불안정한 상태에 빠지고 위축되며, 육체적으로도 건강을 해치기 쉽고, 자칫 열악하고 불리한 환경의 영향으로 형사절차에서 보장되어야 할 적정한 방어권 행사에 제약을 받거나 나아가 기본적 인권이 유린되기 쉽다. 그러므로 구금 자체의 폐단을 최소화하고 필요이상으로 자유와 권리가 제한되는 것을 피하기 위해서, 그리고 이들의 형사절차상 방어권의 실질적 보장을 위해서는 규율수단의 선택에 있어 충돌되는 이익들간의 신중한 비교교량을 요하며, 통제의 효율성에만 비중이 두어져서는 아니 된다. 위와 같은 점들은 현행범으로 체포되었으나 아직 구속영장이 발부·집행되지 않은, 즉 구속여부에 관한 종국적 판단조차 받지 않은 잠정적 지위에 있는 이 사건 청구인들에게도 당연히 적용되고, 이들에 대한 기본권 제한은 구속영장이 발부·집행된 미결수용자들의 경우와는 달리 더 완화되어야 할 것이며, 이들의 권리는 가능한 한 더욱 보호됨이 바람직하다.

4. 보통의 평범한 성인인 청구인들로서는 내밀한 신체부위가 노출될 수 있고 역겨운 냄새, 소리 등이 흘러나오는 가운데 용변을 보지 않을 수 없는 상황에 있었으므로 그때마다 수치심과 당혹감, 굴욕감을 느꼈을 것이고 나아가 생리적 욕구까지도 억제해야만 했을 것임을 어렵지 않게 알 수 있다.

이 사건 청구인들로 하여금 유치기간동안 위와 같은 구조의 화장실을 사용하도록 강제한 피청구인의 행위는 인간으로서의 기본적 품위를 유지할 수 없도록 하는 것으로서, 수인하기 어려운 정도라고 보여지므로 전체적으로 볼 때 비인도적·굴욕적일 뿐만 아니라 동시에 비록 건강을 침해할 정도는 아니라고 할지라도 헌법 제10조의 인간의 존엄과 가치로부터 유래하는 인격권을 침해하는 정도에 이르렀다고 판단된다.

【참조조문】

헌법 제10조

헌법재판소법 제68조 제1항

경찰관직무집행법 제9조 (유치장) 경찰서 및 지방해양경찰관서에 법률이 정한 절차에 따라 체포·구속되거나 신체의 자유를 제한하는 판결 또는 처분을 받은 자를 수용하기 위하여 유치장을 둔다.

행형법 제68조 (유치장) 경찰관서에 설치된 유치장은 미결수용실에 준한다.

피의자유치및호송규칙 (경찰청훈령 제62호) 제19조 (간수자의 근무요령)① 생략

② 간수자는 근무 중 간단없이 유치장 내부를 순회하여 유치인의 동태를 살피되 특히 다음 행위 등의 유무를 유의하여 관찰하므로서 사고방지에 노력하여야 하며 특이 사항을 발견하였을 때에는 즉시 유치주무자에 보고하여 필요한 조치를 취하도록 하여야 한다.

1. 자살 또는 도주 기도행위
2. 음주, 흡연, 도박 및 낙서행위
3. 중범자나 먼저 입감된 자 또는 범죄경력 등을 내세워 같은 유치인을 괴롭히는 행위
4. 언쟁, 소란, 잡담하거나 허가 없이 눕는 행위
5. 건물, 감방 시설내 비품, 대여품 등을 파손하는 행위
6. 식사를 기피하거나 식사 중 혼잡을 고의로 야기하거나 식사한 후 식기, 수저 등을 은닉하는 행위
7. 질병의 발생
8. 지나치게 불안에 떨거나 비관 고민하는 자
9. 유심히 간수자의 동태나 거동만을 살피는 행위
10. 유치장 내외에서 이상한 소리가 들리거나 물건이 유치장 내로 투입되는 행위

③~⑤ 생략

유치장설계표준규칙(경찰청예규 제65호) 제9조 (화장실) ① 화장실은 대변소를 2실이상 설치하고 소변소를 부설하여야 하며 대변소의 문은 간수의 감시에 지장이 없도록 하반 부분으로 하여야 한다.
② 재래식 화장실의 경우에는 배설물의 배출구에 시정장치를 하도록 하여야 한다.
③ 수세식 화장실의 경우에는 유치실내에 설치할 수 있다.

【참조판례】

1. 헌재 1992. 1. 28. 91헌마111, 판례집 4, 51
2. 헌재 1997. 3. 27. 92헌마273, 판례집 9-1, 337
3. 헌재 1999. 5. 27. 97헌마137, 판례집 11-1, 653

【당 사 자】

청 구 인 　　　　송○순 외 1인
청구인들 대리인 　　법무법인 덕 수
담 당 변 호 사 　　김창국 외 8인
피 청 구 인 　　　영등포경찰서장

【주 문】

청구인들이 2000. 6. 18. 09:00경부터 같은 달 20. 02:00경까지 서울 영등포구 당산동 3가 2의 11 소재 영등포경찰서 유치장에 수용되어 있는 동안 차폐시설이 불충분하여 사용과정에서 신체부위가 다른 유치인들 및 경찰관들에게 관찰될 수 있고 냄새가 유출되는 실내화장실을 사용하도록 강제한 피청구인의 행위는 헌법 제10조에 의하여 보장되는 청구인들의 인격권을 침해한 것으로 위헌임을 확인한다.

【이 유】

1. 사건의 개요와 심판의 대상

가. 사건의 개요

(1) 청구인들은 2000. 6. 18. 02:00경 서울 구로구 ○○ 사업장 앞에서 집회및 시위에관한법률위반의 현행범으로 체포되어 같은 날 09:00경부터 같은 달 20. 02:00경까지 영등포경찰서 유치장에 수용되었다.

(2) 청구인들은 위 기간동안 유치장 밖의 일반화장실의 사용이 허가되지 않아 유치장내에 설치된 화장실의 사용만 가능하였는데, 같은 화장실은 차폐시설이 불충분하여 신체부위등이 노출되는 개방적 구조를 가진 것으로서 이와 같은 화장실의 사용을 강제한 피청구인의 행위로 인하여 청구인들에게 보장된 헌법 제10조의 인간으로서의 존엄과 가치, 제17조의 사생활의 비밀과 자유 등 기본권을 침해당하였다고 주장하면서 2000. 8. 19. 그 위헌확인을 구하기 위하여 이 헌법소원심판을 청구하였다.

나. 심판의 대상

이 사건 심판의 대상은 피청구인이 청구인들로 하여금 이들이 2000. 6. 18. 09:00경부터 같은 달 20. 02:00경까지 서울 영등포구 당산동 3가 2의 11 소재 영등포경찰서 유치장에 수용되어 있는 동안 차폐시설이 불충분하여 사용과정에서 신체부위가 다른 유치인들 및 경찰관들에게 관찰될 수 있고 냄새가 직접 유출되는 실내화장실을 사용하도록 강제함으로써 청구인들의 기본권을 침해하였는지 여부이다(청구인들은 심판청구서에 피청구인을 경찰청장으로 기재하였으나 이 사건 심판대상행위를 행사한 주체는 영등포경찰서장이므로 직권으로 이 사건 피청구인을 영등포경찰서장으로 확정하기로 한다(헌재 1993. 5. 13. 91헌마190, 판례집 5-1, 312, 320 참조).).

2. 청구인들의 주장과 이해관계기관의 의견

가. 청구인들의 주장

청구인들은 영등포경찰서 유치장에 수용되어 있는 동안 약 40㎝에 불과한 높이의 차폐벽만 설치된 개방적 구조로서 용변을 볼 때 다른 유치인들이나 경찰관들에게 신체부위 등이 노출되게 되어 있는 유치실(이하 청구인들이 유치되어 있던 유치실을 '이 사건 유치실'이라 한다) 내 화장실(이하 '이 사건 화장실'이라 한다)을 사용하여야만 하였으므로 용변을 볼 때마다 수치심을 느끼지 않을 수 없었고 나중에는 아예 생리적 욕구 자체가 생기지 않도록 음식과 물을 먹지 않을 정도였는바, 이러한 화장실의 사용을 강제당함으로써 헌법 제10조의 인간의 존엄과 가치 및 행복추구권, 헌법 제17조의 사생활의 비밀과 자유, 헌법 제36조의 건강 및 보건에 대한 권리를 침해당하였으며, 미결수용자인 청구인들에게 위와 같은 화장실의 사용을 강제한 피청구인의 행위는 헌법 제27조 제4항의 무죄추정원칙에도 반하는 것이다.

나. 피청구인 및 경찰청장의 의견

피청구인은 유치장설계표준규칙(경찰청예규 제65호) 제9조에 따라서 유치인들의 감시에 지장이 없도록 이 사건 화장실의 칸막이를 하반 부분으로 하여 설치하였다. 즉 유치인들의 자살이나 자해 방지, 환자의 신속한 발견 등 감시 및 보호 목적을 달성하기 위한 구조로 설치한 것이며, 이 사건 화장실의 차폐벽의 높이는 청구인의 주장과 달리 약 89㎝로서 보통의 성인여자가 용변을 보는 모습을 외부에서 볼 수 없다.

피의자유치및호송규칙(경찰청훈령 제62호) 제19조(간수자의 근무요령) 제2항에서는 간수자는 근무중 간단없이 유치장 내부를 순회하며 유치인의 동태를 살피되 특히 자살 또는 도주기도 등 일정한 행위등을 유의하여 관찰함으로 사고방지에 노력해야 하며 특이사항을 발견하였을 때는 즉시 유치 주무자에 보고하여 필요한 조치를 취하도록 하고 있다.

이러한 유치인의 동태감시는 사고방지 및 유치인의 안전을 보호하기 위한 것으로서 기본권을 침해한다고 할 수 없다.

3. 판 단

가. 적법요건에 대한 판단

이 사건 심판대상행위는 피청구인이 우월적 지위에서 일방적으로 강제하는 성격을 가진 것으로서 권력적 사실행위라 할 것이며, 이는 헌법소원심판청구의 대상이 되는 헌법재판소법 제68조 제1항의 공권력의 행사에 포함된다. 그런데, 청구인들에 대한 침해행위는 이미 종료되어 이 사건 심판대상행위에 대하여 위헌확인을 하더라도 청구인들에 대한 권리구제는 불가능한 상태이어서 주관적 권리보호의 이익은 소멸되었다고 할 것이다.

그러나 헌법소원제도는 개인의 주관적인 권리구제 뿐만 아니라 객관적인 헌법질서를 보장하는 기능도 갖고 있으므로, 헌법소원이 주관적 권리구제에는 별 도움이 되지 않는다 하더라도 그러한 침해행위가 앞으로도 반복될 위험이 있거나 당해 분쟁의 해결이 헌법질서의 수호·유지를 위하여 긴요한 사항이어서 헌법적으로 그 해명이 중대한 의미를 지니고 있는 경우에는 심판청구의 이익을 인정할 수 있다고 할 것이다(헌재 1992. 1. 28. 91헌마111, 판례집 4, 51, 56-57; 헌재 1997. 3. 27. 92헌마273, 판례집 9-1, 337, 342 등 참조). 이 사건의 자료에 의하면, 전국의 다수 유치장 화장실의 구조와 사용실태가 이 사건에서의 그것과 유사하여(이러한 구조의 유사성은 유치실내 화장실이 유치장설계표준에 관한 경찰청예규에 "대변소의 문은 간수의 감시에 지장이 없도록 하반 부분으로 하여야 한다"라고 규정되어 있는데 기인하는 것으로 보인다) 청구인들에 대한 이 사건 심판대상행위와 동종의 조치로 인한 기본권침해행위는 여러 사람에 대하여, 그리고 반복하여 일어날 위험이 있다고 보여지므로, 심판청구의 이익이 인정된다.

나. 본안에 대한 판단

(1) 이 사건 청구인들의 법적 지위

(가) 유치장은 경찰관직무집행법 제9조에 의하여 법률이 정한 절차에 따라 체포·구속되거나 신체의 자유를 제한하는 판결 또는 처분을 받은 자를 수용하기 위하여 각 경찰서에 설치할 수 있도록 되어 있는 시설이고 행형법 제68조에 의하여 미결수용실에 준하도록 되어 있으며 유치장에 수용되어 있

는 유치인들의 도망과 증거인멸을 방지하는 기능을 한다.

이 사건 청구인들은 앞에서 본 바와 같이 현행범으로 체포되어 영등포경찰서 유치장에 수용되었으나 아직 구속영장이 발부되지 않은 단순히 체포된 상태에 있음에 불과한 체포중의 유치인으로서 구속영장이 발부·집행된 행형법상 미결수용자의 지위도 취득하기 전의 신분이었다. 체포중의 유치인들은 혐의사실에 관한 수사기관의 조사후 검찰이 영장을 청구하지 않거나 검찰의 구속영장청구에 대한 법원의 영장기각결정으로 석방되기도 하는바, 이 사건 청구인들은 실제로 법원의 구속영장이 발부되지 아니하여 석방되었다.

(나) 미결수용자들은 격리된 시설에서 강제적 공동생활을 하므로 구금목적의 달성 즉 도주·증거인멸의 방지와 규율 및 안전유지를 위한 통제의 결과 헌법이 보장하는 신체의 자유 등 기본권에 대한 제한을 받는 것이 불가피하다. 그러나 이러한 기본권의 제한은 헌법 제37조 제2항에서 규정한 국가안전보장·질서유지 또는 공공복리를 위하여 필요한 경우에 한하여 법률로써 할 수 있으며, 제한하는 경우에도 자유와 권리의 본질적인 내용을 침해할 수 없다. 무죄가 추정되는 미결수용자의 자유와 권리에 대한 제한은 구금의 목적인 도망·증거인멸의 방지와 시설 내의 규율 및 안전 유지를 위한 필요최소한의 합리적인 범위를 벗어나서는 아니 된다(헌재 1999. 5. 27. 97헌마137등, 판례집 11-1, 653, 661-662 참조).

또한, 미결구금은 수사 및 재판 등의 절차확보를 위해 불가피한 것이기는 하나 실질적으로 형의 집행에 유사한 자유의 제한을 초래하는 폐단이 있다는 것은 널리 인식되어 있는 사실이다. 미결수용자들은 구금으로 인해 긴장, 불안, 초조감을 느끼는 등 심리적으로 불안정한 상태에 빠지고 위축되며, 육체적으로도 건강을 해치기 쉽고, 자칫 열악하고 불리한 환경의 영향으로 형사절차에서 보장되어야 할 적정한 방어권 행사에 제약을 받거나 나아가 기본적 인권이 유린되기 쉽다. 그러므로 구금자체의 폐단을 최소화하고 필요이상으로 자유와 권리가 제한되는 것을 피하기 위해서, 그리고 이들의 형사절차상 방어권의 실질적 보장을 위해서는 규율수단의 선택에 있어 충돌되는 이익들간의 신중한 비교교량을 요하며, 통제의 효율성에만 비중이 두어져서는 아니 된다.

(다) 위와 같은 점들은 아직 구속여부에 관한 종국적 판단조차 받지 않은 잠정적 지위에 있는 이 사건 청구인들에게도 당연히 적용되고, 이들에 대한 기본권 제한은 구속영장이 발부·집행된 미결수용자들의 경우와는 달리 더 완화되어야 할 것이며, 이들의 권리는 가능한 한 더욱 보호됨이 바람직하다.

(2) 인정되는 사실 및 기본권 침해여부

청구인들이 그 주장과 같이 차폐시설이 불충분한 이 사건 화장실 사용을 강요 당함으로써 굴욕감과 수치심을 느끼지 않을 수 없었고 이에 따라 자연스런 생리적 욕구자체를 억제하여야만 하였다면 헌법 제10조에 의해 보장되는 인격권 침해가 가장 직접적으로 문제되므로 그 침해여부를 검토하기로 한다.

(가) 자료에 의하면 다음과 같은 사실이 인정된다.

청구인들은 서울 영등포경찰서 유치장에 2000. 6. 18. 09:00경부터 같은 달 20. 02:00경까지 수용되어 있었는바, 이 사건 유치실은 유치장 1층에 위치하였으며, 각 면의 너비 중 후면과 좌·우면이 각 약 5m, 전면이 약 2.3m정도 되는 사다리꼴의 형태로서, 수용적정인원이 8명이다. 이 사건 유치실 좌·우면 및 후면의 각 3개면은 바닥으로부터 천장까지 벽으로 막혀 있으나 출입문이 설치된 유치실 전면에는 22여개의 쇠창살이 8㎝간격으로 바닥에서부터 천장까지 세로로 세워져 있을 뿐이어서 유치실 내부 및 유치실 안의 한쪽 구석에 위치한 이 사건 화장실의 모습이 창살의 틈을 통하여 유치실 밖에 있는 같은 층의 경비경찰관들 뿐만 아니라 2층의 경비경찰관에게도 관찰될 수 있게 되어 있고 유치실 밖에는 유치인들의 동태를 감시하기 위해 유치실을 앞쪽으로부터 관찰할 수 있는 감시카메라 (CC-TV)가 4대가 설치되어 있었다. 청구인들은 다른 여성유치인들과 함께 이 사건 유치실에 수용되어 있던 중 유치실 밖의 화장실 사용이 허가되지 아니하여 이 사건 화장실에서만 용변을 보아야 했다.

청구인들 유치당시(그 후 이 사건 화장실은 개수되었다) 이 사건 화장실의 구조는 장방형으로서 2개면은 천장까지 이어져 있는 유치실 벽면에 붙어 있고, 나머지 2개면 중 1개면은 그 높이가 거실 바닥으로부터 약 76㎝인 차폐벽으로, 유치실 전면에서 정면으로 보이는 나머지 1개면은 같은 높이의 차폐벽과 그 높이가 거실 바닥으로부터 약 74㎝인 화장실문으로 가려져 있었고(그러나 화장실 바닥이 거실 바닥보다 약 12㎝ 더 낮다), 화장실문에는 그 상단으로부터 약 4㎝아래의 위치에 가로 약 30㎝, 세로 약10㎝의 직사각형의 유리창이 설치되어 있었다. 그리고 차폐벽이나 화장실문의 윗 부분은 거실과의 사이에 차폐시설이 없이 개방된 구조이고, 쪼그려 앉은 자세로 사용하는 방식의 수세식변기가 설치되어 있었으며 이 사건 화장실이나 유치실내에는 창문 등의 별도의 환기시설도 없었다.

이와 같은 상황이었으므로 이 사건 청구인들이 용변을 볼 때는 그 소리와 냄새가 같은 유치실내 거실로 직접 유출될 수 있고, 옷을 벗고 입는 과정에서 둔부 이하가 이 사건 유치실 내의 다른 동료 유치인들에 노출될 수 있으며, 이 사건 유치실 밖에 있는 같은 층의 경찰관들이나 특히 유치실을 앞쪽에서 내려다 볼 수 있는 2층에 있는 경찰관들에게는 옷을 추스르는 과정에서 허벅지 등이 보일 수 있게 되어 있었다.

(나) 위와 같은 구조의 이 사건 화장실사용을 강제한 피청구인의 행위가 청구인들의 인격권을 침해하였는지 여부에 관하여 살펴본다.

1) 유치장에 수용되어 있는 유치인들 중에서는 불안한 심리상태에서 자해, 자살을 하거나, 같이 수용된 다른 유치인들에게 가해행위를 하거나, 도주를 기도하는 등의 행동을 하는 자가 있으므로 유치인들의 동태를 감시할 필요성이 있는 점은 부인할 수 없다. 따라서 화장실을 유치실 내에 두어 유치장에 수용되어 있는 다수의 유치인들이 용변을 볼 때마다 유치실 밖으로 드나들 필요가 없도록 하고, 어느 정도 유치실내 화장실을 포함한 그 내부를 관찰할 수 있는 구조로 설치하는 것에 대해서도 일단 그 타당성을 인정할 수 있다.

그러나 감시와 통제의 효율성에만 치중하여 앞서 본 바와 같이 지나치게 열악한 구조의 화장실사용을 모든 유치인들에게 일률적으로 강요하는 것은 미결수용자의 자유와 권리에 대한 제한이 구금의 목적인 도망·증거 인멸의 방지와 시설 내의 규율 및 안전 유지를 위한 필요최소한의 합리적인 범위를 벗어나서는 아니 된다는 원칙에 부합하기 어렵다.

또한 일반적으로 유치인들의 동태에 대한 감시가 필요하다 하더라도 이러한 감시가 가능하면서도 덜 개방적인 다른 구조의 시설 설치가 불가능한 것도 아니다. 예를 들어서, 하체를 가려줄 만한 높이의 하단부 차폐벽 위에 반투명한 재료를 사용한 차폐시설을 설치하여 어느 정도 그 행동을 감시할 수 있도록 하면서도 신체부위의 노출과 냄새의 직접적 유출을 막고, 용변을 보는 자로 하여금 타인으로부터 관찰되고 있다는 느낌을 보다 덜 가질 수 있는 독립적 공간을 만들 수 있는 것이다.

더구나 구속영장이 집행된 미결수용자 또는 유죄판결이 확정된 수형자들이 사용하는 영등포구치소 또는 영등포교도소의 수용실내 화장실은 내부의 관찰이 어느 정도 가능한 재료로 되어 있기는 하지만, 이 사건 화장실과는 달리 차폐시설이 천장까지 닿도록 되어 있어 독립적인 공간이 어느 정도 확보되어 있고 창문 등 환기시설도 따로 설치되어 있었다.

2) 헌법 제10조에서는 "모든 국민은 인간으로서의 존엄과 가치를 가지며, 행복을 추구할 권리를 가진다"라고 하여 모든 기본권의 종국적 목적이자 기본이념이라 할 수 있는 인간의 존엄과 가치를 규정하고 있는바, 이는 인간의 본질적이고도 고유한 가치로서 모든 경우에 최대한 존중되어야 한다.

그런데 앞에서 본 사실관계에 비추어 보면, 보통의 평범한 성인인 청구인들로서는 내밀한 신체부위가 노출될 수 있고 역겨운 냄새, 소리 등이 흘러나오는 가운데 용변을 보지 않을 수 없는 상황에 있었으므로 그때마다 수치심과 당혹감, 굴욕감을 느꼈을 것이고 나아가 생리적 욕구까지도 억제해야만 했을 것임을 어렵지 않게 알 수 있다. 나아가 함께 수용되어 있던 다른 유치인들로서도 누군가가 용변을 볼 때마다 불쾌감과 역겨움을 감내하고 이를 지켜보면서 마찬가지의 감정을 느꼈을 것이다. 그렇다면, 이 사건 청구인들로 하여금 유치기간동안 위와 같은 구조의 화장실을 사용하도록 강제한 피청구인의 행위는 인간으로서의 기본적 품위를 유지할 수 없도록 하는 것으로서, 수인하기 어려운 정도라고 보여지므로 전체적으로 볼 때 비인도적·굴욕적일 뿐만 아니라 동시에 비록 건강을 침해할 정도는 아니라고 할지라도 헌법 제10조의 인간의 존엄과 가치로부터 유래하는 인격권을 침해하는 정도에 이르렀다고 판단된다.

4. 결 론

청구인들로 하여금 이 사건 유치실에 수용되어 있는 동안 차폐시설이 불충분한 이 사건 화장실을 사용하도록 강제한 피청구인의 행위는 헌법 제10조에 의하여 보장되는 인격권을 침해한 것으로서 취소되어야 할 것이나, 위 권력적 사실행위는 이미 종료되었으므로 동일 또는 유사한 기본권 침해의 반복을 방지하기 위해 선언적 의미에서 그에 대한 위헌확인을 하기로 하여 주문과 같이 결정한다. 이 결정은 관여재판관 전원의 일치된 의견에 의한 것이다.

재판관 윤영철(재판장)
한대현 하경철 김영일 권 성 김효종(주심) 김경일 송인준 주선회

부록 4

국 가 인 권 위 원 회
침해구제 제2위원회
결 정

사　　　　　건	14진정0861000 국가기술자격시험 중 화장실 출입에 대한 과도한 규제
진　정　인	박○○
피　진　정　인	○○○○○○공단 이사장

주 문

○○○○○○공단 이사장에게, 국가기술자격시험 응시자의 시험중 화장실 이용과 관련하여 인권침해가 발생하지 않도록 관련 제도를 개선할 것을 권고한다.

이 유

1. 진정요지

진정인은 20××. ×. ×. ○○○○○○공단이 시행한 국가기술자격(○○기사) 시험에 응시하여 시험을 보던 중 감독관에게 화장실 동행을 요청하였으나, 감독관은 시험 중에 화장실에 갈 수 없고 화장실에 갈 경우 재입실은 할수 없다고 하였다. 이에 진정인은 시험실 안에서 소변을 볼 수 있게 해달라고 요청하였고, 시험실 안 뒤편에서 감독관이 마련해 준 쓰레기통에 소변을 보았다. 이와 같이 시험 중 발생한 급한 용변의 경우까지 화장실을 가지 못하게 함으로써 시험실 안에서 소변을 볼 수밖에 없도록 한 피진정인의 조치는 인격권 침해이므로 이에 대한 구제를 바란다.

2. 피진정인의 주장 및 참고인 진술

가. 피진정인 주장요지

1) 피진정인은 국가기술자격시험 시행과정에서 발생할 수 있는 부정행위 예방 등 시험의 공정한 관리를 위해 최소한의 조치로 시험 중에는 화장실 이용을 제한하고 있는데, 배탈·설사 등으로 용변이 매우 급한 경우 또는 시험시간의 1/2이 경과한 후에는 화장실 출입이 가능하나, 화장실을 출입한 응시생은 시험실 내로 재 입실이 불가하고 퇴실시간까지 작성한 답안은 인정하고 있다.

2) 피진정인은 국가기술자격시험 중 화장실 이용 제한으로 인해 이 사건 진정인에게 시험실 안에서 소변을 보도록 한 것에 대해 인권침해 요소가 있는 점은 인정한다. 다만, 시험 중 화장실 출입을 허용할 경우 다수의 응시자들이 화장실 사용을 요구하거나 동일한 응시자가 연속으로 화장실 사용을 요청하는 경우 이를 제한하기 어렵고, 화장실 사용자에 대한 신체검색 등으로 인한 인권침해 가능성이 있고, 조직적 부정행위가 발생할 경우 이를 막기도 어려우며, 다른 응시자의 안정된 수험권을 보장하기도 어려운 등 많은 문제점과 이를 해결할 수 있는 근복적인 대안이 없어 시험 중 화장실 출입은 허용하기 어려운 상황이다.

3) 피진정인은 국가기술자격시험의 화장실 출입관련 제도는 현행과 같이 유지하되 수험자가 시험 전에 수험자 유의사항을 충분히 인지하고 시험에 응시할 수 있도록 홈페이지, 시험공고, 안내문, 수험표 등을 통해 홍보를 강화해나가겠으며, 이 사건과 같이 시험 응시생의 행동이 제한되는 부분에 대해서도 지속적인 검토를 통하여 최소화 할 수 있도록 노력하겠다.

나. 참고인 진술요지

1) 김○○, 권○○(당시 시험 감독관)

참고인들은 감독관 근무요령에 따라 응시자 교육(20××. ××. ×. 09:00~09:30) 전에 응시자들이 화장실을 먼저 다녀올 수 있도록 조치하였다. 그런데, 시험 시작 후 얼마나 경과되었는지 기억은 없으나 진정인이 화장실에 가고 싶다고 하였고, 참고인들은 감독관 근무요령에 따라 시험 중 화장실 이용이 불가함을 재차 안내하였으나, 진정인은 교실 안에서라도 용변을 해결해야겠다고 주장하여 다른 응시자들에게 양해를 구한 후 용변을 볼 수 있도록 조치하였다. 이후 진정인은 용변을 보고 나서 시험을 계속 보았다.

2) 박○○(당시 시험 응시자)

참고인은 이 사건 시험 감독관으로부터 시험 중에는 화장실을 갔다올 수 없으며, 퇴실 후에는 재입실이 안 된다는 안내를 받았다. 그런데 시험을 보는 과정에서 진정인이 감독관에게 화장실에 보내달라고 하였고 감독관은 시험 중에는 화장실에 갈 수 없다고 하였지만 진정인은 급하다며 부득이 볼 일을 봐야 한다고 하였다. 이에 감독관이 다른 응시자들에게 양해를 구한 후 시험실 안 뒤편에서 진정인이 용변을 볼 수 있도록 조치해주었고, 진정인은 용변을 본 후 시험을 계속 보았다.

3) 인사혁신처(○○과) 의견

공무원 시험의 경우 화장실 출입 시 부정행위발생 가능성에 대한 차단이 어렵고 다른 응시자의 시험응시 몰입에 대한 방해 등 문제가 있어 화장실 출입은 허용하고 있지 않다.

4) 교육부(○○과) 의견

대학수학능력시험의 경우 시험 중 용변이 시급한 등 부득이하게 화장실을 출입해야 하는 상황 발생 시 복도 감독관에게 인계하고 응시자와같은 성(性)을 가진 복도감독관이 동행하여 용변을 보게 하고, 용변을 본 후에는 감독관과 시험실로 동행하여 시험을 계속 보게 하고 있다.

3. 관련규정

별지 기재와 같다.

4. 인정사실

진정인의 진정서, 피진정인의 진술 및 제출자료, 참고인의 진술 등을 종합하면
다음과 같은 사실이 인정된다.

가. 국가기술자격시험은 1차 필기시험과 2차 실기시험으로 구성되어 있으며 이
   중 실기시험은 필답형 시험, 작업형 시험, 복합형 시험 등으로 구분되는데,
   진정인은 20××. ×. ×. 09:30부터 12:00까지 2시간 30분 동안 ○○○
   ○고등학교 ○○실에서 피진정인이 시행한 '20○○년도 제○회 국가기술자
   격시험(○○기사)'의 실기시험 중 필답형 시험을 보았다.

나. 진정인은 시험을 보던 중 감독관에게 화장실에 가고 싶다고 말하였는데, 감
   독관은 퇴실 후 재입실이 되지 않는다고 하였다. 이후 진정인은 감독관에게
   시험실 안 뒤편에서 소변을 볼 수 있도록 해 달라고 요청하였고, 감독관이
   응시자들에게 양해를 구한 후 남성 감독관 1명은 빈 쓰레기통을 진정인에게
   주고 주위를 가린 후 소변을 보게 하였다. 이때 여성 감독관 1명은 밖으로
   나가 있었고, 당시 해당 시험실의 응시자는 모두 남성이었다.

다. 피진정인의 내부 지침인「국가기술자격 실기시험 업무매뉴얼」에 따르면 필
   답형 실기시험은 필기시험과 동일하게 관리되는데, 시험 중에는 화장실 출
   입이 금지되고, 화장실을 출입한 응시자는 시험실 내로 재입실이 불가하나,
   화장실 출입시간이 시험시간의 1/2이 경과되지 않은 경우에는 시험본부에
   서 대기시키고 퇴실시간 경과 후 귀가 조치하며, 답안 채점은 화장실출입
   전까지 작성한 부분에 대해서만 채점하도록 하고 있다. 한편, 작업형 실기
   시험의 경우 응시자의 화장실 출입은 시험관 1명의 동행하에 허용된다.
   이와 별도로 피진정인은 화장실을 자주 출입할 수밖에 없는 장애인(신장장
   애인, 장루·요루장애인)이나 질환을 가진 자(과민성대장증후군 및 과민성
   방광증후군 등)에 대해서는 사전에 증빙서류(진단서 등)를 제출하게 하여
   별도의 시험실에 배치하여 시험을 보게 하고 있다.

라. 피진정인은 20××. ×. ×. 진정인이 응시한 '20××년도 제×회 국가기술
   자격시험(전기기사)' 실기시험 원수접수 안내 시 화장실 이용과 관련하여

"필답형 시험은 시험시간 중 화장실을 이용할 수 없으므로 과다한 수분 섭취를 자제하는 등 건강관리에 유의하시기 바랍니다."라고 공지하고 있으며, 응시자에게 교부한 '시험응시 접수증'에 응시자 유의사항으로 "부정행위 방지 및 시험실 내 질서유지를 위하여 필기(필답)시험 시간 중에는 화장실 출입을 전면 금지하오니 유의하시기 바랍니다(시험시간 1/2 경과후 퇴실 가능)."라고 안내하고 있다.

마. 피진정인은 '시험 감독관 근무요령'을 통해, 시험 감독관이 시험 시작 전 응시생들에게 화장실을 다녀올 것과 시험 중에는 화장실 이용이 절대 불가함을 안내하도록 하고 있다.

바. 인사혁신처 주관 국가공무원시험(5급 1차(90분), 2차(120분), 7급(140분), 9급(100분))의 경우 휴식시간 없이 진행되는데, 시험 도중 화장실 출입은 허용되지 않지만 부득이하여 화장실을 이용할 경우 재입실은 허용되지 않는다. 교육부 주관 대학수학능력시험(08:40~17:00, 5교시)의 경우 매교시 약 20분정도의 휴식시간이 있는데, 시험 도중 화장실 출입은 허용되며 동성의 복도 감독관이 동행하고 재입실 후 시험을 계속 보게 한다. 한편 이 사건 진정의 국가기술자격시험, 국가공무원 시험, 대학수학능력시험 등에서 시험 중 화장실 출입을 제한하거나 금지하는 법률규정은 없다.

사. 국민건강정보포털(http://health.mw.go.kr)에 따르면, 성인의 정상적인 방광은 최대용량이 400~450cc 정도이고, 약 200~250cc가 차게 되면 소변이 마려운 것을 느끼지만 최대용량까지 참을 수 있으며, 보통 1회에 250~350cc의 소변을 본다. 정상 성인에서는 하루 24시간동안 4~6회 정도의 소변을 보며 수분섭취량에 따라 보는 횟수와 양은 늘어날 수 있다.

5. 판단

가. 「헌법」 제10조는 "모든 국민은 인간으로서의 존엄과 가치를 가지며, 행복을 추구할 권리를 가진다"라고 하여 모든 기본권의 종국적 목적이자 기본이념이라 할 수 있는 인간의 존엄과 가치를 규정하고 있는바, 이는 인간의 본질적이고도 고유한 가치로서 모든 경우에 최대한 존중되어야 한다.

나. 그런데, 앞서 살펴본 바와 같이 용변문제는 사람에게 있어서 가장 기본적이고 최우선적으로 보장되어야 하는 생리적 욕구에 해당하는 것으로서 질환이 없는 사람의 경우 약 3시간 정도의 시간이 경과하면 소변이 마려운 것을 느낄 수 있다는 점을 감안하면, 평상시와 달리 긴장상태의 시험 응시자들이 2시간 30분의 시험시간 동안 용변 욕구를 참는 것은 쉽지 않은 일이다. 아울러 피진정인은 내부지침에 따라 긴급한 사유로 화장실을 출입한 응시자는 시험실 내로 재입실을 할 수 없도록 운영하고 있는 바, 시험 응시자 본인이 통제할 수 없는 긴급한 생리문제가 발생할 경우 나머지 시험을 포기하게 되어 해당 응시자에게 지나치게 불리한 영향을 미치게 된다.

다. 이 사건 진정에서 비록 진정인이 요청이 있었고, 참고인 1이 해당 시험실의 응시자 전원이 남성인 상황에서 응시자들의 양해를 구하고 여성 감독관이 시험실 밖으로 나간 후, 진정인이 시험실 뒤편에서 소변을 보았다고 하더라도, 이러한 상황은 진정인이 수치심과 굴욕감을 느끼기에 충분하다고 판단된다.

라. 따라서, 국가기술자격시험을 총괄·관리하는 기관의 장으로서 피진정인이 시험 중 발생할 수 있는 부정행위를 방지하는 등 공정하게 시험을 관리해야 할 책임이 있다는 점은 인정되나, 피진정인이 국가기술자격시험 실기시험(필답형)의 응시자들이 시험 중 화장실을 출입할 경우 재입실을 금지하고 결과적으로 진정인에게 시험실 뒤편에서 소변을 보도록 한 것은 「헌법」 제10조에서 보장하는 진정인의 인격권을 침해한 것으로 판단된다. 이에 따른 구제조치로 국가기술자격시험 응시자의 시험중 화장실 이용과 관련하여 인권침해가 발생하지 않도록 관련 제도를 개선할 것을 권고하는 것이 적절하다고 판단된다.

6. 결론

이상과 같은 이유로 「국가인권위원회법」 제44조 제1항 제1호의 규정에 따라 주문과 같이 결정한다.

2015. 9. 16.
위원장 유영하
위원 한태식
위원 이은경

[별지]

관 련 규 정

1. 헌법

제10조(인간의 존엄성과 기본적 인권의 보장) 모든 국민은 인간으로서의 존엄과 가치를 가지며, 행복을 추구할 권리를 가진다. 국가는 개인이 가지는 불가침의 기본적 인권을 확인하고 이를 보장할 의무를 진다.

부록 5

국 가 인 권 위 원 회
침해구제 제1위원회
결 정

사   건   14진정0574300 구치감 화장실 시설 미비로 인한 인권침해

진   정   인   이○○

피 진 정 인   1. ○○○○○경찰서장
              2. ○○지방검찰청○○지청장

주 문

1. 피진정인 2에게, 피의자가 구치감 내 화장실 이용 시 신체 노출이 되지않게 하는 등 인격권을 침해하지 않도록 시설을 개선할 것을 권고한다.
2. 진정요지 가항은 기각한다.

이 유

1. 진정요지

가. 진정인은 2014. 3. 24. ○○○○○경찰서 유치장에 입감되었을 당시, 유치장 내 화장실에 개방형 출입문 형태의 칸막이만 설치되어 있어 용변 시 신체 부위가 노출되어 수치심을 느꼈다.

나. 또한, 2014. 3. 27. ○○지방검찰청○○지청 구치감에 대기하던 중에도, 구치감 내 화장실에 개방형 출입문 형태의 칸막이만 설치되어 있어 용변시 신체 부위가 노출되어 수치심을 느꼈다.

2. 피진정인의 주장

가. 피진정인 1

OOOOO경찰서 유치장은 2층의 부채형 구조로 총 10개의 유치실이 설치되어 있으며, 1층은 경찰관 근무 데스크 전면에 5개의 유치실이 위치하고 각 화장실이 설치되어 있다. 유치실 내 화장실은 100cm 높이의 차폐막이 불투명 재질로 설치되어 있어, 용변 시 앉게 되면 밖에서 신체의 일부가 보이지 않아 수치심이나 굴욕감을 느끼게 되는 구조라고 보기 어렵지만, 출입문이 개방형 형태로서 소음 등을 차단하기에 미흡한 점이 있다. OOOOO경찰서는 2014. 1월 약 302억원의 예산으로 현 부지에 지하 2층 지상 8층의 신축사업을 확정하고, 2015. 12월 실시설계를 완료한 뒤 2016. 1월 착공하여 2018. 1월 준공예정으로, 신축 시 「유치장설계표준규칙」을 준수하여 밀폐형 화장실 설치 등 유치장 환경을 개선할 계획이다.

나. 피진정인 2

OO지방검찰청OO지청 구치감 화장실은 약 90cm의 차폐막 형태로 중간에 투명 아크릴판이 설치되어 용변 시 얼굴을 볼 수 있게 되어 있는데, 화장실 안에서는 외부를 잘 볼 수가 있으나 외부에서는 하체를 볼 수 없는 구조이며, 위와 같이 아크릴판의 일부를 잘라서 얼굴을 볼 수 있도록 한 것은 수감인의 자살 등 돌발 상황을 방지하기 위한 조치이다.

3. 인정사실

진정서, 피진정인들의 답변서, 현행범인체포서, 피의자입감·출감지휘서, 각 화장실 사진, OOOOO경찰서 청사 신축공사 설계용역 추진보고서 등을 종합해 볼 때 아래와 같은 사실이 인정된다.

가. 진정인은 2014. 3. 24. 14:20경 주거침입 피의자로 현행범 체포되어, 같은 날 19:15경 OOOOO경찰서 유치장에 입감되었고, 검찰에 송치되어 부산구치소에 수용 중 2014. 3. 27. 08:40경 검찰조사를 위해 소환되어 대기하면서 OO지방검찰청OO지청 구치감에 수용되었다.

나. OOOOO경찰서 청사는 1978년 준공된 것으로, 유치실 내 화장실은 100cm 높이의 칸막이가 여닫이문 형태로 설치된 개방형 구조인데, 피진정인 1은

현재 청사 신축을 위해 2014. 1. 20. 총사업비를 확정하고 2014. 12월 설계 완료 후 2016. 1월 착공하여 2018. 1월 준공할 예정이며, 유치장은 3층에 설치하면서 화장실 벽을 천정까지 설치하는 등 경찰청 예규인 「유치장 설계표준규칙」 제14조를 준수하여 신축할 예정이다.

다. ○○지방검찰청○○지청 청사는 1989년에 준공된 것으로, 법무부 훈령인 「법무시설 기준규칙」이 구치감 화장실의 경우 교정시설 기준과 동일하게 "내부칸막이의 창대높이를 화장실 바닥에서 +0.9m(여자는 바닥에서 +0.85m)로 한다"고 규정하고 있는 것에 따라, 구치감 화장실에 90cm 높이의 칸막이를 여닫이문 형태로 설치한 것 외에는 개방형이며, 칸막이 중간에 사각형의 투명 아크릴판이 있어 용변을 보는 사람의 얼굴 모습이 노출되고, 용변을 보기 위하여 하의를 벗고 입는 과정에서 신체부위가 노출될 수 있으며 냄새나 소리 등이 차단되기 어려운 구조이다.

4. 판단

가. 진정요지 가항에 대하여

피진정인 1은 현재 청사 신축공사를 진행하고 있고, 관련 규정을 준수하여 유치장 내 화장실 벽을 천정까지 설치하는 등 화장실 구조를 개선하여 신축할 계획이므로, 이 진정 부분은 별도의 구제조치가 필요하지 아니한 경우로 해당되어 기각한다.

나. 진정요지 나항에 대하여

헌법재판소는 유치장내 화장실설치 및 관리행위 위헌확인 사건(헌법재판소 2001. 7. 19. 2000헌마546 결정)에서 유치장에 수용되어 있는 유치인의 동태를 감시할 필요성이 있는 점은 부인할 수 없으므로 화장실을 유치실 내에 두고 어느 정도 유치실 내 화장실을 포함한 그 내부를 관찰할 수 있는 구조로 설치하는 것에 대한 타당성을 인정할 수 있으나, 감시와 통제의 효율성에만 치중하여 유치인에게 차폐시설이 불충분한 화장실을 사용하도록 한 것은 인격권을 침해한 것이라고 판시하였다.

이에 비추어 보면 위 인정사실에서 보는바와 같이 ○○지방검찰청○○지청

구치감 내 화장실은 용변을 보는 과정에서 신체부위가 노출될 수 있고 냄새나 소리 등이 차단되기 어려운 구조를 가지고 있어 검찰조사를 위해 대기하면서 위 구치감 화장실을 사용하는 구속 피의자들에 대하여 「헌법」 제10조가 보장하는 인격권을 침해하고 있다고 판단된다. 따라서, 조치 사항으로 피진정인 2에게, 피의자가 구치감 내 화장실 이용 시 신체 노출이 되지 않고 냄새나 소리 등이 차단될 수 있도록 시설을 개선할 것을 권고하는 것이 적절하다고 판단된다.

5. 결론

이상과 같은 이유로 「국가인권위원회법」 제44조 제1항 제1호, 제39조 제1항 제3호에 따라 주문과 같이 결정한다.

2015. 6. 17.
위원장 김영혜
위 원 윤남근
위 원 최이우

부록 6

국 가 인 권 위 원 회
침해구제 제2위원회
결 정

사 건	13진정0471100 화장실 차폐시설 부재
진 정 인	김OO
피 진 정 인	1. OO구치소장
	2. 법무부장관

주 문

피진정인 2에게, 교정기관 진정실 내 수용자가 화장실 이용 시 신체 노출이 되지 않도록 시설 보완 계획을 마련할 것과, 계획 수립 전까지 진정실 내 CCTV 각도 조절, 임시 가림막 설치 등 신체 노출을 차단할 수 있는 조치에 대한 지침을 마련하여 시행할 것을 권고한다.

이 유

1. 진정요지

진정인은 2013. 5. 30. CCTV가 설치된 OO구치소 진정실 수용 시, 화장실 차폐시설이 없어 용변 시 신체 부위가 노출되어 수치심을 느꼈다.

2. 피진정인의 주장

1) 피진정인 1

피진정인 1은 2013. 5. 30. 진정인이 직무방해 및 소란행위를 하며 극도로 흥분하여 진정실에 수용하였다. 진정실 내부는 CCTV로 관찰되고 있고, 극도로 흥분한 상태의 수용자가 차폐시설을 이용하여 자살 또는 자해 등 교정사고를 일으킬 우려가 상당히 높기 때문에 변기 칸막이는 설치되어 있지 않으며 이러한 진정실 구조는 전국 교정시설이 동일하다.

2) 피진정인 2

금단증상 자해 난동 등으로 인해 극도로 흥분한 수용자를 단시간 격리, 안정시킴으로써 수용자를 보호하고 교정사고를 예방하기 위해 해당 수용자를 진정실에 수용하고 있으며, 진정실은 수용시간을 24시간 이내로 하고, 시설내부에는 충격완화 벽체, 매립형 변기와 세면기 등을 설치하며, 필요시에만 식기류를 지급하는 등 수용자의 안정을 최우선으로 고려하고 있다. 극도로 불안한 상태의 수용자가 거실 내 구조물이나 비품 등을 이용하여 자해, 자살, 난동 등 돌발행동을 할 경우에 대비하여 수용자를 안전하게 보호하기 위한 불가피한 조치로써 화장실 차폐시설을 설치하지 않은 것이나, 수용자의 정신상태, 의사표현, 행동조절 능력 등에 따라 일부 교정기관에서는 임시 가림막 설치, CCTV 각도 조절 등을 실시하고 있다.

3. 관련규정

별지 기재와 같다.

4. 인정사실

진정인의 진정서, 피진정인들의 답변서, ○○구치소 진정실 사진자료, 진정인에 대한 보호장비심사부, 동태시찰사항, 관내 교정기관 진정실 사진자료 등을 종합하면 아래와 같은 사실이 인정된다.

가. 피진정인 1은 2013. 5. 30. 20:30 진정인이 사동청소부에게 욕설을 하며 출입문을 발로 가격하여 조사 수용된 후에도 조사수용에 대한 불만으로 고성을 지르며 출입문을 발로 찼고, 이에 양손수갑, 양발목보호대 등 보호장비를 사용하고도 고성을 지르는 등 소란행위를 계속함에 따라, 진정인을 위 보호장비를 사용한 상태로 진정실에 수용하였다.

나. 위 진정실은 5인실 규모로서, 내부벽체는 압축 스티로폼으로 된 충격완화재를 사용하였고, 대변기(화장실)는 바닥 매립형으로 설치되어 있으며, 차폐시설을 이용한 자해·자살 등 교정사고 발생을 방지하기 위하여 별도의

차폐시설은 설치되어 있지 않고, 진정실 내부는 CCTV로 24시간 촬영 및 녹화되어 중앙통제실 근무자에 의해 관찰되고 있는데, 이와 같은 진정실 구조 및 CCTV 촬영 현황은 교정시설 6곳을 확인한 결과 모두 동일하다.

다. 진정인은 위 2013. 5. 30. 20:30부터 2013. 6. 1. 10:20까지 총 37시간 50분동안 혼자 진정실에 수용되었고, 이 기간 중 2013. 5. 31. 07:10경 용변을 보며 양손수갑과 양발목보호대가 일시해제되었는데, 위와 같이 CCTV로 내부가 촬영되고 신체를 가릴 수 있는 차폐시설이 없는 상태에서 화장실을 이용하였다.

5. 판단

「헌법」 제10조 및 제17조는 인격권과 사생활의 자유를 보장하고 있고, 「형의 집행 및 수용자 처우에 관한 법률」 제4조는 "이 법을 집행하는 때에 수용자의 인권은 최대한으로 존중되어야 한다."고 규정하며, 위 법률 제94조 제1항 및 제3항은 자살 등의 우려가 큰 때에는 전자영상장비로 거실에 있는 수용자를 계호할 수 있으나 이 경우에도 피계호자의 인권이 침해되지 아니하도록 유의하여야 한다고 규정하고, 위 법률 시행규칙 제162조 제3항은 "거실에 영상정보처리기기 카메라를 설치하는 경우에는 용변을 보는 하반신의 모습이 촬영되지 아니하도록 카메라의 각도를 한정하거나 화장실 차폐시설을 설치하여야 한다."고 규정하고 있다. 위 제 규정을 종합하면, 자살 등의 우려가 있어 영상정보처리기기 카메라(CCTV)로 수용자 거실 내를 촬영하며 계호할 때에도 수용자가 용변을 보는 모습이 촬영되지 않도록 하여 해당 수용자의 인격권과 사생활의 자유를 보장할 필요가 있다 할 것이다. 이는 「형의 집행 및 수용자 처우에 관한 법률」 제96조(강제력을 행사하거나 보호장비를 사용하여도 소란행위 등을 계속하는 수용자의 경우 일반 수용거실로부터 격리되어 있고 방음설비 등을 갖춘 진정실에 수용할 수 있음)에 의거한 진정실에 수용된 수용자에게도 최대한 보장하여야 할 권리라 할 것이다.

위 인정사실과 같이 피진정인 1이 진정인을 수용한 진정실 내부를 CCTV로 24시간 촬영하면서도 화장실 차폐시설을 설치하지 않은 것은, 진정실의 설치목적이 극도로 흥분한 수용자를 단시간 격리시켜 안정시키는 데 있고, 이에 진정실은 내부벽체로 충격 완화재를 사용하는 등 자살, 자해, 난동의 상황을 대비하여 설계되었다는 점을 고려할 때, 이러한 교정사고의 위험을 방지하고 수용자를 보호하기 위한 조치로서 그 목적의 정당성이 있음은 인정할 수 있다.

그러나, 진정실 내 CCTV의 각도를 조절하여 화장실을 이용하는 수용자의 신체 부분이 촬영되지 않도록 한다거나, 임시 가림막을 지급하는 등 신체 노출을 방지하기 위한 다양한 방법을 생각해볼 수 있고, 자살 또는 자해 등의 도구로 사용될만한 우려를 최소화할 수 있는 안전한 재질로 차폐시설을 설치하는 등의 방안을 마련해볼 수 있음에도, 화장실을 이용할 때 신체를 가릴 수 있는 그 어떠한 조치도 없이 진정인의 화장실 이용 모습을 그대로 촬영·녹화한 행위는, 진정실 수용목적 달성에 필요한 최소한의 범위를 넘어서 「헌법」 제10조 및 제17조가 보장하는 진정인의 인격권과 사생활의 자유를 침해한 것으로 판단된다. 이에 조치의견으로는, 이러한 진정실 내 화장실 이용 시 신체 노출로 인한 인권침해는 피진정인 1의 개별적인 책임이라기보다는 교정시설의 전반적인 관행으로 보이므로 이러한 관행을 시정하기 위하여 피진정인 2에게, 교정기관 진정실 내 수용자가 화장실 이용 시 신체 노출이 되지 않도록 시설 보완계획을 마련할 것과, 계획 수립 전까지 진정실 내 CCTV 각도 조절, 임시 가림막 설치 등 신체 노출을 차단할 수 있는 조치에 대한 지침을 마련하여 시행할 것을 권고하는 것이 적절하다고 판단된다.

6. 결론

이상과 같은 이유로 「국가인권위원회법」 제44조 제1항 제1호, 제39조 제1항 제1호에 따라 주문과 같이 결정한다.

2014. 5. 28.

위원장 김영혜
위원 윤남근
위원강 명 득

부록 7

국 가 인 권 위 원 회
침해구제 제1위원회
결 정

사 　 　 건 　　 13진정0840800 유치장 시설에 의한 인권침해

진 　 정 　 인 　　 강○○

피 　 해 　 자 　　 양○○

피 진 정 인 　　 ○○○○경찰서장

주 문

1. ○○○○경찰서장에게, 유치장내 모든 개방형 화장실을 「유치장표준설계규칙」에 부합하도록 개선할 것을 권고한다.
2. 진정요지 나항은 기각한다.

이 유

1. 진정요지

피해자는 2013. 10. 12. ○○○○공사와 관련하여 업무방해 혐의로 현행범 체포되어 ○○○○경찰서 유치장에 수용되었는데 다음과 같은 인권침해를 당하였다.

가. 유치장내 화장실이 개방형으로 되어 있어 용변 시 소리와 냄새가 차단되지 않아 수치심과 굴욕감을 느꼈다.

나. 유치인보호관이 근무하는 공간에만 전등이 있고 유치실내에 전등이 없어 주간에도 책을 읽을 수 없을 만큼 어두웠다.

2. 당사자의 주장요지

가. 진정인의 주장요지

위 진정요지와 같다.

나. 피진정인의 주장요지

1) 본서 유치장은 1988. 8. 30. 준공되었는데, 2001. 7. 각 유치실 변기를 좌변기로 교체하고 차폐막과 칸막이를 설치하였다. 유치실로 이용되는 7개소 중에 2개소에는 밀폐형 화장실이 설치되어 있지만 나머지 5개소는 개방형 화장실로 되어 있어 소리와 냄새가 완전히 차단되지 않는 등 규정에 어긋난 것은 사실이다. 다만, 「유치장설계표준규칙」은 유치장의 신축·개축 또는 시설 개선 시 적용하도록 되어 있어 본서의 경우 그 이전에 준공되어 운영되고 있는 점을 감안해 주기 바란다. 차후 경찰청에서 예산이 확보되는 대로 시설을 보완할 예정이다.

2) 유치실내 전등은 없고 유치실 밖에서 유치실을 비추는 방식으로 되어 있다. 2년 전 확인된 유치실 내부 조도는 1호실 156 Lux, 2호실 96 Lux, 3호실 68 Lux, 4호실 71 Lux, 5호실 74 Lux, 6호실 49 Lux, 7호실 100 Lux, 8호실 144 Lux 정도이나, 유치실의 창살 쪽은 이보다는 밝아 생활하기에 불편함이 없다.

다. 참고인 진술요지(경찰청장)

경찰청은 유치인의 인권을 보호하고 유치인 보호관 근무여건 개선 및 업무 효율화를 위해 노후 유치장 환경개선사업을 추진하고 있다. 주요 환경개선 내용은 환기 시스템 및 밀폐형 화장실 설치, 쇠창살 없는 유치장 전면 디자인 개선, 유치실내 조명 설치 및 천정 높이 조정, 유치관리스테이션 설치 등이다. 2013년도에는 20억원의 예산으로 서울남대문경찰서 등 전국 7개 경찰서를 대상으로 유치장 환경개선사업을 완료하였고, 2014년도에는 예산 총 11억 7,600만원으로 서울영등포경찰서 등 전국 4개 경찰서를 대상으로 유치장 환경개선사업을 실시할 예정이다.

3. 관련 규정

별지 기재와 같다.

4. 인정사실

진정서, 피진정인 서면진술서, 체포구속인명부, 피의자입감지휘서, 피의자 출감지휘서, 유치장 평면도 및 유치장 내부사진, 경찰청 유치장환경개선사업계획서, 실지조사보고, 전화조사보고 등을 종합해 볼 때 다음과 같은 사실이 인정된다.

가. 피해자는 2013. 10. 12. 오전 업무방해 혐의로 현행범 체포되어 같은 날 14:35 ○○○○경찰서 유치장 6호실에 입감하고 다음날 21:10 출감하였다.

나. ○○○○경찰서 유치장은 8개의 유치실이 있는데 1호실은 여성전용, 2호실은 장애인전용, 3호실부터 6호실까지는 일반실, 7호실은 보호유치실, 8호실은 다용도 물품보관실로 사용되고 있다.

다. ○○○○경찰서 유치장 1호실과 2호실의 화장실은 밀폐형으로 되어 있고 나머지 유치실은 개방형으로 되어 있다. 개방형 화장실의 경우 차폐막이 1m 높이로 설치되어 있고 윗부분이 개방되어 있으며 유치실 위쪽 채광창 옆에 환풍기 2개가 설치되어 있다.

라. ○○○○경찰서 유치장의 유치실 내부 조도는 주간에 1호실이 252~262 Lux 정도로 가장 밝은데, 진정인이 유치되었던 6호실은 유치실 문 옆이 150 ~ 160 Lux 정도이고 화장실 옆이 100~106 Lux 정도이다.

마. 「유치장설계표준규칙」에 따르면 유치실 조도는 300 Lux 기준으로 설계하고 야간에는 최저 L00 Lux 이상을 유지하도록 규정되어 있고 「법무시설기준규칙」에 따르면 구금시설(교도소, 구치소)의 조도기준은 주간에 200Lux 이상이고 야간에는 60 Lux이다.

바. 경찰청은 2013년의 경우 서울남대문경찰서, 의정부경찰서, 부천원미경찰서, 평택경찰서, 영동경찰서, 남원경찰서, 거창경찰서 등 7개 경찰서를 대상으로 유치장 환경개선사업을 완료하였고, 2014년의 경우 서울영등포경찰서, 서울강북경찰서, 수원남부경찰서, 안산단원경찰서 등 4개 경찰서를 대상으로 유치장 환경개선사업을 실시하고 있다. 2014년도 ○○○○경찰서 유치장 시설 개선과 관련하여 별도로 책정된 예산은 없다.

5. 판단

가. 관련 결정례

헌법재판소는 2001.7.19. 유치장내 화장실설치 및 관리행위 위헌확인 사건(2000헌마546 결정)에서 유치장에 수용되어 있는 유치인의 동태를 감시할 필요성이 있는 점은 부인할 수 없으므로 화장실을 유치실내에 두고 어느 정도 유치실내 화장실을 포함한 그 내부를 관찰할 수 있는 구조로 설치하는 것에 대한 타당성을 인정할 수 있으나, 감시와 통제의 효율성에만 치중하여 유치인에게 차폐시설 불충분한 화장실을 사용하도록 한 것은 인격권을 침해한 것이라고 판시한 바 있다.

또한 우리 위원회는 호송경찰관 출장소 및 광역유치장에 대한 방문조사를 실시하고 2012. 12. 18. 광역유치장의 유치실내 화장실 등을 「유치장설계 표준규칙」에 부합하도록 개선할 것을 권고한 바 있다.

나. 개방형 화장실 설치에 의한 인격권 침해 여부

「경찰관직무집행법」 제9조는 체포·구속되는 등 신체의 자유를 제한하는 판결 또는 처분을 받은 자를 수용하기 위해 각 경찰서에 유치장을 두도록 하고, 「형의 집행 및 수용자의 처우에 관한 법률」 제87조는 경찰관서에 설치된 유치장을 교정시설의 미결수용실에 준하도록 규정하고 있다. 이에 따라 경찰관은 유치인의 도주·자살·죄증인멸 등을 방지하고 유치인의 건강과 유치장의 질서유지에 주의를 기울여야 하며, 이 과정에서 기본적인 유치인의 인권은 존중되고 보호받아야 한다.

인정사실 다.와 같이 피진정인은 장애인전용 및 여성전용 유치실 2곳을 제외한 나머지 6곳의 유치실에는 바닥에서 1m 정도의 불투명 차폐막만 설치하고 차폐막 윗부분은 아무런 차폐시설을 설치하지 아니하여 화장실 사용 시 발생하는 냄새와 소리가 그대로 유치실 내로 유입될 수밖에 없다.

피진정인이 유치인의 도주와 자해를 방지하기 위하여 유치실 내부에 화장실을 두고 그 내부를 관찰해야 할 필요성은 인정될 수 있다. 그러나, 바닥에서 1m 높이의 불투명 차폐막 위로 내부가 관찰되는 투명 창을 두고 차폐막을 설치하여 화장실을 밀폐하더라도 목적 달성이 가능할 것으로 보임에도, 그러하지 아니하고 화장실을 개방형으로 설치하여 유치인에게 수치심과 굴욕감을 주는 행위는 필요 최소한의 범위를 벗어나 「헌법」 제10조에서 보장하는 피해자를 비롯한 유치인의 인격권을 침해하는 행위라고 판단된다.

피진정인은 개방형 화장실의 위와 같은 문제점에 공감하고 예산이 확보되면 개선하겠다고 진술하고 있으나, ○○○○경찰서의 자체 예산에 개방형 화장실 개선과 관련된 사업이 반영되어 있지 않고, 경찰청 차원의 유치장 환경개선사업 대상에도 ○○○○경찰서가 포함되어 있지 아니하므로 구체적인 개선 계획이 있다고 보기 어려우며, 개방형 화장실로 인한 유치인의 인권침해가 계속 발생할 수 있으므로 이에 대한 개선 권고가 필요하다고 판단된다.

다. 유치실내 조도의 적절성 여부

한국공업규격 조도기준(KSA3011)에 의하면 시작업이 빈번하지 않은 작업장의 표준 조도는 60~150 Lux로서 이는 공공시설의 회의실, 계단, 복도, 화장실에 적용되는 정도이고, 도서관 열람실의 경우에는 표준 조도가 150~300 Lux이다.

피해자가 유치되었던 유치실의 조도는 인정사실 라.와 같이 주간에 100~150 Lux 정도로서 장시간 독서를 하는 경우에는 적합하지 않을 수 있으나 그 밖의 일상생활에는 문제가 없고, 단시간의 쓰기나 읽기에도 큰 어려움이 없다.

유치장의 유치실이 일반적으로 48시간 이내의 일시적 수용을 위한 시설로서 길어도 10일을 넘지 아니하고, 피해자가 실제 수용된 시간도 30시간 35분 정도였던 점을 고려할 때, 피진정인이 수용자의 관찰과 계호 업무를 위하여 200 Lux 이상의 조도를 유지할 필요성이 있는지는 별론으로 하고, 현재의 조도가 피해자의 일반적 행동자유권이나 피의자로서의 방어권을 침해한다고 보기 어렵다.

6. 결론

이상과 같은 이유로 「국가인권위원회법」 제44조 제1항 제1호 및 제39조 제1항 제2호의 규정에 따라 주문과 같이 각 결정한다.

2014. 8. 1.

위원장 유영하
위 원 김성영
위 원 이선애

[별지]

관련 규정

1. 「유치장 설계 표준규칙」(경찰청 예규 제476호 2013.3.29. 일부개정)

제7조(전기·통신·소방 설비 일반사항) ②전등기구 설치는 별도4에서 별도6까지의 천정평면도에 따라 설차하되 세부기준은 다음과 같다.

1. 일반 및 유치실의 조도는 300lux 기준으로 설계하되 유치실은 야간에도 육안관찰이 가능하도록 최저 100lux 이상을 유지하여야 한다.
2. 유치실내 개별전등 스위치는 설치하지 아니한다.

제14조(화장실 세부사항) ① 화장실에는 파손되지 않는 재질의 좌변기를 설치하고 화장실 벽은 천정까지 설치하여야 한다.

② 화장실 출입문은 바깥으로 열리는 여닫이문으로 설치하되, 문의 지정위치에 견고한 투시창을 설치하며, 출입문의 경첩과 문의 상부형태는 의복이나 끈 등을 걸 수 없는 구조로 설치하여야한다.

③ 화장실 자해 사고를 방지하기 위하여 화장실 출입문, 내부벽면 및 천정에 일체의 돌출되는 시설물이나 부착물 등을 설치하지 않아야 하며, 화장실 벽에는 깨지지 않는 재질의 견고한 투시창을 설치하여야 한다.

④ 세면대는 파손되지 않는 재질로 하여야 하며, 새면대의 형태는 하부 급배수관 및 상부수전이 노출되지 않아야 한다.

⑤ 냉온수 공급이 가능한 수도시설을 설치하되, 급수방식은 전자감응식 센서로 한다.

부록 8

국 가 인 권 위 원 회
침해구제 제2위원회
결 정

제	목	공무원 임용필기시험 응시자의 화장실 사용 제한에 대한 제도개선 권고
사	건	15진정0732500 공무원 임용필기시험 응시자의 화장실 사용 제한에 따른 인권침해

주문

1. 행정자치부장관과 인사혁신처장에게, 공무원 임용필기시험과 관련하여 시험시간을 융통성 있게 조정하거나 응시자에게 화장실 이용을 허용하는 방안 등을 포함하여, 응시자의 인권이 침해되지 않도록 관련제도를 개선하여 시행할 것을 권고한다.
2. 이 사건 진정은 각하한다.

이유

Ⅰ. 권고 배경

국가 및 지방공무원 임용필기시험 중 응시자의 화장실 출입을 제한하는 것은 인권침해라는 진정(15진정0732500)이 제기되었으나, 국가인권위원회는 아래 Ⅱ.항과 같이 각하하였다.

그러나 공무원 임용을 위한 필기시험 중 응시자의 화장실 출입을 제한하는 것이 「헌법」에서 정하고 있는 인격권 등 기본권을 침해할 여지가 있어, 이에 대한 제도개선이 필요한지를 「국가인권위원회법」 제25조 제1항에 의해 검토하게 되었다.

Ⅱ. 진정사건 개요 및 판단

1. 사건개요

　가. 진정인 : 김OO(OO시인권센터장)

　나. 피진정인 : 1. 행정자치부장관

　　　　　　　　2. 인사혁신처장

　다. 진정요지 : 현재 대부분의 공개필기시험에서는 응시자들의 화장실 사용을 허용하고 있음에도 불구하고, 국가와 지방자치단체가 실시하는 공무원시험에서만 응시자들의 화장실 사용을 제한하고 있다. 이는 국민의 인권을 최우선적으로 보호해야 할 국가와 지방자치단체가 그 책임을 방기한 행정편의적인 조치이며 인권침해 행위로 부당하니, 이러한 관행이 개선될 수 있도록 조치를 바란다.

2. 판단

이 사건 진정은 공무원 임용필기시험의 화장실 이용제한에 대한 개선을 요청하는 제도개선 진정으로, 피해자 및 피해사실 등이 구체적으로 특정되지 아니하여 진정사건으로서의 요건을 결여하였다. 이에, 「국가인권위원회법」 제32조 제1항 제1호 따라 각하한다.

Ⅲ. 공무원 임용필기시험 중 화장실 이용 제한 현황 및 개선방안 검토

1. 공무원 임용필기시험 중 화장실 이용 제한 현황

이 사건과 관련하여 진정인이 제출한 진정서, 사이버국가고시센터 홈페이지 등에 게재된 공무원 공개경쟁채용 시험 관련 공고, 지방자치단체별 공무원 채용공고 등에 따르면, 공무원 임용필기시험의 화장실 이용에 대해 다음의 사실이 인정된다.

국가 및 지방공무원 임용을 위한 필기시험의 소요시간은, 9급 100분, 7급 140분, 5급 1차 90분, 5급 2차 120분이며, 시험시간 중 화장실 이용은 원칙적으로 불가하다. 부득이한 경우 소리나 냄새가 나지 않게 특수 제작된 간이소변기 및 접우산을 제공하여 응시자가 시험실 뒤편에서 소변을 볼 수 있도록 조치하고 있다.

다만 원서접수 시 증빙서류를 제출하고 확인을 받아 별도 시험실에 배정된 임산부, 과민성대장(방광)증후군 환자는 시험시간 중 화장실 출입이 가능하고, 시험시간이 연장되는 중증장애인은 시험시작 140분이 경과된 시점 이후에 화장실 출입이 가능하다.

참고로, 대학수학능력시험의 경우, 수험생은 감독관과 동행하여 화장실을 이용한 후 재입실하여 시험을 계속 볼 수 있고, 토익시험의 경우에도 불가피한 사정이 있는 경우에 한하여 응시자의 화장실 이용과 재입실이 허용되고 있다.

2. 화장실 이용 제한에 대한 관계기관의 주장

인사혁신처는 「국가공무원법」과 「공무원임용령」 등의 소관부처로서, 행정자치부는 「지방공무원법」 및 「지방공무원임용령」 등의 소관부처로서, 각각 국가공무원 공개경쟁채용시험과 지방공무원 공개경쟁채용시험의 전반적인 사항을 총괄한다. 상기 부처에서는 필기시험 중 화장실 이용제한의 이유 등에 대해 다음과 같이 주장한다.

가. 행정자치부장관

시험 중 화장실 이용이 불가피한 장애인·임신부에 대해서는 사전신고를 받아 별도 교실에서 시험을 치르게 하고 화장실 이용을 예외적으로 허용하고 있으나, 모든 수험생의 화장실 이용은 화장실 내에서 부정행위, 화장실 이용으로 인한 시험 관리의 어려움 등 국가시험의 공정성과 신뢰성을 고려하여 신중하게 검토되어야 할 사안이다.

단순히 개개인의 점수만 산정되는 수능시험에 비해 당락이 결정되는 공무원 시험은 시험의 공정성이라는 가치가 더 크게 요구된다는 점, 화장실을 이용하는 수험생으로 인해 같은 교실의 다른 수험생에게 불편발생이 우려된다는 점 등을 고려하여, 향후 시험의 공정성과 신뢰성을 훼손하지 않으면서도 수험생의 인권침해 우려를 해소할 수 있는 합리적인 대안을 모색하겠다.

나. 인사혁신처장

공무원 시험은 대학수학능력시험, 자격증 시험과 달리 평균 경쟁률이 100대 1이 넘고 단 1문제 차이로 당락이 결정되는 상대평가시험이고, 전국에서 6~20여만명이 동시에 응시하는 대규모 공개채용시험이기 때문에 부정행위 가능성을 철저히 예방하는 등의 보다 엄격한 시험관리가 요구된다.

필기시험 중 화장실 이용을 허용할 경우, 이를 악용하여 사전에 화장실 내에 또는 본인의 속옷·신발 등에 컨닝페이퍼를 숨겨두었다가 화장실 사용 중 이를 이용하는 부정행위를 현실적으로 100% 적발하기 어렵다. 만약 이러한 부정행위를 사전예방하기 위해 과도하게 몸수색을 한다거나, 대·소변시 감독관이 밀착 감시하는 등의 조치를 취할 경우 또 다른 인권침해 논란을 발생시킬 수 있다.

정숙한 응시분위기 조성이 응시자들의 최대 요구사항인데, 시험 중 화장실 출입을 공식적으로 허용할 경우 불가피하게 소음이 발생하는 등 전체적으로 시험실 분위기가 산만해질 우려가 매우 크다. 이러한 이유 때문에 대부분의 응시자(설문대상의 91.7%)가 화장실 이용금지 원칙에 찬성하고 있고, 일부 수험생은 심지어 응시자 배려차원에서 제공하는 간이소변기도 제공하지 말 것을 요구하고 있는 실정이다.

필기시험 시간이 성인 평균 소변주기 보다 짧아 시험 중 화장실 이용을 제한하더라도 생리현상 조절에 문제가 되지 않는다. 특히, 시험당일 화장실 이용 금지원칙과 화장실을 미리 이용할 것을 여러 차례 안내하고 있고, 시험시작 5분 전까지는 화장실을 자유롭게 이용할 수 있는 점 등을 고려할 때 인권침해를 논하기 이전에 응시자로서 더 주의를 기울여야 할 사안이다.

다만, 통상의 소변주기가 짧은 임산부, 과민성대장(방광)증후군 환자, 시험시간이 연장되는 중증장애인에 대해서는 신체조건 등을 고려해 예외적으로 시험 중 화장실 이용을 허용하고 있다.

만약, 시험시간 중 화장실 이용이 허용될 경우 후속의 여러 상황에 대해 추가 민원이 속출해 시험의 안정성이 훼손될 우려가 크다.

3. 판단

「헌법」 제10조는 "모든 국민은 인간으로서의 존엄과 가치를 가지며, 행복을 추구할 권리를 가진다"고 하여 모든 기본권의 종국적 목적이자 기본이념이라 할 수 있는 인간의 존엄과 가치를 규정하고 있는바, 이는 인간의 본질적이고도 고유한 가치로서 모든 경우에 최대한 존중되어야 한다.

국가인권위원회는, '국가기술자격시험 중 화장실 출입에 대한 과도한 규제' 사건(2015. 9. 16. 결정, 14진정0861000)에서, 응시자들이 시험 중 화장실을 출입할 경우 재입실을 금지하고 시험실 뒤편에서 소변을 보도록 한 것은 「헌법」 제10조에서 보장하는 인격권을 침해한 것으로 판단하고, 응시자의 시험중 화장실 이용과 관련하여 인권침해가 발생하지 않도록 관련 제도를 개선할 것을 한국산업인력공단 이사장에게 권고한 바 있다.

공무원 임용필기시험 중 응시자의 화장실 출입을 제한하고 부득이한 경우 간이소변기 등을 이용하여 시험실 뒤편에서 소변을 볼 수 있도록 하는 것은 「헌법」 제10조에서 보장하는 인격권을 침해하는 것으로 판단된다.

관계기관에서 화장실 이용 중 부정행위 가능성 방지, 다른 응시자에 대한 배려, 시험의 공정성 및 안정성 확보 등의 차원에서 시험시간 중 화장실 이용을 제한하는 입장을 이해 못 하는 것은 아니나, 인간으로서의 존엄과 가치는 우선적으로 존중되어야 하고, 관계기관에서 도모하고자 하는 상기의 목적을 이유로 유보될 수 있는 것은 아니라고 본다.

현재 공무원 임용필기시험에서는 임산부, 과민성대장(방광)증후군 환자, 중증장애인 등 일부응시생에 한하여 시험시간 중 화장실 이용을 허용하고 있다. 그리고 공무원 임용필기시험과 같이 다수가 응시하고 부정행위 방지 등 엄격한 시험관리가 요구되는 대학수학능력시험에서는 수험생의 화장실 이용이 허용되고 있다. 이러한 점을 고려하면, 시험관리의 공정성 혹은 안정성 확보를 위해 응시생의 화장실 이용 제한이 필수적으로 전제될 필요는 없을 것으로 보인다.

이에 공무원 임용필기시험 진행의 기본원칙 등을 주관하고 있는 행정자치부장관과 인사혁신처장은, 공무원 임용필기시험 시간을 융통성 있게 조정하거나 대학수학능력시험의 경우 등을 참고하여 응시자에게 화장실 이용을 허용하는 방안 등을 포함하여 관련제도를 개선할 필요가 있다고 판단된다.

IV. 결론

이상과 같은 이유로 「국가인권위원회법」 제25조 제1항, 제32조 제1항 제1호에 따라 주문과 같이 결정한다.

2016. 8. 24.
위원장 김영혜
위 원 한위수
위 원 이선애

부록 9

국 가 인 권 위 원 회
장애인차별시정위원회
결 정

사 건	20진정0582200 남·여 공용 장애인화장실 설치에 의한 차별 등
진 정 인	●●장애인권익옹호기관 대표
피 진 정 인	○○○도 17개 군 군수(별지 1 기재 목록과 같음)

주문

1. 피진정인 5를 제외한 피진정인들에게, 읍·면·동사무소의 장애인화장실 현황을 정확히 파악하여 장애인 편의시설 개선을 위한 예산 확보 및 계획을 수립할 것을 권고합니다.
2. 피진정인 5에 대한 진정은 기각합니다.

이유

1. 진정요지

피진정인들은 관할 읍·면·동사무소의 장애인화장실을 남·여로 구분 하지 않아 장애인에 대한 정당한 편의제공을 하지 않고 있다. 이는 장애인에 대한 차별이다.

2. 당사자 주장 요지
가. 진정인
　위 진정요지와 같다.
나. 피진정인

1) 피진정인 1(☆☆군수)

☆☆군 읍·면사무소 건물들은 준공일로부터 최대 43여년이 지나 노후하였고, 준공 당시의 관련 법에 따라 건물사용이 승인되어 지금까지 이용되고 있으나 현재 장애인들이 이용하기에는 불편한 부분이 있다. 각 읍·면사무소에 화장실 설치는 되어 있으나 장애인화장실은 일부 개보수한 곳을 제외하고는 미설치되어 있거나, 설치되어 있더라도 남·여 구분이 되어있지 않은 실정이다. 현 건축물에 대한 당해 부지 및 관련 법 등 확장성 한계로 장애인 관련 법 적용에 어려움이 있다. 이에 따라 연차적으로 예산을 반영하여 읍·면 청사 부지 내 장애인화장실(남·여 구분 포함)을 설치 및 이용할 수 있도록 할 계획이다.

2) 피진정인 2(ㅇㅇ군수)

「국가인권위원회법」 제36조의 규정에 따라 장애인 화장실의 남·여가 구분이 되어야 하나, 읍·면 청사가 대부분 38년 전(1982년)에 준공되어 현재의 법 기준에는 맞지 않는다. ㅇㅇㅇ도 장애인권익옹호기관에 질의한 결과 청사 외부 설치도 가능하다는 답변을 받았으며, 이 답변에 근거하여 추후 증축이나 신축 시 외부에 장애인 화장실 설치 등 청사 개보수시 남·여 구분된 장애인 화장실을 설치할 예정이다.

3) 피진정인 3(★★군수)

★★읍·ㅇㅇ면·ㅇㅇ면 사무소는 남·여 화장실에 장애인화장실이 설치되어 있으며, ♤♤면·♣♣면·♧♧면·♣♣면 사무소는 노후 건물로 공간이 협소하여 장애인화장실 설치에 어려움이 있으나 소요 예산을 확보하여 설치될 수 있도록 노력하겠다.

4) 피진정인 4(◎◎군수)

◎◎군 14개소(읍·면사무소)는 1998. 4. 11. 이전 준공되어 「장애인·노인·임산부 등의 편의증진 보장에 관한 법률」(이하 '장애인등편의법'이라 함) 시행 이전으로 인해 장애인 남·여화장실이 별도로 설치되어 있지 않으며, 또한, 건물 구조상 화장실 공간이 넓지 않아 현재 상태로는 별도 증·개축설치가 어려운 실정이다. 이와 관련, 청사 건물을 신축

하거나 리모델링 할 경우 시설물 관리팀과 협조하여 「장애인등편의법」
에 의거 장애인을 위한 편의시설을 확보하도록 하겠다.

5) 피진정인 5(◇◇군수)

우리 군 ◉◉면사무소와 ◈◈면사무소의 장애인 화장실이 남·여로 구
분되어 있지 않다는 진정 내용은 신축 및 리모델링 공사 이전 상태인
것으로 보이며, 현재 ◉◉면사무소와 ◈◈면사무소의 장애인화장실은
남·여 구분 설치되어 사용하고 있다.

6) 피진정인 6(◆◆군수)

우리 군의 경우 읍·면 행정복지센터(9개소)가 전부 30여 년이 경과하
였으며, 당초 건축물 규모 상 장애인 화장실을 남·여로 구분하여 개보
수 하는 것이 어려운 실정이다. 또한, 인구밀집도가 낮은 읍·면의 여건
및 예산상의 문제 등으로 행정복지센터 9개소 전부를 신축하는 것 역시
불가하다. 이에 우리 군은 점차적으로 노후가 시급한 건축물부터 신축
할 계획으로, 신축 시에는 장애인편의시설 설치기준에 따라 장애인화장
실을 남·여로 구분하여 설치하는 등 적법 조치토록 하겠으니 양해하여
주시기 바란다.

7) 피진정인 7(ㅁㅁ군수)

우리 군 10개 읍·면 청사 중 최근 신축 청사인 2개 읍·면(◼◼면, ◐
◐면)은 장애인화장실 설치기준에 적합하게 장애인화장실을 남·여 구
분하여 설치하였다. 오래된 기존 읍·면 청사의 장애인화장실은 설치기
준에 적합하지 않거나 건축구조상 장애인화장실을 설치하는 것이 불가
능 또는 많은 예산이 소요되는 어려움이 있다. 기존 읍·면 청사는 신축
및 개보수를 통하여 장애인화장실을 설치할 계획이며, 2021년에는 ㅁㅁ
읍사무소와 ◐◐면사무소의 화장실을 정비하여 장애인들이 편리하게 이
용할 수 있도록 매년 단계적으로 개선해 나가겠다.

8) 피진정인 8(◼◼군수)

장애인 화장실 남·여 구분 문제와 관련 건축 당시 장애인 편의시설에
대한 법적 기준에 적합하게 설계 시공하였으나, 사회적 인식변화와 법

적기준 강화로 현재 기준으로는 시설이 미흡한 실정이다. 화장실 개·보수에 따른 비용 부담이 큼에 따라 점차적으로 예산에 반영 후 개선하고자 한다.

9) 피진정인 9(△△군수)

진정 대상 읍·면청사 건물은 평균 30년 이상 된 시설물로서 기존 건물 내 화장실이 협소하여 리모델링을 하더라도 건축물 구조상 장애인 화장실을 남·여 구분하여 따로 설치가 어렵고, 일부 면사무소는 외부에 별도 화장실을 신축할 수 있는 부지도 없는 실정이다. 아울러 해당 청사들은 건축면적이 1,000㎡ 미만으로서 관련법이 정비되기 전인 기존 건축물도 장애인화장실을 남·여 구분하여 설치해야 되는 대상인지 인지하지 못하였다. 현재 우리 군은 30년 이상 된 노후 청사를 연차적으로 재건축 추진(최근 2개소 신축)하고 있고 신청사에는 장애인화장실을 남·여 구분하여 설치할 예정이며, 재건축이 늦어지는 그 외 청사는 2021~2022년에 별도 장애인 화장실을 신축하거나 기존 건축물을 리모델링하여 장애인화장실 남·여 구분 확보 요건을 충족토록 하겠다.

10) 피진정인 10(▲▲군수)

●●장애인권익옹호기관에서 제기한 진정에 대해 현황을 조사한 결과, 진정이 접수된 8개 읍·면사무소 중 장애인 화장실 공간 중 남·여 구분이 되어 있는 곳은 2개소로 확인 되었고, 남·여 구분이 되어 있지 않은 곳은 1개소이며, 장애인 화장실이 설치되지 않은 곳은 5개소로 확인되었다. 그러나 우리 군 읍·면사무소는 신축된 지 25년~38년이 경과된 노후 건축물로 건립 당시 건축법 및 타 법령의 위배사항이 없이 건립된 적법한 건축물이며 건립 당시 장애인 법령 등의 미비로 인해 부득이 장애인 및 약자를 위한 고려 없이 건립되었다. 이에 따라, ●●장애인권익옹호기관에서 제기한 우리 군 읍·면사무소 화장실은 현행「장애인등편의법」및「장애물 없는 생활환경 인증에 관한 규칙」에서 정한 장애인 및 약자를 위한 설치 기준에 부합 되지 아니하나, 공간조성을 위한 증축이 수반되지 아니하는 한 장애인 화장실 설치는

불가할 것으로 판단된다. 다만, 우리군 읍·면사무소에서 사용 중인 비장애인 화장실 공간을 「장애인등편의법 시행령」 별표 2의 3호에서 정한 장애인 등의 이용이 가능한 화장실로 순차적으로 리모델링할 계획이다.

11) 피진정인 11(▽▽군수)

우리 군 읍·면사무소 건축물은 「장애인등편의법」시행(1998. 4.11.) 이전에 대부분 준공되었다. 노후된 건축물로 협소한 구조 및 공간 확보에 어려움이 많으며, 장기적으로 예산을 확보하여 추진하도록 하겠다. 현재 2021년 준공 예정인 ▉▉면사무소는 장애물 없는 생활환경 예비인증을 받았는데 사용승인 시에도 본 인증을 받도록 노력하겠으며, 추후 읍·면사무소 청사 신축 및 증축 시 최우선으로 장애인 편의시설(화장실 등)을 마련하겠다.

12) 피진정인 12(▼▼군수)

▉▉▉면사무소(1985. 9. 10. 준공)와 ▉▉▉면사무소(1989. 12. 16. 준공)에 장애인화장실을 설치하기 위해서는 청사 신축이 필요한 상황이다.

13) 피진정인 13(▶▶군수)

준공 후 20년 이상 된 읍·면사무소는 내부에 추가적으로 시설을 증축하기는 어려운 실정이다. 청사가 협소하여 내부에 추가적으로 장애인 화장실 설치기준에 적합하게 설치하기에는 건물의 안전성 및 사무공간의 축소가 불가피하다. 미설치되어 있는 읍·면사무소 화장실은 장애인 화장실 시설기준에 맞춰 청사 건물과 연결 증축하여 장애인의 화장실 이용에 편의를 도모할 수 있도록 2021년 예산에 반영하여 추진할 예정이다.

14) 피진정인 14(○○군수)

○○군 읍·면 행정복지센터는 준공된 지 20년~30년이 지난 건물로 준공 당시 화장실 면적이 협소하여 장애인 남·여 화장실을 별도 설치 할 수 없는 실정이다. 향후 우리 군 예산의 범위 내에서 신축 또는 증축 공사가 있을 경우 설계에 반영하여 단계적으로 설치하도록 하겠다.

15) 피진정인 15(◁◁군수)

　　6개 읍·면사무소는 2000년 이전에 준공되었으며, 2010년에 개축한 ◁◁읍사무소의 경우 당시 남성 장애인 직원 1명이 근무하고 있어 화장실 자체가 협소함에 따라 남성화장실에 장애인화장실을 조성하였다. 「장애인등편의법」제10조의2(장애물 없는 생활환경 인증) 및 동법 시행령 제5조의2(장애물 없는 생활환경 인증 의무 시설의 범위)에 따라 2015. 7. 24. 이후 신·증·개축된 공공시설에 한하여 장애인화장실을 의무적으로 설치해야 하므로, 향후 신·증·개축, 리모델링, 부지 변경 시 관련 부서와 협의하여 장애인 화장실을 의무적으로 남·여 구분하여 설치하도록 하겠다.

16) 피진정인 16(◀◀군수)

　　6개 읍·면사무소에 대해 2021년부터 연차적으로 화장실 개선공사를 통해 남·여 화장실 내 장애인 편의시설을 추가로 설치할 예정이다.

17) 피진정인 17(▷▷군수)

　　해당 건물들은 장애인 편의시설에 대한 중요성이 대두되기 전인 1990년대에 신축되어 당시 법률을 준수하였으나 장애인화장실이 남·여 구분되어 있지 않다. 그러나 현재 개선이 필요하다는 것은 우리 군도 공감하고 있으며 향후 읍·면사무실의 리모델링 또는 이전 신축시 장애인화장실의 남·여 구분 설치를 반영하고 추진하고자 한다.

3. 관련 규정

별지 4 기재와 같다.

4. 인정사실

진정인이 제출한 모니터링 결과, 피진정인이 제출한 답변서 및 현황사진, 피진정기관 소속 사무소 건물 화장실에 대한 현장조사 등에 의하면 다음과 같은 사실이 인정된다.

가. ●●장애인권익옹호기관은 2020. 3.부터~2020. 5.에 걸쳐 ☆☆군 포함 총 17개 군의 읍·면·동사무소를 대상으로 편의시설 및 비치용품, 행정기관 장애인 차별금지 및 정당한 편의제공에 대한 '2020년도 ○○○도 공공기관 장애인 차별금지 모니터링'을 실시하였다. 모니터링 결과 장애인화장실이 남·여로 구분되어 있지 않아 이를 우리 위원회에 진정하였다.

나. 피진정기관의 청사별 준공일은 별지 2와 같다.

다. 진정인이 제출한 모니터링 자료, 피진정기관에서 제출한 사진자료 및 광주인권사무소에서 1개 군 당 3개의 사무소를 방문하는 현장조사를 실시한 결과 별지 3과 같이 장애인화장실이 없거나, 장애인화장실은 있으나 남·여 구분이 되어있지 않았다. 이외에도 현장조사에서는 휠체어장애인이 접근하기 어려운 화장실, 문이 잠겨 이용할 수 없는 화장실도 추가로 확인되었다.

라. ◇◇군 ◉◉면사무소와 ◈◈면사무소의 장애인화장실은 2021. 3. 현재 남·여로 구분 설치되어 사용되고 있다.

5. 판단

가. 피진정인 5를 제외한 피진정인 관련

「헌법」 제11조 제1항은 "누구든지 정치적·경제적·사회적·문화적 생활의 모든 영역에 있어서 차별을 받지 아니 한다"고 명시하고 있고, 「장애인복지법」 제8조는 정치·경제·사회·문화생활의 모든 영역에서 장애를 이유로 한 차별을 금지하고 있으며, 「장애인차별금지법」 제4조는 금지하는 차별행위를 구체적으로 정의하고, 「국가인권위원회법」 제2조 제3호는 합리적인 이유 없이 특정한 사람을 우대·배제·구별하거나 불리하게 대우하는 행위를 평등권 침해의 차별행위로 규정하고 있다.

또한, 국가 및 지방자치단체에 대하여, 「장애인차별금지법」 제8조는 장애인 차별시정에 대한 적극적인 조치의무를, 「장애인등편의법」 제6조는 장애인 등이 생활을 영위함에 있어 안전하고 편리하게 시설 및 설비를 이용할 수 있도록 각종 시책을 마련할 의무를 규정하고 있다.

위 규정들을 종합하여 볼 때, 장애인은 공공건물을 비장애인과 동등하게 이용할 권리가 있으며, 접근·이용에서 장애인이라는 이유로 합리적인 이유 없이 차별받아서는 안 된다고 할 것이다. 따라서, 피진정인들은 정당한 사유가 없는 한 장애인이 차별 없이 공공건물을 이용할 수 있도록 정당한 편의를 제공하여야 할 의무가 있다.

국가인권위원회는 도서관, 지하철역, 주민센터, 지방자치단체의 남·여공용 장애인화장실에 대해 남녀를 구분하여 설치할 것 등을 다수 권고한 바 있다.(2009. 5. 25.자 07진차0000962 결정; 2011. 07. 22.자 10진정0370410 등 9건(병합) 결정; 2013. 12. 13. 13진정0192700 결정; 2015. 9. 18.자 15진정0290800 결정; 2020. 7. 2.자 19진정0762800 등 115건(병합) 등 참조)

이 사건에서 남·여 공용 장애인화장실 설치가 차별행위인지 여부를 살펴보면, 피진정인들이 비장애인용 화장실은 남자용과 여자용으로 구분하여 설치하고 있는 점, 남·여는 공용으로 화장실을 사용하지 않는다는 것이 사회통념인 점, 화장실을 남·여 공용으로 사용할 경우 이용자들이 수치심을 느끼기에 충분한 상황이 발생할 수 있음을 예상할 수 있는 점, 장애인용 화장실만을 남·여 공용으로 설치하여야 할 불가피한 사유를 발견할 수 없는 점, 국가인권위원회가 지속적으로 장애인화장실을 남자용과 여자용으로 구분하도록 권고한 점, 국민권익위원회도 장애인용 화장실을 남·여 구분하여 설치하도록 권고한 점 등을 종합적으로 고려하면, 피진정인들이 장애인용 화장실을 남·여공용으로 설치하여 운영하는 것은 장애인이 시설을 이용하는데 정당한 편의를 제공하지 않은 행위로, 장애를 이유로 한 차별행위에 해당한다고 판단된다.

또한 피진정인들은 「장애인차별금지법」 제8조에 따라 장애인 차별 시정에 대한 적극적인 조치 및 정당한 편의가 제공될 수 있도록 필요한 기술적·행정적·재정적 지원을 해야 할 의무가 있고, 「장애인등편의법」 제6조에 따라 장애인 등이 생활을 영위함에 있어 안전하고 편리하게 시설 및 설비를 이용할 수 있도록 각종 시책을 마련할 의무가 있다.

그러나 인정사실 다항에서와 같이 장애인화장실이 설치되어 있지 않거나,

화장실 문이 잠겨있거나, 휠체어 접근이 전혀 불가능한 사실도 확인되었으며 이 또한 장애인에게 정당한 편의를 제공 하지 않은 것으로 판단되어 장애를 이유로 한 차별행위에 해당한다고 판단된다.

나. 피진정인 5 관련

다만, 조사결과 진정접수된 ◇◇군 ●●면 및 ◆◆면사무소에는 진정내용과 달리 장애인화장실이 설치되어 있고, 남·여가 구분되어 있기에 「국가인권위원회법」 제39조 제1항 제1호에 따라 기각한다.

6. 결론

이상과 같은 이유로 「국가인권위원회법」 제44조 제1항 제1호 및 제39조 제1항 제1호에 따라 주문과 같이 결정한다.

2021. 3. 26.

위원장 정문자
위 원 서미화
위 원 윤석희

− 12 −

[별지 1]

피진정인 목록

1. ☆☆군수
2. ○○군수
3. ★★군수
4. ◎◎군수
5. ◇◇군수
6. ◆◆군수
7. □□군수
8. ■■군수
9. △△군수
10. ▲▲군수
11. ▽▽군수
12. ▼▼군수
13. ★★군수
14. ○○군수
15. ◁◁군수
16. ◀◀군수
17. ▷▷군수

부록 10

국 가 인 권 위 원 회
결 정

사 건	18진정0894500 변호사시험 중 화장실 이용 제한으로 인한 인권침해
진 정 인	○○○
피 진 정 인	법무부장관

주문

법무부장관에게, 변호사시험 시 화장실 이용 제한으로 수험생의 인권이 침해되지 않도록 현행 시험운영방식을 개선할 것을 권고한다.

이유

1. 진정요지

진정인은 2019년도 변호사시험에 응시한 수험생이다. 변호사시험에서는 화장실 이용이 원칙적으로 금지되며, 시험시간이 2시간을 초과하는 민사법 기록형, 사례형 시험의 경우에만 시험 시작 후 2시간이 경과하면 시험관리관의 지시에 따라 화장실 이용이 가능하다.

시험을 치루는 수험생의 경우 20분 전 입실을 해야 하는데, 2시간이 넘지 않는 과목이라 할지라도 원칙적으로 화장실 이용을 금지하는 것은 과도한 제한이다.

2. 당사자의 주장 요지

가. 진정인

진정요지와 같다.

나. 피진정인

변호사시험은 부정행위 방지, 시험의 공정성 및 집행의 안정성과 일반 응시자들이 방해받지 않고 시험에 응시할 수 있는 환경조성을 위하여 시험시작 후 2시간 이내에서 화장실 이용을 제한하고 있다.

특히, 변호사시험의 경우 시험 중 수험생들의 입장에서 상당한 집중력이 요구되기 때문에, 소음으로부터 다른 수험생들을 보호하는 것은 매우 중요하다. 따라서 시험 중 화장실 이용을 최소화하고 있으며, 이는 변호사시험을 보는 수험생들 다수의 의견과 이익에 부합한다.

또한, 임산부, 장애인, 과민성 대장 방광증후군 등과 같이 화장실 이용이 불가피한 응시자는 원서접수 시 사유를 소명하면 따로 고사장을 마련하여 운영하고 있으며, 이 경우 화장실 이용을 제한하지 않는다. 시험 중 배탈 등 긴급한 사유가 발생하여 화장실을 가는 경우 다시 입실할 수는 없지만, 퇴실 시까지 작성된 답안지는 정상적으로 채점된다.

이상과 같이 피진정인은 변호사시험에서 화장실 이용 제한에 최소한의 예외를 두고 있으며, 수험생의 입장에서도 수인가능하다고 판단하고 있다.

3. 관련규정

별지 기재와 같다.

4. 인정사실

진정인의 진정서 및 전화조사 진술, 피진정인의 의견서 및 시험 공고 등 제출자료, 피진정기관 담당자의 전화조사 진술, 다른 기관이 주관하는 시험 사례, 국가인권위원회의 기존 권고 사례 등을 종합하면 아래와 같은 사실이 인정된다.

가. 2019년 제8회 변호사시험은 2019.1.8.~12. 4일간(1일 휴식) 실시되었으며, 시험 일자별 시험시간 및 시험 과목은 아래와 같다. 시험과목은 총 10과목이며, 시험시간은 짧게는 1시간 10분에서 길게는 3시간 30분까지 과목마다 차이가 있다.

○ 시험일자 : 2019년 1월 8일(화)~1월 12일(토), 4일간(1월 10일 : 휴식일)
○ 시험 일자별 시험시간 및 시험과목

시험 일자	시험과목	시험시간과 시험과목					입실시간
		오전		오후			
		시간	문형	시간	문형		
1.8 (화)	공법	10:00-11:10	선택형	13:30-15:30	사례형		○오전시험 : 09:25 ○오후시험: 시험시작 35분전 ※시험실 개방 09:00
				17:00-19:00	기록형		
1.9 (수)	형사법	10:00-11:10	선택형	13:30-15:30	사례형		
				17:00-19:00	기록형		
1.10 (목)	휴식일						
1.11 (금)	민사법	10:00-12:00	선택형	14:30-17:30*	기록형		
1.12 (토)	민사법 · 전문적 법률분야애 관한 과목(택1)	10:00-13:30*	민사법 사례형	16:00-18:00	전문적 법률분야에 관한 과목 (택1) 사례형		

* 민사법 기록형, 사례형 2과목은 시험시작 후 2시간이 경과하면 시험 종료 20분 전까지 화장실 사용 가능

나. 수험생은 각 과목 시험시작 35분 전까지 시험실에 입실하여야 하며, 매 시험 시작 20분부터는 이동이 금지된다. 시험시간 중에는 화장실을 이용하지 못하는 것이 원칙이며, 시험시간이 2시간을 초과하는 민사법 기록형(3시간), 사례형(3시간 30분) 시험의 경우 시험시작 후 2시간이 경과하면 화장실 이용이 가능하다. 다만, 이 경우에도 시험 종료 20분 전까지만 화장실 이용이 허용된다.

다. 장애인, 임산부, 과민성대장증후군 등 의사의 소견이 있는 경우, 수험생은 시험 응시서류를 접수하면서 위 사유를 소명하면 화장실 사용이 가능하다. 미리 특별한 사유가 소명되지 않은 일반 수험생의 경우 원칙적으로 화장실 이용이 금지되나, 부득이 화장실을 이용하여야 하는 경우 해당 교시에 다시 입실할 수 없는 조건으로 화장실을 이용할 수 있다. 이 경우 퇴실 시까지

작성한 답안지는 채점되며 다음 시험과목에도 응시 가능하다.

라. 이상의 사항은 모두 '8회 변호사시험 일시, 장소 및 응시자 준수사항 공고'를 통하여 안내되었으며, 이 공고에는 '시험시간 중에는 화장실을 사용하거나 퇴실하지 못하므로 시험 전에 과다한 수분 섭취를 자제하고 배탈 예방 등 건강관리에 유의하기 바랍니다.'라는 안내문구도 기재되어 있다.

마. 변호사 시험 이외의 다른 시험에서 시험시간 중 화장실 이용과 관련한 사항은 아래와 같다.

구분	화장실 허용여부	비고(허용방법)
지방직 공무원 시험 〈각 시 도, 행안부〉	단계별 허용	○ 2016년 위원회 권고 이후 단계적 허용 ○ 2017년 7급 공개채용 시험에서 이용가능 시간을 정하여 허용 ※ 시 도별 예외가 있을 수 있음
국가직공무원 〈인사혁신처〉	단계별 허용	○ 2016년 위원회 권고 이후 단계적 허용 ○ 2018년 7급 공개채용, 5 7급 민간경력자 일괄채용 시험에서 교시별 1회, 이용가능 시간을 정하여 허용 ○ 이외의 시험(5급 공개채용, 9급 공개채용 등)에서는 퇴실 시 해당 과목 재입실 불가
변호사시험 〈법무부〉	진정사건	○ 퇴실시 해당 과목 재입실 불가 ○ 일부 시험시간이 2시간을 초과하는 과목의 경우 2시간 이후 화장실 사용가능(감독동행)
대학수학능력시험 〈교육부, 교육과정평가원〉	허용	○ 과목당 40분~102분 ○ 금속탐지기 수색(화장실 이용 전후) ○ 감독동행 하 허용
공인회계사 〈금융위원회〉	허용	○ 과목당 80분~150분 ○ 감독동행 하 허용
토익 〈민간, 토익위원회〉	허용	○ 시험시간 총 2시간 ○ 금속탐지기 수색(화장실 이용 전후) ○ 감독동행 하 허용

※ 국가직 7급, 지방직 7급 공채시험은 위원회 권고 이후 2017년 이후부터 화장실 이용 제한을 완화하였으며, 각각의 공개채용 시험에서 실제 화장실 이용 인원은 원서접수 인원의 약 1% 내외인 것으로 확인된다.

5. 판단

일반적으로 헌법 제10조에서 도출되는 행복추구권의 한 내용인 일반적 행동자유권은 자신이 하고 싶은 일을 적극적으로 자유롭게 행동을 하는 것은 물론 소극적으로 자신이 원하지 않는 행위를 하지 않을 자유를 포함하여 자신의 의사에 따라 행위할 수 있는 권리를 말한다. 일반적 행동자유권은 모든 행위를 할 자유와 부작위의 자유를 영유할 수 있는 권리로 단순히 보호할 가치 있는 행위만을 보호영역으로 하는 것이 아닌 개인의 생활방식이나 취미에 관한 사항도 포함된다. 용변문제는 사람에게 있어 가장 기본적인 생리적 욕구에 해당하는 것으로, 용변문제를 해결하기 위해 화장실을 가는 행위는 일반적 행동자유권의 보호대상이 되고, 인간으로서의 존엄과 가치 및 인격권과도 밀접한 연관성이 있다.

국가인권위원회는 이미 2015년, 2016년에 국가기술자격시험과 공무원 선발시험에서의 화장실 이용 제한 문제에 대하여 인권침해로 인정하고 각 시험 주관기관에 화장실 이용을 허용하는 방안을 시행하도록 권고한 바 있다. 위 사건들에서 행정자치부, 인사혁신처 등은 이 사건 피진정인과 같이 부정행위 방지, 소음 등의 피해로부터 수험자의 보호 등을 화장실 이용 제한 사유로 제시하였으나, 결국 위원회의 권고를 받아들여 2017년도부터 일부 지방공무원 선발시험, 7급 국가공무원 공채 시험, 5급 7급 민간경력자 일괄채용 시험 등에서 화장실 이용을 허용하는 것으로 시험 운영 방법을 변경하였다. 이와 같은 시험 운영 방법은 향후 다른 시험에서도 확대 적용될 것으로 기대한다.

시험 중 수험생의 화장실 이용을 허용할 경우 부정행위나 다른 수험생들의 집중력 보호와 관련한 문제를 원천적으로 막을 수는 없을 것이다. 그러나 대학수학능력시험이나 토익 시험 등 그 시험 방식과 응시자의 성격이 상이한 다수의 시험에서 화장실 이용을 허용하고 있음에도 적어도 아직까지는 이상의 우려들이 현실에서 중대한 사회문제로 제기된 적은 없다. 또한, 위원회가 이미 결정한 위 사건과 관련한 시험(공무원 시험 등)들에서 화장실 이용의 제한을 완화 또는 폐지한 뒤에 이로 인한 시험 운영상의 문제가 발생하였다는 보고 역시 확인되지 않았다. 이는 시험 중 수험생의 화장실 이용 허용 여부가 부정행위 방지나 다른 수험생의 보호 등에 핵심적인 문제가 아닐 수도 있다는 짐을 시사한다고 할 수 있다.

변호사시험은 시험의 유형과 난이도의 특성 상 화장실 이용을 허용하더라도 부정행위를 통해 이익을 볼 가능성이 유의미하다고 보기 어렵다. 피진정인은 이 사건과 관련하여 변호사시험은 다른 시험에 비하여 수험생의 집중력을 보호할 필요가 더 크다고 주장하지만, 논술형 시험을 포함한 미국 변호사시험(Bar Exam)에서 화장실 이용에 제한을 두고 있지 않는 점, 시험 횟수 및 수험 분위기가 비교적 유사한 공무원 시험에서도 시험시작 30분 이후부터 시험종료 20분 전까지 화장실을 이용할 수 있도록 제한을 완화하고 그 대상을 확대하고 있는 점에서 변호사시험만을 특별히 달리 취급할 합리적인 이유가 있다고는 인정하기 어렵다. 대개의 시험은 시험의 종류를 떠나 누구에게나 신중하고 절실하다는 점에서 공통적인 부분을 공유하고 있다고 보는 것이 합리적이므로, 과도한 부담이나 현저히 곤란한 사정이 있지 않은 이상 특정 시험에서만 화장실 이용을 제한하는 문제는 다시 생각해 볼 필요가 있다.

물론, 응시자들이 시험에 방해받지 않고 집중할 수 있는 환경을 조성하기 위한 노력 역시 중요하게 다루어져야 할 것이다. 하지만 불가피하게 화장실을 이용해야 하는 생리적 욕구는 인간의 기본적인 욕구이기 때문에 헌법상 보호가치가 상대적으로 크지 않다고 할 수는 없다. 비록 극히 소수가 이용하는 결과가 되더라도 누구나 그 대상자로 될 가능성이 있기 때문에 일반적으로 수험생들이 선호하지 않는 경향이 있다는 이유만으로 화장실 이용을 제한하는 시험방법이 정당화 될 수 있는 것은 아니다.

변호사시험은 원서접수 시 사유를 소명한 응시자에게는 화장실 사용 후 시험을 계속 치를 수 있도록 허용하고 있다. 변호사시험의 경우 대부분의 응시자들은 주어진 시험시간이 상당히 부족하다고 인식하고 있는 점을 고려하면, 일반 응시자에게 화장실 이용을 허용한다 하더라도 본인의 시험시간을 희생하면서 화장실을 이용할 수험생의 수는 그리 많지 않을 것으로 보이기는 하나, 그렇다고 하더라도 시험 도중 예상치 못하게 용변문제가 발생한 수험생에게 기본적인 생리현상을 억제해야 하거나 해당과목 시험을 포기해야 하는 선택을 강요하는 것은 가혹하다. 설령 변호사시험 공고문에 '시험 전 과다한 수분 섭취를 자제하고 배탈 예방 등 건강관리에 유의하기 바랍니다.'라고 안내하였다 하더라도, 응시자 본인이 스스로 통제할 수 없는 생리적 긴급상황이 발생할 수 있는 가능성은 누구도 부인할 수 없으며, 시험이라는 극단적인 긴장 상황에서는 그러한 상황 발생의 개연성이 더 크다고 할 수 있다. 오히려 필요한 경우 언제든 화장실을 이용할 수 있다는 믿음이 있으면 수험생의 심리적 안정에 도움을 주어 불필요한 심리적 압박으로 인한 생리현상은 줄어들 것으로 보인다.

변호사시험의 경쟁 정도와 시험 난이도를 고려할 때 화장실을 이용하기 위하여 해당 과목을 포기하여야 하는 것은 사실상 시험 전체를 포기하는 선택을 강요하는 것과 다를 바 없다. 특히 변호사시험은 다른 시험과 달리 5년 내에 5회라는 응시기간 및 응시횟수의 제한까지 있어 오랜 기간 시험을 준비해 온 응시자에게는 지나치게 가혹한 선택지이다. 그 결과 변호사시험 수험생은 시험시간 중 긴급상황 발생 시 기본적인 생리현상을 억제하거나 시험을 포기하여야 하는 매우 극단적인 선택의 상황에 놓이게 됨으로써 어떤 선택을 하더라도 막대한 정신적, 인격적 피해를 겪을 수밖에 없다.

결국, 시험의 공정성과 다른 수험생들의 보호라는 이유로 수험생들의 화장실 이용을 제한함으로써 얻을 수 있는 효용은 막연하고 제한적이라고 보이는 반면, 화장실 이용과 관련한 상황이 발생한 수험 당사자가 겪을 수밖에 없는 피해는 중대하며 구체적이기 때문에 현행 변호사 시험에서 시험시간이 2시간 이내인 경우 시험 도중 화장실 이용을 제한하는 것은 헌법 제10조에서 보호하는 인간으로서의 존엄과 가치 및 일반적 행동자유권을 침해하는 것으로 판단된다. 이에 법무부장관에게, 변호사시험 시 화장실 이용 제한으로 수험생의 인권이 침해되지 않도록 현행 시험운영방식을 개선할 것을 권고한다.

6. 결론

이상과 같은 이유로 국가인권위원회법 제44조 제1항 제1호에 따라 주문과 같이 결정한다.

2019. 10. 14.

위 원 장 최 영 애
위 원 최 혜 리
위 원 정 문 자
위 원 이 상 철
위 원 한 수 웅
위 원 조 현 욱
위 원 배 복 주
위 원 임 성 택
위 원 김 민 호
위 원 문 순 회

[별지]

관련 규정

1. 헌법

제10조 모든 국민은 인간으로서의 존엄과 가치를 가지며, 행복을 추구할 권리를 가진다. 국가는 개인이 가지는 불가침의 기본적 인권을 확인하고 이를 보장할 의무를 진다.

2. 변호사시험법

제3조(시험실시기관) 시험은 법무부장관이 관장·실시한다.

제17조의2(응시자준수사항 위반자에 대한 조치) 시험의 공정한 관리를 위하여 대통령령으로 정하는 응시자준수사항을 위반한 사람에 대하여는 그 시험시간 또는 나머지 시험시간의 시험에 응시할 수 없게 하거나 그 답안을 영점 처리할 수 있다.

3. 변호사시험법 시행령

제12조의2(응시자준수사항) 법 제17조의2에서 "대통령령으로 정하는 응시자준수사항"이란 다음 각 호의 사항을 말한다.

1. 지정된 시간까지 지정된 시험실에 입실할 것
2. 시험의 시행에 관하여 시험관리관의 지시에 따라야 하며, 시험관리관의 승인을 받지 아니하고 시험시간 중에 시험실에서 퇴실하지 아니할 것
3. 지정된 필기구를 사용하여 답안을 작성하여야 하며, 답안지에 답안내용 외의 사항을 기재하지 아니할 것
4. 시험 시작 전에 시험문제를 열람하지 아니할 것
5. 시험 시작 전 또는 시험 종료 후에 답안을 작성하지 아니할 것
6. 그 밖에 시험의 공정한 관리를 위하여 법무부장관이 정하여 제2조에 따라 공고한 사항을 준수할 것

국 가 인 권 위 원 회
결 정

사 건	18진정0864200・19진정0355700(병합) 국가기술자격시험 응시자의 화장실 이용 제한에 따 른 인권침해
진 정 인	1. 임○○ 2. 최○○
피 진 정 인	한국○○○○공단 이사장

주 문

한국○○○○공단 이사장에게, 국가기술자격시험 시 화장실 이용 제한으로 응시자의 인권이 침해되지 않도록 현행 제도를 개선할 것을 권고한다.

이 유

1. 진정요지

진정인 1은 20××. ×. ××. 한국○○○○공단이 주관하는 국가기술자격시험 전기기능장 필답형 실기시험(시험시간 90분)에 응시하여 시험을 보던 중 감독관에게 화장실에 다녀오겠다고 요청하였으나, 감독관이 시험 중에는 화장실에 갈 수 없고 화장실에 다녀오는 경우 부정행위로 간주하겠다고 말하여 화장실에 갈 수 없었다. 진정인 1은 소변을 참느라 시험에 집중하지 못해 결국 불합격되었다.

진정인 2는 20××. ×. ××. 품질경영기사 필기시험(시험시간 150분)에 응시하여 시험을 보던 중 감독관에게 화장실에 다녀오겠다고 요청하였으나, 감독관이 시험 도중 화장실 이용을 제한하여 어쩔 수 없이 시험을 포기하고 화장실에 갔다.

2. 당사자의 주장 요지

가. 진정인

진정요지와 같다.

나. 피진정인

한국○○○○공단(이하 '피진정공단'이라고 한다)은 위원회 권고를 이행하기 위해 일반인의 배뇨 간격 등 의학적 상황, 다른 기관에서 주관하는 자격시험 응시자의 시험 중 화장실 이용 제도, 외부전문가 자문결과 등을 종합하여, 2016년도에 원칙적으로 국가기술자격시험(이하 '이 사건 시험'이라고 한다) 응시자의 시험 중 화장실 이용은 제한하되, 시험시간이 2시간을 초과하는 시험 종목에 대해 시험시작 2시간 경과 후부터 동성의 감독관이 동행하여 화장실을 이용한 후 다시 입실하여 시험을 볼 수 있도록 관련 제도를 개선하였다.

이 사건 시험 응시자에게 시험 중 화장실 이용을 허용한 이후 현재까지 소음 등으로 인한 민원이 발생하거나 부정행위가 적발된 사례는 없다. 다만 현재 시험시간이 2시간을 초과하여 시험 도중 화장실 이용을 허용하는 시험은 국가기술자격시험 494종목 중 필기시험 65종목(13%, 65/494), 필답형 실기시험 47종목(10%, 47/494)으로 시험 감독을 통해 통제 가능한 범위이다. 하지만 피진정공단이 주관하는 모든 시험 종목에 대해 시험 도중 화장실 이용을 전면 허용할 경우 다음과 같은 문제점이 예상되어 현행 제도를 유지할 필요가 있다.

이 사건 시험 중 필기시험과 필답형 실기시험은 객관식, 주관식 서술문제, 계산문제 등으로 구성되어 있어 시험실 출입 시 소음 등으로 인해 다른 응시자의 수험권이 침해되고 이로 인한 민원이 대량 발생할 수 있다.

한편 화장실 내에서 메모, 전자통신기기 등을 활용한 부정행위가 대량 발생할 것으로 우려된다. 현재 시행하고 있는 금속 탐지기를 사용한 신체수색 시 메모지 사용 등 금속과 무관한 부정행위는 방지가 불가능하여, 화장실 이용이 전면 허용될 경우 부정행위 시도가 크게 증가할 것으로 예상된다. 이에 따라 부정행위 시도 방지 등을 위해 화장실 이용 시 동성 감독관의 동행이 불가피하여 전담인력 추가 배치 등에 따른 예산과 인력 증원이 필요하며, 부정행위 방지를 위해 신체수색 및 화장실 개방 등을 통한 감시 기능이 필요하나, 이는 또 다른 인권침해가 될 수 있다.

3. 관련규정
별지 기재와 같다.

4. 인정사실
진정서, 피진정인이 제출한 서면진술서, 피진정공단 업무처리지침 및 매뉴얼, 피진정공단 관계자 등 전화조사, 교육부 등 관계기관 의견조회 결과, 국가건강정보포털 의학정보 등을 종합하면, 아래와 같은 사실이 인정된다.

가. 이 사건 시험 개요 등

1) 피진정공단은 1982년 설립된 공직유관단체로 ○○광역시 중구에 소재하고 있고, 직업능력개발훈련, 자격검정 등에 관한 사업을 하고 있다. 2019. 9. 현재 본부에 3이사, 1감사, 1본부 13실·국, 54부를, 국내에 6지역본부, 18지사, 103부를 두고 있으며, 직원은 2,100여명이다.

2) 이 사건 시험은 필기시험(1차)과 실기시험 또는 면접시험(2차)으로 구성된다. 필기시험(1차) 중 기술사 등급은 단답형 또는 주관식 논문형으로 100점 만점에 60점 이상, 그 외 등급은 객관식 4지 택일형으로 60점 이상 합격이다. 실기시험 또는 면접시험(2차) 중 기술사 등급은 구술형 면접시험으로 100점 만점에 60점 이상, 그 외 등급은 작업형 실기시험, 주관식 필기시험(필답형 실기시험) 또는 주관식 필기와 실기를 병합한 시험(복합형 필기시험)으로 60점 이상 합격이다.

3) 진정인 1이 응시한 전기기능장 필답형 실기시험 시간은 90분, 진정인 2가 응시한 품질경영기사 필기시험 시간은 150분이다.

4) 국가기술자격시험 종목은 494개이다. 1차 시험인 필기시험 494개와 2차 시험 중 필답형 실기시험 172개 중 시험시간이 120분 이하인 경우는

554개(83%)이며, 120분 초과인 경우는 112개(17%)이다. 2018년도 이 사건 시험 운영 현황은 아래 표와 같다.

2018년도 국가기술자격시험 운영현황

구분	등급	시험시간 등	시험 종목 시험시간 120분		연간 시험 횟수	응시 인원	투입 인력
			초과	이하			
합계		666(100%)	112 (17%)	554 (83%)	–	–	–
필기 시험 (494개)	소계	494	65	429	13	1,372,185	64,435
	기술사	각 100분 (4교시)	–	79	3	22,869	2,556
	기능장	60분 (1교시)	–	27	2	22,901	1,711
	기능사	60분 (1교시)	–	153	4	542,426	14,798
	기사 / 산업기사	90분~180분 (1교시)	65	170	4	783,989	45,370
필답형 실기 시험 (172개)	소계	172	47	125	13	350,110	31,025
	기술사	15-30분 면접	–	–	3	–	–
	기능장	90분~120분 (1교시)	–	13	2	11,204	6,001
	기능사	60분~120분 (1교시)	–	12	4	21,200	1,938
	기사 / 산업기사	60분~180분 (1교시)	47	100	4	317,706	23,086

5) 이 사건 시험 중 화장실 이용을 제한하거나 금지하는 법률 규정은 확인 되지 않는다. 피진정공단 내부 지침인 「검정관리운영규정」, 「장애인검정업무처리지침」에 의하면, 이 사건 시험 중 시험시간이 2시간 이내인 시험 종목(작업형 실기시험 제외)은 시험 도중 화장실 이용을 원칙적으

로 제한하고 있으며, 예외적으로 과민성대장증후군 등 배뇨 관련 장애가 있는 응시자는 사전에 진단서를 제출하면 시험 도중 화장실 이용 후다시 입실하여 시험을 계속 볼 수 있다. 한편 응시자가 시험장 내에서생리현상을 해결할 수 있는 제도는 운영하지 않고 있다.

그러나 실무적으로는 장애가 없더라도 임신, 배뇨 관련 질환 의사소견서를 시험 전 또는 시험 당일 제출한 응시자도 시험 도중 언제라도 화장실 이용 후 다시 입실하여 시험을 계속 볼 수 있다. 이러한 경우 일부응시자는 별도 시험실에, 일부 응시자는 진단서를 제출하지 않은 다른응시자들과 같은 시험실에 배치하고 있다.

한편 위원회 권고 이후인 2016년부터 시험시간이 2시간을 초과하는 시험 종목은 시험시작 2시간 경과 후부터 동성 감독관 동행 하에 화장실이용 후 다시 입실하여 시험을 계속 볼 수 있다.

6) 피진정공단 내부 지침인 「감독위원 근무요령」에 의하면, 응시자는 시험시작시간 전까지 시험실에 입실하여야 하며, 문제지는 시험시작 5분 전부터 1분 전까지 배부하여야 한다. 이 사건 시험 응시자의 화장실 이용에 관한 사항은 시험 전 응시자 교육방송 시 안내하고 있으며, 문제지배부 전까지 희망할 경우 화장실을 사전에 이용하도록 하고 있다.

7) 「국가기술자격법」 제10조 및 제16조에 보면, 이 사건 시험에서 부정행위를 한 응시자에 대하여는 그 검정을 정지하거나 무효로 하고, 국가기술자격을 취소하거나 3년의 범위에서 정지시킬 수 있다고 규정하고 있다.

나. 기관별 시험 중 화장실 이용 제한 현황

교육부 주관 대학수학능력시험(08:40~17:40, 5교시, 교시당 시험시간40~102분)의 경우 매 교시 약 20분 정도의 휴식시간이 있으며, 시험 도중화장실을 이용한 후 다시 입실하여 시험을 계속 볼 수 있다. 인사혁신처와행정안전부는 시험시간이 2시간 이상, 법무부는 2시간 초과인 종목에 대해서만 시험 도중 화장실 이용을 허용하고 있다. 기관별 시험 중 화장실 이용제한 현황은 아래 표와 같다.

기관별 시험 중 화장실 이용 제한 현황

기관명	시험명	시험시간	화장실 허용 여부	조치사항 등
교육부	대학수학 능력시험	40~102분 (5교시)	허용	○ 감독관 동행 하에 허용, 금속탐지기 수색 ○ 시험시작 이후 – 종료 20분 전 ○ 시험 횟수 연 1회
금융위원회	공인회계사 1차 시험	80~120분 (3교시)	허용	○ 감독관 동행 하에 허용 ○ 시험 횟수 연 1회
인사혁신처	국가직 7급	120분 (1교시)	허용	○ 소지품 검사, 감독관 동행 하에 허용 ○ 시험시작 30분 이후 – 종료 20분 전 ○ 2018년 시험부터 허용
	국가직 9급	100분 (1교시)	불허	○ 퇴실 시 시험 포기 ○ 희망자에 한해 휴대용 소변기 사용
	국가직 5급 등	90~120분 (1교시)	불허	○ 단, 화장실 이용이 필요함을 사전에 알리고 진단서를 제출하여 신청한 자에게는 모든 시험에 대하여 시험 중 화장실 이용 허용
행정안전부	지방직 7급	140분 (1교시)	허용	○ 감독관 동행 하에 허용 ○ 시험시작 30분 이후 – 종료 20분 전
	지방직 9급	100분 (1교시)	불허	–
법무부	변호사시험 70분 – 210분	120분 초과	허용	○ 감독관 동행 하에 허용 ○ 시험시작 120분 이후 – 종료 20분 전
		120분 이내	불허	○ 배탈 등 긴급사유 발생 시 감독관 동행하에 허용
	(4일간, 10교시)			○ 상시 화장실 이용 가능한 별도 시험실 운영(과민성대장증후군 환자 등)

다. 배뇨 관련 의학정보

　　1) 성인의 정상적인 방광은 최대용량이 400~450cc 정도이다. 약 200~ 250cc가 차게 되면 소변이 마려운 것을 느끼지만 최대용량까지 참을 수 있으며, 보통 1회에 250~350cc의 소변을 본다. 배뇨 횟수는 사람마다 다르지만 보통 성인은 깨어 있는 동안 4~6회, 자는 동안 0~1회 배뇨하는 것이 정상이다. 예전에는 24시간 동안 8회 이상의 소변을 보는 경우

를 '빈뇨'라고 정의하였으나, 2002년 국제요실금학회에서 환자 자신이 소변을 너무 자주 본다고 느끼는 경우를 빈뇨라고 정의하였다.[7]

2) 소변을 너무 자주 보는 것은 일상생활에 큰 영향을 미치는 굉장히 불편한 증상이다. 소변은 물을 많이 먹거나, 긴장을 하거나, 날씨가 추워지거나 하는 상황에 따라 소변을 자주 보는 현상이 있을 수도 있다.[8]

5. 판단

「헌법」 제10조는 "모든 국민은 인간으로서의 존엄과 가치를 가지며, 행복을 추구할 권리를 가진다." 고 하여 모든 기본권의 종국적 목적이자 기본이념이라 할 수 있는 인간의 존엄과 가치를 규정하고 있는바, 이는 인간의 본질적이고도 고유한 가치로서 모든 경우에 최대한 존중되어야 한다. 일반적으로 「헌법」 제10조에서 도출되는 행복추구권의 한 내용인 일반적 행동자유권은 자신이 하고 싶은 일을 적극적으로 자유롭게 행동을 하는 것은 물론 소극적으로 자신이 원하지 않는 행위를 하지 않을 자유를 포함하여 자신의 의사에 따라 행위할 수 있는 권리를 말한다. 일반적 행동자유권은 모든 행위를 할 자유와 부작위의 자유를 영유할 수 있는 권리로 단순히 보호할 가치 있는 행위만을 보호영역으로 하는 것이 아닌 개인의 생활방식이나 취미에 관한 사항도 포함된다. 배뇨는 사람에게 있어 가장 기본적인 생리적 욕구에 해당하는 것으로, 이를 해결하기 위해 화장실을 가는 행위는 일반적 행동자유권의 보호대상이 되고, 인간으로서의 존엄과 가치 및 인격권과도 밀접한 연관성이 있다.

국가인권위원회는 '국가기술자격시험 중 화장실 출입에 대한 과도한 규제'사건 (2015. 9. 16. 14진정0861000 결정)에서 응시자들이 시험 중 화장실을 출입할 경우 재입실을 금지하고 시험실 뒤편에서 소변을 보도록 한 것은 「헌법」 제10조에서 보장하는 인격권을 침해한 것으로 판단하고, 피진정인에게 응시자의 시험 중 화장실 이용과 관련하여 인권침해가 발생하지 않도록 관련 제도를 개선할 것을 권고한 바 있다.

---

7) 국가건강정보포털 의학정보

8) https://www.dailymedi.com/detail.php?number=846825#

이에 대해 피진정인은 일반인의 배뇨 간격 등 의학적 상황과 다른 기관에서 주관하는 자격시험의 시험 중 화장실 이용 제한 현황 등을 참고하여 시험 도중 화장실 이용 제한 원칙은 유지하되, 시험시간이 2시간을 초과하는 시험 종목에 대해 시험시작 2시간 경과 후부터 화장실을 이용한 후 다시 입실하여 시험을 계속 볼 수 있도록 조치하였다.

화장실 내에서의 부정행위 가능성 방지, 응시자가 소음으로부터 방해 받지 않도록 정숙한 시험장 분위기 조성 등의 차원에서 피진정인이 일반인의 배뇨 간격 등을 고려하여 시험시간이 2시간을 초과하는 시험 종목에 대해서만 시험시작 2시간 경과 후부터 화장실 이용을 허용한 입장을 이해 못하는 것은 아니나, 인간의 기본적인 생리현상인 배뇨 문제에 대하여 헌법상 보호가치가 상대적으로 크지 않다고 할 수는 없으므로 시험 도중에 불가피하게 화장실을 이용하여야 하는 응시자의 인간으로서의 존엄과 가치 및 일반적 행동자유권 역시 존중되어야 하고, 피진정공단에서 도모하고자 하는 상기의 목적을 이유로 유보될 수 있는 것은 아니라고 판단된다.

또한 피진정인이 2016년 이후부터 시험시간이 2시간을 초과하거나 임신, 배뇨질환 관련 진단서를 제출한 경우 시험 도중 화장실을 이용한 후 다시 입실하여 시험을 계속 볼 수 있도록 조치하였으나, 이에 따른 부정행위 및 소음으로 인한 민원 등이 발생하지 않은 것으로 확인된다. 그리고 이 사건 시험과 같이 다수가 응시하고 부정행위 방지 등 엄격한 시험관리가 요구되는 대학수학능력시험과 공인회계사시험에서는 시험시간이 2시간을 초과하지 않음에도 불구하고 응시자의 화장실 이용을 허용하고 있다. 이러한 점에 비추어 볼 때, 부정행위 가능성 방지, 정숙한 시험장 분위기 조성 등을 위해 응시자의 화장실 이용 제한이 필수적으로 전제될 필요는 없을 것으로 보인다.

보통 성인은 하루에 깨어 있는 동안 4~6회 소변을 보고, 수면시간 8시간을 기준으로 하였을 때, 160~240분 간격으로 소변을 본다고 한다. 그러나 소변을 보는 횟수 및 간격은 사람마다 차이가 있고, 특히 긴장을 하거나, 날씨가 추워지는 등 상황에 따라 소변을 자주 보는 현상이 있을 수도 있다. 또한 시험 당일 갑작스럽게 배탈 등이 날 수도 있다. 이처럼 응시자 본인이 통제할 수 없는 긴급한 생리문제가 발생할 경우 불가피하게 해당 시험을 포기할 수밖에 없어 응시자에게 지나치게 불리한 영향을 미치게 된다.

결국 피진정인이 부정행위 방지 및 정숙한 시험장 분위기 조성 등의 이유로 응시자들의 화장실 이용을 제한함으로써 얻을 수 있는 효용은 막연하고 제한적이라고 보이는 반면, 본인이 통제할 수 없는 긴급한 생리문제가 발생할 경우 해당 응시자가 겪을 수밖에 없는 피해는 중대하며 구체적이기 때문에 이 사건 시험 응시자에 대해 시험시간이 2시간 이내인 경우 시험 도중 화장실 이용을 제한하는 것은 「헌법」 제10조에서 보장하는 인간의 존엄과 가치 및 일반적 행동자유권을 침해하는 것으로 판단된다.

이에 한국ㅇㅇㅇㅇ공단 이사장에게, 국가기술자격시험 시 화장실 이용 제한으로 수험생의 인권이 침해되지 않도록 현행 제도를 개선할 것을 권고할 필요가 있다.

6. 결론

이상과 같은 이유로 「국가인권위원회법」 제44조 제1항 제1호에 따라 주문과 같이 결정한다.

2019. 10. 14.

위원장 최영애
위 원 최혜리
위 원 정문자
위 원 이상철
위 원 한수웅
위 원 조현욱
위 원 배복주
위 원 임성택
위 원 김민호
위 원 문순회

[별지]

관련 규정

1. 「헌법」
제10조(인간의 존엄성과 기본적 인권의 보장) 모든 국민은 인간으로서의 존엄과 가치를 가지며, 행복을 추구할 권리를 가진다. 국가는 개인이 가지는 불가침의 기본적 인권을 확인하고 이를 보장할 의무를 진다.

2. 「국가기술자격법」
제10조(국가기술자격의 취득 등)
⑥ 주무부장관은 국가기술자격의 검정에서 고용노동부령으로 정하는 부정행위를 한 응시자에 대하여는 그 검정을 정지하거나 무효로 한다.

제16조(국가기술자격의 취소 등)
① 주무부장관은 국가기술자격 취득자가 다음 각 호의 어느 하나에 해당하는 경우에는 그 국가기술자격을 취소하거나 3년의 범위에서 정지시킬 수 있다. 다만, 제1호 또는 제3호에 해당하는 경우에는 그 국가기술자격을 취소하여야 한다.
1. 거짓이나 그 밖의 부정한 방법으로 국가기술자격을 취득한 경우

3. 「국가기술자격법 시행령」
제29조(권한의 위임·위탁)
④ 법 제23조제2항에 따라 검정업무 중 시험문제 출제, 검정의 시행·관리 및 채점에 관한 주무부장관의 업무는 다음 각 호의 요건을 모두 충족하는 관련 전문기관 또는 단체에 위탁한다.
1. 비영리법인일 것
2. 국가기술자격의 검정 실시를 위한 조직·인력·시설을 갖추고 있을 것
3. 산업계 및 관련 단체의 의견수렴 체계를 갖추고 있을 것
4. 해당 국가기술자격의 종목에 대한 전문성 및 대표성을 확보하고 있을 것

5. 그 밖에 국가기술자격 검정의 원활한 시행을 위하여 고용노동부령으로 정하는 요건을 충족할 것

⑤ 법 제23조제2항에 따라 법 제13조에 따른 검정 합격자에 대한 국가기술자격증의 발급·재발급 및 그 관리에 관한 권한은 제4항에 따라 해당 국가기술자격의 검정에 관한 주무부장관의 업무를 위탁받은 전문기관 또는 단체에 위탁한다.

⑥ 제4항 및 제5항에 따라 주무부장관의 업무를 위탁받은 전문기관 또는 단체는 주무부장관의 승인을 받아 국가기술자격 검정의 시행·관리 및 채점 업무, 국가기술자격증의 발급·재발급 및 그 관리에 관한 업무 등을 제4항제1호 및 제2호의 요건을 갖춘 전문기관 또는 단체에 재위탁할 수 있다.

⑦ 제4항부터 제6항까지의 규정에 따라 주무부장관의 업무를 위탁받거나 재위탁받은 전문기관 또는 단체(이하 "수탁기관"이라 한다)는 국가기술자격 검정의 관리·운영에 필요한 사항으로서 고용노동부령으로 정하는 사항을 포함하는 검정 관리·운영규정을 작성하여 시행하여야 한다.

4. 「검정관리운영규정」(피진정공단 내부 지침)
제76조(수험자 입실 및 퇴실)
② 수험자는 제77조에 따른 해당종목 총 시험시간의 1/2이상 경과한 이후(시험 시작 후 최초 30분 이후)에는 퇴실할 수 있다. 다만, CBT 시험과 작업형 실기시험은 퇴실시간을 제한하지 아니한다.

④ 수험자는 퇴실 이후에는 다시 입실하여 시험에 응시할 수 없다. 다만 장애인 수험자 및 시험시간이 장시간인 시험 등은 이사장이 별도로 정하여 운영한다.

5. 「장애인검정업무처리지침」(피진정공단 내부 지침)

【별표 1】

장애유형별 시험시간 적용기준

장애유형	필기(답)형 시험	작업형 시험	제출서류
	〈중략〉		
의료기관장이 인정한 장애	일시적 신체장애로 응시에 현저한 지장이 있는 자	■ 장애정도를 검증하여 결정	④호
	등급 구분 없음 (과민성대장증후군 및 과민성방광증후군, 신장, 심장, 장루·요루 장애 등)	■ 시험시간 일반응시자와 동일 – 시험 중 화장실 사용 허용	

6. 「검정업무매뉴얼」(피진정공단 내부 지침)

2.2 교실감독위원 근무요령 및 관련 업무 사항

1) 시험시작 전 조치사항

○ 시험실 정리

  – 책상배치 및 착석여부 등의 확인이 끝나면 수험자가 화장실에 다녀올 수 있도록 조치하되, 시험 중에는 화장실 출입은 제한시간 2시간 초과 종목에 대해 제한적으로 허용하며, 2시간 이내에 중도 퇴실할 경우 재 입실할 수 없음을 안내

○ 수험자 교육 및 공지사항 교육

  – 종목별 제한시간(1/2 시간 경과) 후 퇴실 시 답안카드는 감독위원에게 제출 후 퇴실토록 안내

  – 화장실 출입은 제한시간 시험시작 2시간 초과 종목 중 2시간 이후 제한적으로 허용(감독위원 동행)

- 김광언, 『뒷간』, 기파랑(2010)
- 김관욱, 『사람입니다, 고객님』, 창비(2022)
- 김성원 외, 『똥의 인문학』, 역사비평사(2021)
- 김왕배, 『감정과 사회』, 한울엠플러스(주) (2019)
- 김철수, 『憲法學新論(제21전정신판)』, 박영사(2013)
- 성낙인, 『헌법학(제22판)』, 법문사(2022)
- 야콥 블루메, 『화장실의 역사』, 이룸(2005)
- 다니엘 푸러, 『화장실의 작은 역사』, 들녘(2005)
- 이상정, 『뒷간과 화장실미학, 호모 토일렛』, 이지출판(2012)
- 이지누, 『이지누의 집이야기』, 섬안(2007)
- 이철호, 『경찰과 유머』, 도서출판 21세기사(2018)
- 한상범·이철호, 『법은 어떻게 독재의 도구가 되었나』, 삼인(2012)
- 스기하라 야스오(이경주譯), 『헌법의 역사』, 이론과 실천(1999)
- 최윤필, 『겹겹의 공간들 : 익숙한 공간에 대한 인문적 시선』, 을유문화사 (2014)
- 에바 뉴먼, 『세계 화장실 엿보기』, 경성라인(2002)
- 전병길, 『대한민국 활명수에 산다』, 생각비행(2015)
- 국가인권위원회, 「콜센터 노동자인권상황 실태조사 보고서」, 2021
- 국가인권위원회, 「트랜스젠더 혐오차별 실태조사 보고서」, 2020
- 강준만, 한국 화장실의 역사. 「인물과 사상」2006(10)
- 권건보, "장애인권리협약의 국내적 이행 상황 검토", 「법학논고」 제39집, 2012
- 김민배, 안전 관념의 변천이 기본권에 미친 영향, 「헌법논총」 제21집(2010)
- 박진완·박새미, "성전환자의 권리보호에 대한 검토", 「법학논고」 제52집 (2015.11)
- 류현철, 법만 있고 집은 없는 '이주노동자 대책', 「주간경향」 제1478호 (2022..5.23)
- 서병택, 우리나라 화장실 문명사. 「대한설비공학회」 하계학술발표대회 논문집(2012)

- 서병택, 서양(유럽) 화장실 문명사. 「대한설비공학회」 하계학술발표대회 논문집(2013)
- 신창근·이상학, 건설현장 여성 근로자 근로환경 개선에 관한 연구, 「대한건축학회 춘계학술발표대회논문집」36(1), 2016
- 양천수, 위험·재난 및 안전 개념에 대한 법이론적 고찰, 「공법학연구」16(2), 2015
- 이철호, "독재시대 인권탄압 건축물의 보존 문제", 「경찰법률논총」 제11호(2020)
- 국회도서관, 『중증장애인을 위한 복합기능 화장실 관련 협의에 대한 정부 답변서』, 국회도서관 국외자료 번역, 2021
- 서울특별시·여성가족재단, 『서울시 지하철 및 지하도상가 여자 화장실 안전 실태』, 2008
- 채 백, 박정희 정권의 긴급조치와 개인의 언론 자유. 「언론정보연구」53(1), 2016
- 김영희, [유레카] 변기와 풍자, 「한겨레신문」 2019년 9월 18일
- 김희곤, 화장실과 교육교부금, 「경남도민일보」 2022년 6월 30일
- 목서윤, 화장실마저 포기한 N포세대. 「새전북신문」 2016.6.28.
- 이상윤, 마음놓고 화장실 갈 권리. 「한겨레신문」 2008.11.4.
- 전우용, 현대를 만든 물건들 공중변소, 「한겨레신문」 2017년 3월 9일
- 최윤필, 화장실-애착과 배척이 공존하는 공간. 「한국일보」 2012.8.25. : 19.
- 최재봉, [최재봉의 탐문] 22. 똥 : 인간은 먹은 만큼 배설해야 한다, 「한겨레신문」 2022년 10월 12일
- 황성준, 오후여담-세계 화장실의 날. 「문화일보」 2016.11.18: 38

저자 **이철호**

남부대학교 경찰행정학과 교수
(헌법, 인권법, 경찰행정법)

동국대학교 법과대학을 졸업하고, 동 대학원에서 법학박사학위를 취득했다. 모교인 동국대학교를 비롯하여 덕성여자대학교, 평택대학교 등 여러 대학에서 헌법, 비교헌법론, 법학개론, 경찰행정법 등을 강의했다. 현재는 광주광역시(光州廣域市)에 있는 남부대학교 경찰행정학과에서 헌법·경찰과 인권·경찰특별법규 등을 가르치고 있다.

이철호는 역사에 토대를 둔 학문을 하고자 하며, "과거 청산에는 시효나 기한이 있을 수 없다"라는 신념으로 군사독재 정권의 왜곡된 법리 문제를 논구(論究)하고자 애쓰고 있다. 학교 안에서는 학과장, 입학홍보실장, 생활관장, 경찰법률연구소 소장, 인권센터장(현)으로, 학교 밖에서는 중앙선거관리위원회 자문교수(전), 개인정보분쟁조정위원회 전문위원(전), 광주경찰청 징계위원(전), 경찰청 치안정책 평가위원(전), 경찰청 과학수사센터 자문교수(전), 광주광역시 지방세 심의위원(전), 전남경찰청 징계위원(현), 광주 광산경찰서 집회·시위자문위원회 위원장(현), 대검찰청 수사심의위원(현), 광주경찰청 수사심의위원(현), 광주지방교정청 행정심판 위원 및 징계위원(현) 등으로 활동하고 있다.

그 동안 발표한 논문으로는 '6·29선언'의 헌정사적 평가, 노태우 정부의 '3당 합당'에 관한 헌정사적 고찰, CCTV와 인권, 성범죄의 재범 방지 제도와 경찰의 성범죄 전력자 관리, 전·의경의 손해배상청구권 제한의 문제점과 해결방안, 국회 날치기 통과사와 국회폭력방지방안, 한국의 기업인 범죄와 법집행의 문제, 선거관리위원회의 위상과 과제, 헌법상 종교의 자유와 종교문제의 검토, 헌법상 인간의 존엄과 성전환의 문제, 친일인사 서훈 취소 소송에 관한 관견(管見), The Story of the "Order of Merit Party" and the Cancellation of Awards Issued to Chun Doo-Hwan's New Military 등 다수 논문이 있고, 〈헌법강의〉, 〈헌법입문〉, 〈경찰행정법〉, 〈경찰과 인권〉, 〈법학입문〉, 〈경찰과 유머〉, 〈법은 어떻게 독재의 도구가 되었나〉, 〈전직대통령 예우와 법〉, 〈동국의 법학자〉, 〈훈장의 법사회학〉 등의 저서가 있다.

화장실과 인권

1판 1쇄 인쇄 2022년 12월 15일
1판 1쇄 발행 2022년 12월 21일
저   자 이철호
발 행 인 이범만
발 행 처 **21세기사** (제406-2004-00015호)
　　　　　경기도 파주시 산남로 72-16 (10882)
　　　　　Tel. 031-942-7861   Fax. 031-942-7864
　　　　　E-mail : 21cbook@naver.com
　　　　　Home-page : www.21cbook.co.kr
　　　　　ISBN 979-11-6833-066-5

정가 21,000원